COMO VIVIR (Y SOBREVIVIR) EN U.S.A.

POR FRANK KENNEDY

COMO VIVIR (Y SOBREVIVIR) EN U.S.A.

ES UNA PUBLICACION DE
COLECCION INGLES

CREADA Y EDITADA POR
FRANK KENNEDY

Copyright © 2000 by
EDITORIAL CONCEPTS, Inc.
ISBN 0-939193-63-9
45 Valencia Avenue
Coral Gables, Florida 33134

Alcalá 26
28014 Madrid, España

Printed in Colombia.
Impreso en Colombia
IMPREANDES QUEBECOR
Santafé de Bogotá.

DISTRIBUIDORES

**ESTADOS UNIDOS
Y AMERICA CENTRAL**
Spanish Periodical &
Book Sales, Inc.
Miami, Florida

MEXICO
Pernas y Cía.
Editores y Distribuidores,
México, D.F.

PUERTO RICO
Agencia de Publicaciones
de Puerto Rico
San Juan, Puerto Rico

**REPUBLICA
DOMINICANA**
Agencia de Publicaciones
Dominicana,
Santo Domingo

**COLOMBIA, COSTA RICA,
ECUADOR, PANAMA, PERU**
Vargas & Associates
International Group

VENEZUELA
Distribuidora Continental, S.A.
Caracas, Venezuela

CONTENIDO

CONTENIDO

CONTENIDO

INTRODUCCION

¿COMO PUEDE AYUDARLE ESTE LIBRO?

Bienvenido a los Estados Unidos! No hay duda de que ha llegado usted a la tierra prometida, al país con el que sueñan actualmente millones de personas en todo el mundo que desean establecerse en él y alcanzar las metas que se han trazado para triunfar en la vida y lograr un futuro mejor. Las oportunidades de lograr ese triunfo existen en U.S.A., desde luego, y así lo confirman los cientos de miles de casos de emigrantes que han llegado a desempeñar posiciones altamente importantes no sólo en el competitivo mundo empresarial norteamericano, sino inclusive en el campo científico, tecnológico, creativo, en el mundo artístico, e inclusive en las complejidades de la política. Para el emigrante trabajador y disciplinado en sus hábitos, que sea capaz de definir debidamente cuáles son sus metas en la vida, es indudable que los Estados Unidos ofrece todo tipo de posibilidades para convertirlas en realidad.

Sin embargo, también es importante estar consciente de que los Estados Unidos es un país diferente, con una organización social distinta, con un idioma que muchos no dominan, y con un estilo de vida y características culturales muy disímiles a las que prevalecen en los países his-

pano-parlantes. Es por ello que no sólo es preciso "aprender a vivir en U.S.A.", sino también a "sobrevivir"... Porque si bien el país está aparentemente integrado por una sociedad debidamente estructurada, organizada, cumplidora de regulaciones que permiten que todo funcione de una manera más eficiente, y regida por leyes cuyo propósito es hacer prevalecer la justicia y ofrecer igualdad de oportunidades para todos, esto no siempre sucede con la precisión que vemos en las películas con las que Hollywood ha contribuido a que millones de seres humanos sueñen con el "ideal americano". Ese *ideal* existe... pero no todos logran alcanzarlo, y son muchos los factores que pueden obstaculizar el camino.

Para *sobrevivir en U.S.A.* es fundamental trabajar con la disciplina debida y llevar un estilo de vida organizado, pero también es preciso aprender a luchar –siempre con las armas debidas– contra la arrogancia de muchos, la discriminación, la explotación, y el desconocimiento general que existe sobre lo que los nuevos grupos de emigrantes que llegan a tierras norteamericanas pueden aportar al enriquecimiento del país... en el aspecto económico, cultural, e inclusive moral.

Esta atracción formidable que los Estados Unidos ejerce para tantas personas que sueñan con mejorar su nivel económico y desarrollarse en un ambiente de libertad para todos, bajo principios realmente democráticos, no es nueva.

Desde los primeros refugiados europeos que llegaron a las costas del Atlántico, hasta los cientos de miles de latinoamericanos y emigrantes de otros países que anualmente se integran a la sociedad norteamericana, todos buscan la oportunidad de desarrollar su potencial humano en un país que brinda el ambiente propicio para vivir mejor. Los Estados Unidos –con increíbles recursos naturales, una económica vibrante que mantiene una estabilidad única, un poderío militar que se proyecta como factor de equilibrio en los más recónditos y turbulentos rincones del mundo, y un desarrollo tecnológico que no es igualado por ninguna otra nación– continúa señalando el modelo a seguir por las naciones civilizadas del mundo en el nuevo milenio.

LOS ESTADOS UNIDOS
Y LOS INMIGRANTES

Quizás la característica más pronunciada de la sociedad norteamericana sea la extraordinaria diversidad étnica y cultural de las personas que la integran, un factor que no todos los que hoy se consideran "norteamericanos de nacimiento" ven con agrado. Sin embargo, la Historia habla por sí misma, y es posible afirmar –sin temor a caer en exageraciones peligrosas– que:

■ Toda persona que reside actualmente en los Estados Unidos puede trazar sus raíces a otro lugar del planeta; es decir, la emigración ha sido el elemento fundamental en la formación de esta gran nación.

Lamentablemente, son muchas las verdades sociológicas que no todos los norteamericanos intransigentes están dispuestos a aceptar:

■ Algunos, llevando a extremos sus conceptos nacionalistas, insisten en excluir a los llamados "indios americanos" de los grupos de emigrantes que llegaron a las tierras que hoy conforman el país, y prefieren ignorar que esos grupos culturales –de acuerdo a las investigaciones antropológicas más recien-tes– en realidad emigraron desde Asia hace miles de años.

■ Asimismo, para muchos la Historia de los Estados Unidos comienza en el momento en que un grupo de peregrinos europeos, que huían de las persecuciones religiosas en sus países de origen, llegaron a las costas de Plymouth (en 1620), sembrando los cimientos para la formación de las trece colonias originales que fueron regidas por la Gran Bretaña hasta que surgieron los brotes independentistas de 1776. Estos historiadores desorientados pasan por alto el hecho de que fueron los colonizadores y los misioneros católicos españoles los primeros europeos que llegaron a las actuales tierras norteamericanas (Juan Ponce de León, el explorador de la Florida, en 1513) fundando la primera ciudad en el territorio que hoy ocupa los Estados Unidos: San Agustín (1565), en la Florida (vea el recuadro **EMIGRANTES EN LOS ESTADOS UNIDOS**).

A pesar de las prácticas discriminatorias de algunos segmentos de la población norteamericana, es importante enfatizar que existe un factor muy importante en esta sociedad que compensa por sus imperfecciones sociales: el peso de la ley. Quizás con una pasión que rara vez se manifiesta en otros países, la ley es un elemento sagrado en los Estados Unidos, aunque a veces consideremos que es violada impunemente por los más audaces y poderosos. La realidad es que, a través de toda su Historia, la sociedad norteamericana ha desarrollado un profundo respeto por el cumplimiento de la ley, consciente de que es la base del orden y del equilibrio socio-económico que predomina en el país. Al mismo tiempo, la voluntad popular –expresada por medio del voto en el Congreso federal y en las legislaturas de cada uno de los cincuenta Estados– ha creado un sistema de leyes muy estrictas y definidas que protege al individuo de los abusos y de los efectos de la actitud discriminatoria que puedan manifestar algunos extremistas nacionalistas.

En este sentido, es importante mencionar que uno de los mecanismos que protegen al individuo –porque contribuye a garantizar sus derechos– es el censo de población que se realiza –de acuerdo con la Constitución del país– cada diez años. Este conteo físico del número de personas que residen en el país es sumamente importante, sobre todo para los residentes de extracción hispana, porque sus estadísticas determinan el grado de representación de los diversos grupos en casi todos los programas de asistencia social que ofrece el gobierno federal como servicio a sus ciudadanos y residentes legales en el país. Estos programas de ayuda (económica y de servicios) no son gratis, por supuesto, ya que son finan-

EMIGRANTES EN LOS ESTADOS UNIDOS

Es muy importante que el nuevo residente que se establece en los Estados Unidos reconozca la importancia que ha tenido la participación de millones de emigrantes –procedentes de todas partes del mundo– en la Historia de los Estados Unidos. Nunca antes en la Historia han logrado coexistir tantos grupos étnicos de origen diverso, culturas y religiones como en la sociedad norteamericana. Sin embargo, es evidente que la discriminación contra los emigrantes –por diversas razones– se mantiene vigente en el país, a pesar de las múltiples leyes que se han formulado en las últimas décadas para eliminarla. El emigrante del nuevo milenio que llegue a los Estados Unidos –lo mismo que el irlandés, alemán o italiano que llegó a este país en 1900, o el colombiano, mexicano o cubano que arribó en las décadas de finales del siglo pasado– es (y probablemente será) víctima de la discriminación por parte de grupos de norteamericanos extremistas. ¿Por qué? Son muchos los factores que deberían tomarse en consideración; conformémonos con pensar que la discriminación es parte inevitable de la condición humana, y no hay duda de que transcurrirán muchos años antes de que desaparezca ese rechazo contra las minorías étnicas en el país, entre las cuales la mayor es –precisamente– la de los latinoamericanos (o hispano-parlantes).

■ Los españoles, que después de descubrir el Nuevo Mundo en 1492, se dedicaron a colonizar el llamado *continente americano,* desde la Patagonia hasta el centro del territorio hoy ocupado por los Estados Unidos. Juan Ponce de León llegó a la región de la Florida y en 1565 se estableció el primer asentamiento europeo en los Estados Unidos: San Agustín, de donde partieron cientos de misioneros católicos a promulgar su fé por tierras continentales, fundando misiones desde la Florida hasta California, Texas y Nuevo México. Los restos de muchas edificaciones por ellos erigidas, así como elementos culturales establecidos en el siglo XVI, aún prevalecen en las costumbres de estas regiones. Constituyen un legado innegable de la importancia que tuvieron para la actual nación norteamericana aquellos primeros emigrantes españoles.

■ Los ingleses colonizaron la costa del Atlántico en Norte-américa, y establecieron su primer asentamiento en Jamestown (Virginia, 1607). El tabaco se convirtió en el renglón económico más importante de la nueva colonia, y pronto resultó evidente que su cosecha requería un considerable número de trabajadores. Consecuentemente, muchos convictos de crímenes menores en Inglaterra optaron por emigrar a Virginia como "sirvientes por contrato" (**INDENTURED SERVANTS**), a los que se le requería trabajar por cinco años antes de poder recobrar su libertad.

No obstante, la industria del tabaco requería un número de trabajadores que superaba a los emigrantes que llegaban a la región en busca de su libertad, y fue así como comenzó el trafico de esclavos negros capturados por aventureros negreros en aldeas de Africa próximas a las dostas del Atlántico*.

---

* Las efectos del período de la esclavitud en los Estados Unidos –que terminó oficialmente con la **Proclamación de la Emancipación** (**EMANCIPATION PROCLAMATION**), firmada por el Presidente Abraham Lincoln (en 1862)– todavía atormenta al país; la discriminación racial y sus consecuencias representan –inclusive en la actualidad– uno de los problemas sociales de mayor importancia en la nación norteamericana. A pesar de las muchas leyes adoptadas por el Congreso norteamericano para poner fin a las prácticas discriminatorias, éstas aún existen y los excesos que se cometen contra los negros americanos (a los cuales hoy se les trata de halagar calificándolos de afro-americanos) son más frecuentes de lo debido.

EMIGRANTES EN LOS ESTADOS UNIDOS
(continuación)

■ Los poblados ingleses se extendieron por toda la costa del Atlántico, y la población esclava alcanzó la cifra de 600,000 personas antes de que Inglaterra prohibiera el tráfico de negros esclavos.

■ Al mismo tiempo, los holandeses y los suecos colonizaron el área de Nueva York y Delaware, pero los ingleses absorbieron esas colonias a mediados del siglo XVII.

■ Los ingleses permitieron la emigración de miles de europeos –provenientes de diversos países– en esos primeros años de la colonización, y pronto se consolidaron en trece colonias que eventualmente declararon su independencia de Inglaterra (el 4 de julio de 1776, día en que simbólicamente se celebra la Independencia de los Estados Unidos).

■ Los franceses, por su cuenta, colonizaron una vasta región que llamaron Louisiana, y fundaron la capital, New Orleans, en 1718. En 1803, Thomas Jefferson (el tercer Presidente de la nueva nación) le compró el área de Louisiana a los franceses por la suma de 15,000 dólares, lo cual duplicó la extensión del territorio de los Estados Unidos.

■ La emigración de los europeos hacia tierras norteamericanas continuó sin interrupción hasta finales del siglo XVIII, cuando las presiones políticas de los ciudadanos ya establecidos, provocaron la aprobación de leyes especiales (las llamadas **ALIEN AND SEDITION ACTS**) para restringir el flujo de emigrantes.

■ Estas leyes con matices discriminantes fueron derogadas poco después, desatando la ola más intensa de emigración europea hacia Norteamérica, la cual alcanzó su punto culminante entre 1840 y 1900. Escoceses, irlandeses, alemanes, húngaros, polacos, rusos, y personas procedentes de muchos otros países se integraron a la sociedad norteamericana, la mayoría de ellos siendo internados al país por centros especiales de procesamiento (entre ellos, Ellis Island, una isla en medio del puerto de Nueva York, la cual en la actualidad es un museo a la emigración que contrinuyó a formar la actual sociedad norteamericana.

■ No obstante, no toda la emigración hacia los Estados Unidos se originó en Europa; los chinos, atraídos por el auge económico provocado por la construcción de los ferrocarriles en el territorio del oeste norteamericano, llegaron por miles a la ciudad de San Francisco (California), y pronto se dispersaron por todo el país.

■ Por su parte, los mexicanos colonizaron el área del oeste (California, Texas, Nuevo México, Arizona), y pronto estas vastas regiones fueron incorporadas al territorio de los Estados Unidos –después de conflictos bélicos con México– logrando así consolidarse físicamente el territorio que hoy comprende el país; sólo quedaron Alaska, Hawai, y Puerto Rico como los territorios principales fuera de la Unión.

■ Alaska –que los Estados Unidos le compraron a Rusia en 1867– se integró a la Unión como Estado en 1959.

■ Hawai –un reinado con raíces en la Polinesia– se convirtió en territorio norteamericano en 1900, después que una rebelión –inspirada por los negociantes provenientes de los Estados Unidos– logró establecer una república independiente. En 1959, Hawai finalmente se integró a la Unión como el Estado numero 50.

■ Puerto Rico –concedido por España a los Estados Unidos al final de la llamada Guerra Hispanoamericana– se mantiene, por voto popular, como un Territorio Libre Asociado.

Las estadísticas más recientes demuestran que el grupo étnico de mayor crecimiento en los Estados Unidos en la actualidad, es el hispanoamericano. Igualmente, el mayor número de emigrantes que llegan hoy a los Estados Unidos proviene de América Latina.

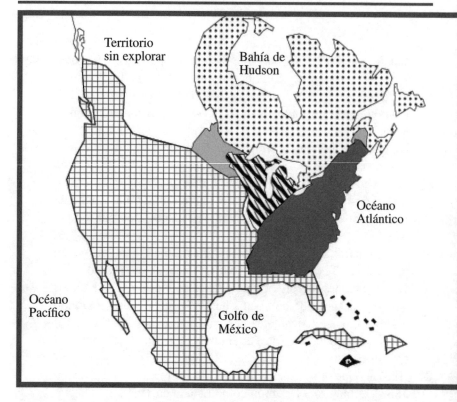

ciados mediante los impuestos que impone el gobierno, y por eso es de gran importancia que el censo represente la población hispana con precisión, para que la comunidad reciba los beneficios que realmente le corresponden (en censos anteriores al del año 2000, se estima que más de 300,000 emigrantes latinoamericanos no fueron debidamente registrados como residentes en los Estados Unidos, lo cual afectó severamente la asignación de fondos y la implementación de varios programas de ayuda a grupos minoritarios).

Arribar a los Estados Unidos –como residente legal– puede resultar un tanto desconcertante para quienes provienen de raíces culturales diferentes. **COMO VIVIR (Y SOBREVIVIR) EN U.S.A.** tiene el propósito de que el nuevo emigrante que se establece en los Estados Unidos esté consciente en todo momento de cuáles son sus derechos, que sepa cómo defenderlos, y –si fuera necesario– rescatarlos cada vez que alguien pretenda violarlos. Las leyes para proteger esos derechos existen, pero es imprescindible saber utilizar los mecanismos establecidos (que

Territorio perteneciente a España **entre los siglos XV al XVIII**. En **1497**, Juan Ponce de León exploró la Florida. Pánfilo de Narváez recorrió las costas de México, la Florida y el río Mississippi. En **1532-1536** Hernán Cortés organizó dos expediciones, una hacia las costas del Pacífico. En **1539** Hernando de Soto exploró el río Mississippi, llegando hasta la llanura central del territorio actual de los Estados Unidos.

 Territorio de los Estados Unidos en el año **1783**. La región ocupaba únicamente el este de una parte estrecha de la costa este de la América del Norte.

 Teritorios pertenecientes a la Gran Bretaña, los cuales no fueron cedidos a los Estados Unidos hasta que se firmó el tratado de **1795**.

 Posesiones británicas en **1783**, las cuales formaron parte del territorio del Canadá, como se conoce en la actualidad.

 Fronteras aún no definidas o en disputa, a finales del **siglo XVIII**. Estos territorios fueron luego compartidos por los Estados Unidos y Canadá.

muchos desconocen) para que las leyes se cumplan debidamente.

En los capítulos que siguen le explicamos, detalladamente, cómo "vivir" en los Estados Unidos; le hacemos recomendaciones para considerar las opciones tan numerosas que la sociedad norteamericana le ofrece para vivir mejor, con un nivel de vida más elevado: desde algo tan sencillo como ordenar la instalación del servicio telefónico y abrir una cuenta bancaria (como paso inicial para establecer una línea de crédito), hasta cómo avanzar por los laberintos burocráticos de los programas del Seguro Social. Pero aún más importante: le explicamos cómo "sobrevivir" en el país más poderoso del mundo, aprovechando sus ventajas y evadiendo los obstáculos que se le puedan presentar. Le orientamos para que reconozca cuáles son sus derechos, reafirmados por la ley; y le ayudamos a identificar los mecanismos que las leyes establecen para defender y reclamar esos derechos cuando los mismos son violados (o ignorados) de alguna manera.

¡Buena suerte!

CAPITULO 1

ADUANA: AL ENTRAR Y SALIR DE LOS ESTADOS UNIDOS... ¿QUE DEBE DECLARAR?

Si usted reside en los Estados Unidos, probablemente tendrá que salir del país en alguna ocasión, ya sea para visitar a sus familiares en su lugar de origen, tomar unas vacaciones o por cualquier otra razón. Pero independientemente de cuál sea el motivo que lo conduzca a viajar, invariablemente deberá tener en cuenta una serie de leyes y procedimientos que establece la **Aduana** (**CUSTOMS**) para evitar sanciones o penalidades. A continuación le ofrecemos un resumen de los puntos más importantes:

SU DECLARACION AL INGRESAR DE NUEVO A LOS ESTADOS UNIDOS

En el momento de su regreso a los Estados Unidos, usted deberá declarar todos los artículos que adquirió en el extranjero y que trae consigo en su equipaje, incluyendo:

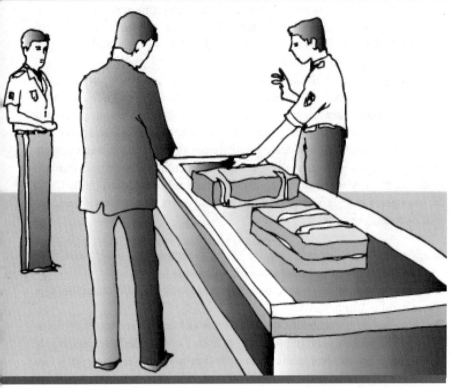

- Artículos que usted compró.
- Regalos que recibió durante su estancia en el extranjero.
- Artículos comprados en tiendas libres de impuestos.
- Reparaciones o alteraciones hechas a cualquier objeto que usted se llevó consigo al extranjero y que ahora trae de regreso, no importa si esas reparaciones o alteraciones fueron gratis.
- Objetos que le han pedido que traiga para otras personas.
- Cualquier artículo que vaya a usar o vender en su negocio.
- Además, deberá declarar cualquier objeto que haya adquirido en las Islas Vírgenes norteamericanas, la Samoa norteamericana, o la isla Guam, y que no traiga consigo en el momento de su regreso.

El precio que usted pagó por cada uno de esos artículos debe aparecer en su **Declaración de Aduana (CUSTOMS DECLARATION)**, expresado en dólares o en la moneda equivalente del país donde lo adquirió. Si el artículo no fue comprado, obtenga un estimado de su precio de venta en el país donde fue adquirido. Tenga en cuenta, además, que llevar puesto o haber usado cualquier artículo comprado en el extranjero no lo exonera del arancel. Usted debe declarar el precio que pagó por él y el **oficial de la Aduana (CUSTOM AGENT)** le hará una apropiada reducción de su valor.

Los formularios de la *declaración de aduana* son distribuidos en los propios aviones y barcos, y deben ser preparados antes de la llegada a los Estados Unidos para presentárselos a los inspectores de inmigración y aduana. No olvide completar la porción de identificación que aparece en toda declaración. También usted puede hacer su declaración a los inspectores de aduanas en forma oral si los artículos comprados en el extranjero lo acompañan, y usted no se ha excedido del número de artículos libres de impuestos que le son permitidos. Ahora bien, la declaración escrita será necesaria cuando:

- El valor total comercial de los artículos adquiridos en el extranjero excede su cuota personal libre de impuestos.
- Usted trae más de un litro de bebidas alcohólicas, 200 cigarrillos (un cartón) o 100 tabacos.
- Algunos de los artículos que usted trae del extranjero no están destinados a su uso personal (o el de su casa), como puede ser el caso de algunas muestras comerciales, artículos para la venta o uso en su negocio, o artículos que usted está trayendo para otra persona.
- Los artículos que usted adquirió en las Islas Vírgenes norteamericanas, la Samoa norteamericana, o la isla Guam están siendo enviados a los Estados Unidos por correos.
- Cualquier artículo en su posesión que requiera pagar un cargo de aduanas o un impuesto del *Internal Revenue Service (IRS)*.
- Un oficial de aduana le pide una lista escrita.
- Si usted ha agotado las exenciones permitidas por la Aduana durante los últimos 30 días.

En el caso en que los miembros de un mismo núcleo familiar viajen juntos, la *declaración de aduana* puede ser familiar:

- La persona considerada *cabeza de familia* (el esposo y padre) puede hacer una declaración combinada para todas las personas que viven en el mismo hogar y que regresan juntos al país. Los miembros de la familia que realicen una declaración combinada pueden unir sus exenciones personales, incluso si los artículos adquiridos por uno solo de los miembros de la familia exceden las exenciones permitidas. Los bebés y niños que regresan a los Estados Unidos tienen derecho a las mismas exenciones que los adultos (excepto licores).

Independientemente de la forma en que usted haga su declaración de aduana –oral, escrita, o familiar– sea muy cuidadoso. Considere que:

- ■ Si usted deprecia el valor de algún artículo, o si de alguna forma miente con respecto a los artículos que trae consigo, podría tener que pagar una penalidad además de los cargos de aduana.
- ■ Bajo ciertas circunstancias, el artículo puede incluso ser confiscado si la penalidad no es pagada.

Evite usar cualquier factura con valores falsos que le ofrezca un comerciante sin escrúpulos en el extranjero; esta práctica no sólo demorará su proceso de aduana, sino que también puede resultarle muy costosa.

¿CUALES SON SUS EXENCIONES?

Los artículos adquiridos en el extranjero y traídos a los Estados Unidos están sujetos a arancel y también a impuestos del Internal Revenue Service (IRS). Ahora bien, si usted es un residente legal que regresa al país, se le permitirán determinadas exeñciones que le garantizan no tener que pagar impuestos sobre artículos que adquirió en el extranjero. El valor de estas exenciones varía dependiendo de cuál es el país del que usted regresa y de qué artículos son los que trae consigo. A continuación le ofrecemos las exenciones fundamentales:

EXENCIONES DE $400

Los artículos que suman un valor de **$400** –basados en el valor real de cada objeto en el país donde lo adquirió– pueden ser entrados libres de impuesto –sujeto a las limitaciones que se establecen en cuanto a licores, cigarrillos y tabacos– sólo si:

- ■ Esos artículos fueron adquiridos como un incidente de su viaje para su uso personal o el de su casa.

■ Usted trae los artículos consigo en el momento de su regreso a los Estados Unidos y éstos han sido debidamente declarados a la Aduana.

■ Usted está regresando de un viaje que ha durado aunque sea 48 horas. Esta limitación de tiempo no es tomada en consideración si regresa de México o de las Islas Vírgenes norteamericanas.

■ Usted no ha usado su exención de $400 en los anteriores 30 días. Considere que su exención no es acumulativa; es decir, si usted solamente usa una porción de su exención al ingresar a los Estados Unidos, entonces deberá esperar 30 días antes de tener derecho a otra exención.

■ Los artículos que usted trae no son prohibidos o restringidos por las leyes y reglamentos de la Aduana.

■ **Cigarrillos y tabacos:** No más de 100 tabacos y 200 cigarrillos pueden ser incluidos en esta exención. Los tabacos cubanos pueden ser incluidos si son comprados en Cuba. Esta exención es aplicable a toda persona, sin importar su edad. Los cigarrillos, sin embargo, pueden estar sujetos a impuesto por las autoridades del Estado y las autoridades locales.

■ **Licores:** Un litro (33.8 onzas) de bebidas alcohólicas puede ser incluido en la **exención de $400** sólo si: **(1)** Usted tiene 21 años o más. **(2)** Es para su propio uso o lo trae como un regalo. **(3)** El alcohol no representa una violación para las leyes del Estado en que usted se encuentra. La mayoría de los Estados restringe la cantidad de bebidas alcohólicas que se pueden importar y usted –además de las leyes federales– deberá respetar las leyes de bebidas alcohólicas del Estado particular en que se encuentra al ingresar a los Estados Unidos (no el Estado donde resida). Si el Estado en que usted presenta su *declaración de aduana* permite menos licor del que legalmente se permite traer a los Estados Unidos, las leyes del Estado prevalecerán.

EXENCIONES DE $600 Y $1,200

Si usted regresa directa o indirectamente de alguna isla norteamericana –Samoa norteamericana, Guam, o las Islas Vírgenes norteamericanas– usted recibirá una exención de aduana de **$1,200** (basada en el precio de esos artículos en el país donde fueron comprados).

También puede traer 1,000 cigarrillos, pero sólo 200 de éstos pueden haber sido comprados en otro lugar. Si usted regresa de cualquiera de los 24 países siguientes, su exención de aduana es de **$600**, basada en el valor que tienen en el mercado los artículos que usted trae:

Antigua y Barbuda	Haití
Antillas Holandesas	Honduras
Aruba	Jamaica
Bahamas	Monserat
Barbados	Nicaragua
Belice	Panamá
Costa Rica	República Dominicana
Dominica	San Cristóbal y Kitts/Nevis
El Salvador	Santa Lucía
Granada	San Vicente
Guatemala	Trinidad y Tobago
Guyana	Las Islas Vírgenes inglesas

EXENCION DE $25

Si usted no puede acogerse a las exenciones de **$400**, **$600** ó **$1,200**, usted puede ingresar al país –libres de arancel e impuestos– artículos para uso personal o familiar adquiridos en el extranjero por un valor total que no exceda los **$25**. Esta es una exención individual y no puede ser consolidada con la de otros miembros de una familia en la *declaración de aduana*. Usted puede incluir cualquiera de los siguientes artículos: 50 cigarrillos, 10 tabacos, 150 mililitros (4 onzas fluidas) de bebidas alcohólicas, o 150 mililitros (4 onzas fluidas) de perfume que contenga alcohol. Los tabacos traídos directamente desde Cuba también pueden incluirse.

LOS REGALOS

Los regalos que usted trae consigo –ya sea para usted o para otra persona– serán considerados para su uso personal y pueden incluirse en su exención. Esto incluye los regalos recibidos por usted de terceras personas mientras se encontraba en el extranjero y aquéllos que usted destina para otros después de su regreso. **MUY IMPORTANTE:** Los regalos destinados al negocio o con un propósito promocional o comercial no pueden incluirse en la exención.

Los perfumes que contengan alcohol (valorados en más de $5), los productos de tabaco, y las bebidas alcohólicas se excluyen de la categoría de regalo. Los regalos destinados a más de una persona pueden consolidarse en un mismo grupo si son envueltos individualmente y marcados debidamente con el nombre del recipiente. Cerciórese de que la envoltura exterior del paquete incluya la siguiente información:

- Especificar que el regalo no ha sido un encargo.
- El tipo de regalo.
- Su valor (detallado).

Además, un paquete consolidado de regalos deberá marcarse como tal en la envoltura exterior, con los nombres enumerados de los individuos que lo recibirán y el valor de cada regalo. Esto facilitará la autorización de su paquete al ser procesado por la Aduana.

Tome en consideración que si cualquier artículo importado en el paquete de regalo está sujeto a arancel o impuesto, o si el valor total de los artículos excede el verdadero valor permitido por concepto de regalo, ningún artículo del paquete podrá ser exento de arancel o de los impuestos.

OTROS ARTICULOS LIBRES DE ARANCEL

- Muchos de los productos de determinados países de la cuenca del Caribe se eximen también de arancel bajo la **Iniciativa de la Cuenca Caribeña (CBI)**. Asimismo, la mayoría de los productos de Israel pueden entrar a los Estados Unidos libres de arancel (o con arancel reducido). Confirme la situación con un oficial del Consulado de los Estados Unidos en la ciudad que esté visitando antes de regresar al país. Asimismo, el **Acuerdo de Libre Comercio entre los Estados Unidos y Canadá**, que se implementó el 1 de enero de 1989, permite que los residentes de los Estados Unidos que regresan directa o indirectamente del Canadá sean elegibles para que los artículos originarios de ese país estén libres de arancel, o que se les aplique un arancel diferente (como se define en el Acuerdo).

LA ADUANA

■ Las pertenencias personales de origen estadounidense pueden entrar libres de arancel.

■ Los artículos personales adquiridos en el extranjero son sujetos a arancel cada vez que vuelvan a ingresar al país, a menos que usted posea una demostración aceptable de previa posesión. Esto significa documentos que totalmente describan el artículo, tales como una factura o recibo de compra, póliza de seguro, certificado del valor de la joyería.

■ Determinados artículos (tales como relojes, cámaras fotográficas y de video, u otros objetos que pueden ser fácilmente identificados por su número de serie o marcas permanentemente adheridas a ellos) pueden ser llevados a la oficina de Aduana más cercana y ser registrados antes de su salida. El certificado de inscripción que reciba podrá acelerar la entrada libre de estos artículos una vez que usted regrese a los Estados Unidos. Guarde el certificado porque éste continuará siendo válido para cualquier viaje futuro mientras que la información en él permanezca legible.

■ Las herramientas para su trabajo u oficio que lleve con usted al viajar fuera de los Estados Unidos están libres de arancel cuando usted regrese, siempre que hayan sido debidamente declaradas previamente en la Aduana (obtenga su certificado de aprobación).

■ Todos los muebles, alfombras, pinturas, vajillas, lienzos y artículos familiares similares adquiridos en el extranjero pueden importarse libres de arancel si no son traídos para otra persona o para la venta, o si han sido usados en el extranjero por usted por no menos de un año o estaban a su disposición en el hogar donde usted residió por espacio de un año. Este privilegio no cubre a los artículos almacenados fuera del hogar.

■ La ropa, las alhajas, el equipo de fotografía, las grabadoras, los componentes de estéreo y los vehículos se consideran artículos personales y no pueden entrar libres de arancel como sucedería si fueran clasificados como "objetos domésticos".

¿COMO PUEDE PAGAR LOS IMPUESTOS EN LA ADUANA?

El pago de los aranceles e impuestos requeridos al momento de su llegada puede ser hecho en cualquiera de las siguientes formas:

■ En moneda nacional (dólares de los Estados Unidos); la moneda extranjera no es aceptable.

■ Con un cheque personal por la cantidad exacta del arancel.

■ Los cheques del gobierno de los Estados Unidos, los giros postales, o los cheques de viajero son aceptables si no exceden la cantidad de $50.

■ En algunos lugares es posible pagar el arancel con tarjetas de crédito (como Discover, Mastercard y VISA).

TARIFAS DE ARANCEL

Si usted ha adquirido en el extranjero artículos que deben pagar *derechos de aduana* pero que no están sujetos a una tasa fija de arancel, el funcionario de la Aduana que examine su equipaje determinará su tarifa de arancel correspondiente.

La *tarifa de arancel* sobre mercancías importadas está especificada en el **HARMONIZED TARIFF SCHEDULE** (**Planilla Arancelaria Armonizada**) de los Estados Unidos. Hay dos tarifas de aranceles para cada artículo, conocidas comúnmente como **columna 1** y **columna 2**:

■ La **tarifa de la columna 1** es aplicable a la mayoría de las naciones favorecidas.

■ La **tarifa de la columna 2** es la más alta y se aplica a productos provenientes de los países siguientes:

Afganistán	Laos
Albania	Latvia
Bulgaria	Lituania
Corea del Norte	Mongolia
Cuba*	Rumania
Camboya*	Rusia
Estonia	Vietnam*

* Las mercancías procedentes o fabricadas en estos países están sujetas a controles de bienes extranjeros.

■ Los productos procedentes de los países de la *columna 2* arriba mencionados, son valorados para su pago de derechos de aduana usando la tarifa de arancel de la *columna 2*, aun cuando hayan sido comprados o enviados desde otro país. Por ejemplo: un jarrón de cristal hecho en Rumania y comprado en Suiza será gravable con la tarifa de la *columna 2*. Sin embargo, si el artículo lo acompaña a usted durante su regreso al país puede entrarse bajo su exención personal libre de arancel o bajo la tasa de arancel fija.

ARTICULOS CUYA IMPORTACION ESTA RESTRINGIDA (O PROHIBIDA)

A los Estados Unidos se prohíbe la entrada de ciertos artículos considerados como peligrosos o perniciosos para el bienestar general del país. Entre los mismos se hallan bebidas confeccionadas con ajenjo, bombones rellenos de licor (en aquellos lugares donde esté prohibido por ley estatal), billetes de lotería, narcóticos y drogas peligrosas, artículos y publicaciones obscenas, algunos artículos riesgosos (como fuegos artificiales, juguetes peligrosos, sustancias venenosas o tóxicas), y cuchillos de resorte (una persona a la que le falte un brazo sí puede importar uno de estos cuchillos para su uso personal).

Otros artículos deberán satisfacer una serie de requerimientos especiales antes de poder entrar al país (usted recibirá un recibo por cualquier artículo retenido por la Aduana). Por ejemplo:

■ **Libros, discos, cassettes y programas de computadoras:** las llamadas "copias piratas" de cualquier artículo con derechos de autor (artículos producidos sin la autorización del dueño de la propiedad intelectual) no pueden entrar a los Estados Unidos. Las *copias piratas* serán confiscadas y destruidas a menos que el importador pueda demostrar que él no tenía ninguna razón para creer que sus acciones estaban infringiendo la ley. En ese caso, lo único que se puede hacer es devolverlas al país de origen.

■ **Vajillas de cerámica:** Algunas vajillas de cerámica vendidas en el extranjero contienen niveles peligrosos de plomo en el barniz, los cuales pueden contaminar los alimentos y bebidas servidos en ellas. La **Administración de Drogas y Alimentos de los Estados Unidos (FDA)** recomienda que las vajillas de cerámica —especialmente las compradas en México, China o la India— sean examinadas para comprobar su contenido de plomo o que sólo sean usadas con propósitos decorativos.

■ **Propiedad cultural:** Un certificado de exportación emitido por ciertos países latinoamericanos puede ser requerido a fin de importar esculturas y piezas precolombinas, no importa si éstas se embarcan directa o indirectamente del país de origen hacia los Estados Unidos.

En la actualidad, también existen restricciones de importación con respecto a determinados artículos procedentes de Perú, Bolivia y El Salvador.

La Aduana también hace cumplir el **Acta de Implementación de la Convención sobre la Propiedad Cultural**. Estas regulaciones prohíben el tráfico ilícito de la propiedad cultural pero permiten el intercambio de tesoros nacionales para legítimos propósitos culturales, educativos y científicos. Para información adicional al respecto, llame a la **Agencia de Información de los Estados Unidos**, Washington, D.C. Teléfono: (202) 485-6612.

■ **Artículos relacionados con las drogas:** La importación, exportación, fabricación, venta y transporte de cualquier tipo de objeto relacionado con las drogas está prohibida. Las personas que importen estos artículos están sujetas a multas y arresto. Como la importación es contraria a la ley, toda parafernalia de droga será confiscada por la Aduana.

■ **Armas de fuego y municiones:** Las armas de fuego y las municiones están sujetas a permisos de importación y restricciones especiales, las cuales deben ser aprobadas por la **Agencia de Alcohol, Tabaco y Armas de Fuego** (**ATF**). Los formularios para importar algún tipo de arma pueden llenarse únicamente a través de un importador licenciado, un negociante debidamente acreditado como tal (con la licencia correspondiente) o un fabricante. Armas, municiones, u otros dispositivos prohibidos por el **Acta Nacional de Armas de Fuego** no se admitirán en los Estados Unidos a menos que estén específicamente autorizados por la **ATF**.

■ **Productos alimenticios:** Los artículos de panadería y todos los quesos curados son admisibles. No se permite la entrada al país de la mayoría de las frutas y los vegetales, o se requiere de un permiso especial de importación. La mayoría de las frutas enlatas o procesadas son admisibles.

■ **Carnes, aves y embutidos:** Las carnes –así como los embutidos– no pueden entrar en los Estados Unidos, o su entrada está restringida dependiendo del país de donde procedan. La carne enlatada es permitida si el inspector puede determinar que ha sido comercialmente enlatada, cocinada en el recipiente, herméticamente sellada y puede permanecer sin refrigeración.

■ **Medicinas y narcóticos:** Los narcóticos y los medicamentos peligrosos (incluyendo los esteroides anabólicos) no pueden ser importados a los Estados Unidos, y existen severas penalidades para aquéllos que los importen. Un residente que salga o entre al país y requiera medicinas con ingredientes creadores de hábitos (como son los diuréticos, los medicamentos para el corazón, los antidepresivos y estimulantes, etc.) deberá:

(1) Tener todos sus medicamentos debidamente identificados.

(2) Viajar sólo con la cantidad que normalmente pudiera requerirse.

(3) Tener una prescripción médica que asegure que está usando esos medicamentos bajo la supervisión de un médico y que los necesitará mientras esté viajando.

Tenga en cuenta también que aunque algunos medicamentos y dispositivos médicos pueden ser completamente legales en otros países éstos pudieran no estar permitidos en los Estados Unidos e incluso considerarse ilegales. Tampoco se permitirá la entrada de los llamados *remedios no ortodoxos* para tratar enfermedades como el cáncer, el SIDA, o la esclerosis múltiple.

■ **Mascotas:** Existen serios controles, restricciones y prohibiciones acerca de la entrada de animales a los Estados Unidos, incluyendo pájaros, tortugas, fauna silvestre y especies peligrosas. Los gatos y los perros deben mostrar evidencia de que están libres de enfermedades trasmisibles. La vacuna contra la rabia no es requerida para los gatos y los perros que ingresen a los Estados de países libres de rabia. Los pájaros –como mascotas personales– pueden entrar (un límite de dos), pero deben cumplir con los requerimientos del **Servicio de Salud Pública**, incluyendo la cuarentena en cualquier centro designado, con los gastos cubiertos por el propietario. Antes de traer un animal a los Estados Unidos es conveniente que usted verifique con el Estado, Condado y autoridades municipales sobre cualquier restricción o prohibición que pueda existir.

■ **Plantas:** Las plantas y semillas requieren un permiso especial de importación; de lo contrario, serán decomisadas por la Aduana de los Estados Unidos. Las especies peligrosas (si su importación no es prohibida) también requerirán un permiso de exportación del país de donde proceden. Cualquier planta o semilla que se traiga a los

Estados Unidos debe ser declarada a las autoridades de la Aduana, no importa cuán libre de plaga éstas parezcan.

OTRAS CONSIDERACIONES GENERALES PARA ACELERAR SU PASO POR LA ADUANA

■ **Guarde sus recibos de compras:** Sus recibos, facturas o cualquier otra evidencia de compra no solamente serán útiles en el momento de hacer su *declaración de aduana,* sino que serán necesarios si los artículos comprados en el extranjero no lo acompañan a su regreso y serán enviados más tarde por correos.

■ **Prepare su equipaje de forma tal que facilite la inspección del oficial de la Aduana:** Empaque separadamente los artículos que usted adquirió en el extranjero. Cuando el funcionario de la Aduana le pida abrir su equipaje, hágalo sin vacilación.

■ **Películas y fotografías:** Todos los filmes y rollos de fotografía que acompañen a un viajero, siempre que no sean para uso comercial, pasarán sin necesidad de ser examinados, a menos que haya alguna razón para considerar que contienen algún tipo de material objetable.

■ **Tenga cuidado con lo que envía por correo:** La mercancía que ha sido adquirida en el extranjero puede ser enviada a su hogar en los Estados Unidos –por usted o por la propia tienda donde la compró– pero tenga en cuenta que si estos objetos no lo acompañan en su regreso no podrán ser incluidos en sus exenciones de Aduana y están sujetos a cargos de impuestos cuando lleguen a territorio estadounidense. Los cargos de arancel no pueden ser prepagados.

PROCEDIMIENTOS Y REQUERIMIENTOS DE ADUANA PARA LOS PAQUETES ENVIADOS A LOS ESTADOS UNIDOS POR CORREOS

■ Todos los paquetes que son enviados a los Estados Unidos procedentes de otros países están sujetos a ser examinados por la Aduana.

■ Los paquetes que el servicio de Aduana considere libre de impuestos serán marcados como tales y devueltos inmediatamente al Servicio Postal para su entrega. En estos casos, no habrá cargos postales adicionales.

■ En el caso de paquetes que exigen pago de aranceles o impuestos, éstos deberán ser abonados en el momento de la entrega junto con los cargos que imponga el Servicio Postal.

■ Los paquetes que no sean reclamados dentro de los siguientes 30 días a su notificación de recibo serán devueltos al remitente, a menos que una protesta por el arancel que le fue impuesto esté en proceso.

■ Si usted se demora en recibir su paquete, o considera que éste puede haberse perdido en el correos, entonces deberá llamar a su oficina de correos local y pedir que se investigue la situación. Este es un asunto en el que la Aduana no tiene control alguno. Si un paquete ha sido detenido por la Aduana por una razón específica (el no estar acompañado por una factura apropiada u otra documentación necesaria,) la Aduana inmediatamente le notificará la causa de la detención y lo que usted tiene que hacer para obtener su paquete.

■ Si usted estima que el arancel que se le ha impuesto no es el correcto, puede obtener una segunda evaluación de dos maneras:
(1) pagando y haciendo una protesta formal con el *formulario de aduana* que el propio paquete trae consigo; o
(2) no aceptando el paquete y enviando al Administrador del Servicio Postal (o Correos) –dentro de los cinco días siguientes– una declaración escrita sobre sus objeciones, la cual será remitida a la oficina correspondiente. Ningún cargo postal por almacenaje será acumulado durante este período.

REGALOS NO SOLICITADOS

■ Los paquetes enviados por correos también pueden obtener algunas exenciones, como los **regalos no solicitados** (**UNSOLICITED GIFTS**) que pueden entrar a los Estados Unidos sin cargo de arancel, siempre y cuando su valor no exceda de los **$50** y la misma persona no recibe más de **$50** en regalos en un mismo día (se entiende por el término "mismo día", aquél en que el paquete o los paquetes han sido recibidos por la Aduana para ser procesados).

La suma de exención aumenta a **$100** si los regalos son enviados desde las Islas Vírgenes norteamericanas, Samoa, o Guam.

CAPITULO 2

EL SEGURO SOCIAL: ¿CUALES SON SUS OBLIGACIONES... Y DERECHOS?

Cuando usted decide iniciar una nueva etapa de su vida en los Estados Unidos, después de haber cumplido con todos todos los requisitos que le califican como residente legal, ha terminado el trámite más importante. Entonces empieza el segundo de los trámites más importantes que deberá hacer para adquirir su verdadera identidad como residente norteamericano:

■ Inscribirse en el **Seguro Social (SOCIAL SECURITY)** para tener derecho a las ventajas y beneficios que ofrece este plan y obtener la tarjeta –con su número oficial– que es la autorización para que usted pueda trabajar con los mismos derechos al *Seguro Social* que tienen los ciudadanos del país.

¿QUE ES EL SEGURO SOCIAL?

El *Seguro Social* es un plan diseñado por el gobierno de los Estados

Unidos –instituido en 1937– que le garantiza un ingreso económico inin-
terrumpido a los ciudadanos del país y a sus familiares, así como a todo
residente legal (y a su familia), en caso de que usted deje de percibir sus
ingresos, o que éstos disminuyan debido a la jubilación, incapacidad
(física o mental), o muerte. Estos pagos, sin embargo, no cubren la totalidad del ingreso que usted   deje de percibir, y para solicitar esos beneficios es necesario presentar la documentación necesaria –que le hace
elegible a recibir esos beneficios– ante las oficinas de esta importante
rama del gobierno norteamericano.

EL NUMERO DEL SEGURO SOCIAL

Antes de ofrecerle los detalles que usted necesita saber con respecto a la
elegibilidad, regulaciones y beneficios que ofrece el *Seguro Social,* es
muy conveniente saber por qué es tan importante el número que le asignen en la tarjeta que recibirá al incribirse:

■ Este número es una identificación que usted necesitará durante toda la vida para cualquier actividad que realice en los Estados Unidos, ya sea en el sector oficial o en el privado.

Como es evidente, nunca estarán de más las precauciones que debe tomar para que su número no sea utilizado en operaciones fraudulentas, ni por individuos no inscritos en el plan, o por aquellas personas que intentan burlar la ley.

Los archivos del *Seguro Social* son privados y su número es la única forma de acceso a la información de su expediente... aunque existe una ley que autoriza a otras dependencias del gobierno norteamericano a utilizar el número del *Seguro Social* como identificación. Puede afirmarse que:

■ En todos los documentos y formularios –oficiales y privados– aparece casi siempre una línea en la cual usted deberá escribir su número del *Seguro Social*.

Es decir, mientras usted resida en los Estados Unidos, el llamado **SOCIAL SECURITY NUMBER (número del Seguro Social)** será su identificación oficial en las solicitudes de empleo, en las nóminas de su centro de trabajo (una vez que sea contratado por una empresa), en los bancos (para la mayoría de las transacciones), para los seguros de todo tipo, en los recibos sobre servicios prestados y pagos de impuestos, en los hospitales y centros de salud (para referencia en planes médicos, estén o no relacionados con el *Seguro Social)* en las inscripciones en escuelas y universidades, para las solicitudes de crédito en comercios y bancos, y para la inscripción en diferentes tipos de asociaciones. En fin, el número de su *Seguro Social* es prácticamente imprescindible en todo tipo de operación o actividad en la que se requiere rellenar algún formulario.

Por otra parte, considere:

■ Usted tiene el derecho a negarse a dar su número de *Seguro Social* cuando estime que el solicitante no lo necesita.

■ Tampoco debe permitir que ese número lo usen terceras personas. Tenga siempre presente que se trata del número que oficialmente ha sido registrado bajo su nombre y usted –¡solamente usted!– será responsable del uso que se le dé.

Le reiteramos que cuide su tarjeta, haga un esfuerzo por memorizar el número, y que trate de que nadie tenga acceso a este tipo de identificación oficial.

ORIGEN Y SIGNIFICADO DEL NUMERO DE SEGURO SOCIAL

El *Seguro Social* es una identificación numérica, única para cada trabajador cubierto por el plan. Las estadísticas muestran que actualmente protege a más de 145 millones de trabajadores (y a sus familias), y le paga beneficios a unos 44 millones.

El número tiene nueve dígitos separados en tres partes:

000-00-0000

■ Los tres primeros, generalmente, indican el Estado donde usted solicitó su inscripción y recibió su primera tarjeta.

■ Los dos siguientes no tienen un significado en particular; aparecen separados sólo para interrumpir el grupo de los nueve dígitos.

■ Los cuatro últimos números representan una secuencia numérica progresiva de los números asignados.

Se estima que hasta el presente, el *Seguro Social* ha asignado 383 millones de números, con un promedio de 6 millones adicionales cada año.

TIPOS DE TARJETAS

El *Seguro Social* tiene tres tipos de tarjetas:

■ El primero –en uso desde 1935– es la autorización para trabajar, sin restricciones. En ella aparece el nombre de la persona y el número de *Seguro Social* asignado, la cual reciben los ciudadanos norteamericanos y todo extranjero residente permanente en el país.

■ En el segundo tipo de tarjeta aparece la frase siguiente: **NOT VALID FOR EMPLOYMENT (No es válida para trabajar)**. Esta tarjeta es la que recibe la persona que ha ingresado legalmente en los Estados Unidos, sin incluir el permiso de trabajo

ANUNCIOS Y OFERTAS QUE CONFUNDEN

■ Existen negocios que ofrecen hacer su tarjeta del *Seguro Social* en metal o en plástico –sin costo alguno– como parte de una campaña para vender algún producto. Aunque estas tarjetas no son ilegales, la única verificación oficial de su número del *Seguro Social* es con la tarjeta que usted recibió de las oficinas del *Seguro Social*. Si usted decide tener una de estas tarjetas comerciales, asegúrese de que el número que aparece en ella es el correcto.

■ También existen firmas que obtienen tarjetas del *Seguro Social* para los recién nacidos y para las novias (con su nuevo nombre... tenga presente que en los Estados Unidos, cuando una mujer se casa pierde su apellido y adopta el de su esposo). Estos negocios, que cobran sus servicios, no suelen ser ilegales, pero es importante que usted esté consciente de que usted mismo puede obtener esa tajeta –gratis– solicitándola directamente de las oficinas del *Seguro Social*.

■ Es ilegal que las firmas comerciales uitilicen textos o palabras y emblemas similares a los oficiales, los cuales puedan confundir al extremo de que parezcan estar autorizadas por el gobierno de los Estados Unidos. Si usted recibe material o propaganda de una de esas firmas, y sospecha que sean ilegales, devuélvalo a las oficinas del *Seguro Social* local o envíelo por correo a:

**Social Security Administration,
Office of Communications,
P. O. Box 17740, Baltimore,
Maryland 21215**

También puede devolverlo al correo de su zona.

que otorga el Departamento de Inmigración y Naturalización, pero que necesita el número del *Seguro Social* para recibir algún beneficio o servicio (según exijan leyes federales, estatales, o locales).

■ En 1992 el *Seguro Social* introdujo un tercer tipo de tarjeta en el que se lee la siguiente frase: **VALID FOR WORK ONLY WITH THE INS AUTHORIZATION (Válida para trabajar sólo con la autorización del INS** - sigla en inglés de la agencia federal **Inmigration and Naturalization Service**). Esta tarjeta la confiere el *Servico Social* a personas que han ingresado a los Estados Unidos para una estancia temporal, y a quienes el *Servicio de Naturalización e Inmigración (INS)* le ha concedido permiso para trabajar parcialmente (durante ese período de tiempo).

COMO PROTEGER SU NUMERO DE SEGURO SOCIAL

Cuando usted trabaja, su número de *Seguro Social* es el que se utiliza para registrar los ingresos que percibe. Las siguientes recomendaciones le ayudarán a proteger su número y a que la información registrada sea correcta.

- Muestre su tarjeta al empleador una vez que comience a trabajar.
- Verifique que su nombre y número de *Seguro Social,* que aparece en los cheques de pago por servicios realizados y en el formulario W-2 (que le entregará el empleador para pagar sus impuestos), sean los correctos.
- Mantenga su tarjeta siempre en un lugar seguro y no confíe en su memoria cuando le pidan su número. Si usted le da al empleador un número equivocado, sus ingresos serán acreditados a otra persona... y las complicaciones burocráticas pueden ser enormes.
- Solicite un estado de sus ingresos cada tres años para asegurarse de que no hay errores en su expediente. Este estado puede obtenerlo –sin costo alguno para usted– llamando al número **1-800-772-1213**, u obtenerlo en la oficina del *Seguro Social* en la localidad donde usted resida.

EL USO INDEBIDO DE SU NUMERO DE SEGURO SOCIAL

Se puede presentar el caso de que más de una persona utilice el mismo número de *Seguro Social,* accidentalmente o a propósito. Al comprobar una situación de este tipo:

■ Si está usted consciente de que una persona está utilizando un número que no le pertenece, notifíquelo inmediatamente a las oficinas del *Seguro Social.*

Considere que el uso de un número de *Seguro Social* que no le pertenece (o dar información falsa cuando se solicita el número), es un acto penado por la ley. También es delito alterar, comprar o vender tarjetas del *Seguro Social* y, quienes se involucran en este tipo de crimen, se exponen a multas, a ser enviados a la cárcel, (o a ambas cosas.)

¿QUE HACER SI OTRA PERSONA UTILIZA SU NUMERO?

Si usted sospecha que alguien está utilizando su número de *Seguro Social,* es su deber comunicárselo inmediatamente al *Seguro Social.* Usted puede verificar cuáles han sido sus ingresos registrados, y para ello sólo tiene que llamar al teléfono **1-800-772-1213** y solicitar un estado de cuenta de sus ingresos (**PERSONAL EARNINGS AND BENEFIT ESTIMATE STATEMENT**). Este informe (**estado estimado de ingresos y beneficios**) mostrará todos los ingresos que aparecen bajo su número (desde 1951), lo cual le permite verificar si se han ingresado cantidades de más o de menos. Si ése fuera el caso, notifique el error al *Seguro Social* para que su expediente sea debidamente enmendado.

Si su número de *Seguro Social* ha sido utilizado para asuntos de crédito o de cuentas, la agencia no podrá enmendar su expediente... pero le puede ofrecer información al respecto. En tales casos usted deberá recurrir directamente a las agencias de crédito o a las personas involucradas. El *Seguro Social* no puede ajustar los informes incorrectos que envíe un empleador determinado a las oficinas de la agencia.

COMO OBTENER UNA NUEVA TARJETA

■ Si usted necesita inscribirse en el *Seguro Social,* ha perdido su tarje-

DONDE OBTENER INFORMACION SOBRE EL SEGURO SOCIAL

■ Usted podrá obtener más información sobre el *Seguro Social* llamando al número de teléfono **1-800-772-1213**. La llamada no representa costo para usted, y puede ser hecha en cualquier momento del día. Puede hablar ern español.

■ Para solicitar una cita con una agencia del *Seguro Social,* llame entre las 7 A.M. y las 7 P.M. en días laborables. Tenga siempre su número de *Seguro Social* a mano para identificarse.

Las llamadas son confidenciales y la información corresponde a la que aparece en su expediente, no importa dónde esté ubicada la oficina que le responda.

ta, se la han robado, o necesita una tarjeta con su nuevo nombre, llame o visite las oficinas del *Seguro Social* de su localidad. Es un servicio gratis que requiere –únicamente– rellenar la solicitud correspondiente y presentar uno o más documentos para identificarse.

■ Ahora bien, para solicitar la tarjeta por primerta vez necesitará mostrar documentos que lo identifiquen, y en los cuales aparezcan su edad, ciudadanía, y su estado legal como extranjero.

■ Para reemplazar la tarjeta del *Seguro Social* necesitará un documento que lo identifique (si ya es ciudadano de los Estados Unidos le pedirán pruebas de la ciudadanía; si solamente es residente, tendrá que probar cuál es su estado legal en el país).

■ Para un cambio de nombre deberá mostrar los documentos que identifiquen su nombre anterior y el nuevo. La tarjeta que le entreguen tendrá el mismo número que la anterior.

BENEFICIOS DEL SEGURO SOCIAL

Al inscribirse en el *Seguro Social,* usted y su familia estarán protegidos por el plan. Mientras usted trabaje y pague los impuestos del *Seguro Social*, acumulará contribuciones al plan que le permitirán ser elegible para que usted –y su familia– reciban los siguientes beneficios:

■ Pagos mensuales por incapacidad para trabajar.

■ Jubilación al cumplir los 65 años de edad.

■ Seguro que cubre a los sobrevivientes en caso de muerte.

■ Protección del plan de **MEDICARE** (**Atención Médica**) al cumplir los 65 años de edad.

Actualmente, la tasa de impuestos que pagará como contribución al *Seguro Social* es el 7.65% del salario o ingreso bruto declarado. Esa suma cubre los beneficios que ofrece el *Seguro Social* y, asimismo, los servicios de hospitalización y atención médica del **MEDICARE**:

■ Su empleador paga el 50% del impuesto y usted la otra mitad.

■ Ahora bien, si usted trabaja por cuenta propia, deberá pagar el total del 7.65%, y deducir –como gasto de su trabajo– el 50% que hubiese pagado el empleador.

Muy importante:

■ El *Seguro Social* utiliza un sistema de créditos acumulados por tiempo trabajado que se calcula contando **1 crédito por cada trimestre trabajado**.

■ A su vez, el derecho a obtener los beneficios de la agencia se concede de acuerdo al número de créditos estipulados como requisito para recibir determinado beneficio.

LOS BENEFICIOS POR INCAPACIDAD

Si usted sufre alguna enfermedad o accidente que le incapacite para trabajar por lo menos durante un año, o si esa incapacidad puede ocasionarle la muerte, usted tiene derecho a disfrutar de los **beneficios por incapacidad** (**DISSABILITY BENEFITS**) si ha estado participando en el plan del *Seguro Social* el tiempo suficiente requerido para obtener ese beneficio. Comenzará a recibir el pago de los beneficios a partir del sexto mes de haber sido aceptada su reclamación, pues se requiere un período de espera de cinco meses. Estos pagos continuarán llegándole mensualmente mientras dure su incapacidad. Asimismo, después de los primeros veinticuatro meses consecutivos de obtener los beneficios por incapacidad, también obtendrá la protección del *Medicare*. Una vez que la persona esté incapacitada, sus hijos solteros también son elegibles para recibir estos beneficios. Los requisitos son los siguientes:

■ Deben ser menores de 18 años.

■ Están incapacitados desde antes de cumplir 22 años y continúan estando incapacitados.

■ Entre los 18 y los 19 años, si están matriculados en la escuela elemental o secundaria (a tiempo completo).

Las mujeres casadas que trabajan –si sus esposos tienen 62 años (o más)– también son aptas para recibir los *beneficios por incapacidad* en el caso de que la esposa quede incapacitada. Igualmente, ante una situación de incapacidad de la mujer, el esposo puede presentar su reclamación a los *beneficios por incapacidad* a cualquier edad, siempre que esté cuidando a un hijo menor de 16 años (o que esté incapacitado).

Para aprobar la reclamación para obtener *beneficios por incapacidad:*

■ El *Seguro Social* requiere el historial médico de la enfermedad o lesión sufrida por el reclamante.

■ Fechas de hospitalización y de visitas al médico.

■ Una historia detallada de la incapacidad, en la que se muestre cómo la misma ha afectado el trabajo que el reclamante estaba realizando.

Si después de todas las consideraciones por parte del *Seguro Social* la solicitud de reclamación de *beneficios por incapacidad* es rechazada, el reclamante dispone de sesenta días para solicitar la revisión de su caso. Si es aprobada en esta segunda oportunidad, tendrá que ser sometida a revisiones periódicas.

BENEFICIOS EN CASO DE MUERTE

En caso de muerte del contribuyente al *Seguro Social,* tanto la viuda como los hijos declarados dependientes, recibirán una suma mensual que les corresponde como beneficiarios. También pudieran recibir un pago de

$225.00 –por una sola vez– pagaderos a la viuda o a los niños. Si no hubiese hijos que puedan ser aceptados como beneficiarios, la viuda tendrá derecho al pago si ya ha cumplido 60 años (o más), o si tiene entre 50 años y 60 años, o si está incapacitada para recibir los beneficios de acuerdo con el expediente del esposo.

En resumen:

■ Si usted es miembro de la familia de la persona fallecida, dependiendo de su edad y del límite de sus ingresos, puede reclamar los beneficios que ofrece el *Seguro Social* a los sobrevivientes.

Los familiares con derecho a recibir estos beneficios son:

■ El cónyuge viudo, con 65 años o más, recibe el 100% de la suma estipulada como beneficio.
■ Entre los 60 y 64 años, recibirá entre el 71% y el 99%.
■ A cualquier edad recibirá el 75% si tiene a su cargo un hijo menor de edad.
■ El cónyuge divorciado recibirá parte de los beneficios si no se ha casado de nuevo, siempre que el matrimonio haya durado más de diez años, y si el ex cónyuge tiene –por lo menos– 60 años de edad.

Además, considere:

■ Los hijos. A los efectos del *Seguro Social* se incluyen hijastros, hijos por adopción, y hasta nietos dependientes del contribuyente fallecido (en algunos casos). Los niños aptos para reclamar beneficios son los menores de 18 años (solteros), los menores de 19 años (que estudian en la Escuela Secundaria), y los de 18 años (o más), incapacitados antes de cumplir los 22 años. Estos recibirán el 75% de los beneficios, los cuales cesarán si se casan.
■ Los padres del contribuyente, que tengan 62 años (o más) –y que dependan del contribuyente al *Seguro Social* en el momento de la muerte de éste– también podrán ser aceptados como beneficiarios por el *Seguro Social*.

El número de **créditos** (**CREDITS**) –por trimestres trabajados, necesarios para recibir los beneficios del *Seguro Social*– dependerá de la edad del contribuyente que ha fallecido. Por lo tanto, ante una situación de este tipo, es fundamental que el posible beneficiario obtenga cualquier información adicional a la expuesta en este capítulo para hacer su reclamación legal a los beneficios que pudieran corresponderle.

LA JUBILACION

Al cumplir los 65 años, todos los contribuyentes al *Seguro Social* tienen derecho al **retiro** (**RETIREMENT**), aunque también es posible hacerlo a los 62 años (aceptando, desde luego, una deducción en los beneficios para compensar la anticipación de tres años). Ahora bien, si la jubilación se produce a los 65 años, el reclamante recibirá la pensión completa que le corresponda, de acuerdo a los créditos acumulados.

¿Quiénes tienen derecho a la jubilación?

Para jubilarse es preciso haber acumulado un número de créditos determinado; cada trimestre trabajado equivale a un crédito. Por lo general:

■ Para obtener los beneficios por jubilación el reclamante necesita acumular 40 créditos (el equivalente a 10 años de trabajo).

■ Todos los créditos por trabajo reportado al *Seguro Social,* aparecen en el expediente del reclamante, aunque hayan pasado determinados períodos de tiempo en los que no haya trabajado.

■ La suma acumulada para la jubilación está basada en un promedio de ingresos sobre la mayor parte del tiempo trabajado. Es decir, si usted ha pasado años sin percibir ingresos o con salarios bajos, la cantidad que recibirá será menor que si hubiese trabajado en todo momento, antes de los 65 años.

También es posible demorar la jubilación y continuar trabajando después de haber cumplido los 65 años. En este caso usted puede incrementar sus beneficios de jubilación de dos formas diferentes:

■ Cada año que usted trabaje (después de haber cumplido los 65 años) se agrega a los años de trabajo acumulados en su expediente. Es decir, su jubilación –al presentar la reclamación más tarde– se basará sobre un período de tiempo más largo y una cantidad de contribuciones promedio que será mayor.

■ Los beneficios aumentarán en un porciento determinado si usted demora la fecha de su jubilación. Estos aumentos serán automáticos a partir de la edad normal de retiro hasta que usted cumpla los 70 años.

Aunque usted no se jubile a los 65 años, una vez que los cumpla tiene derecho a obtener los servicios médicos y hospitalización que ofrece el Medicare (vea el capítulo 27). Tenga presente que usted debe hacer los trámites necesarios para solicitar estos beneficios, porque los mismos no se implementan automáticamente (un error en el que incurren muchas personas al jubilarse y que, desde luego, los perjudica considerablemente en el caso de que se presenten problemas de salud).

¿Quiénes recibiran beneficios al jubilarse usted?

■ Usted, a partir de los 62 años (o más).

■ Su cónyuge, a los 52 años (o más), y a cualquier edad si está cuidando un hijo menor de 16 años, o mayor de 16 pero desabilitado antes de cumplir los 22 años.

■ Su cónyuge divorciado, a los 62 años (o más), siempre que el matrimonio haya durado más de 10 años.

■ Los hijos solteros del reclamante, menores de 18 años o mayores de 18 pero que todavía estudien en la Escuela Secundaria, o que han estado incapacitados desde antes de cumplir los 22 años.

¿Es posible trabajar después de haberse jubilado?

Todos los contribuyentes al *Seguro Social* tienen el derecho a continuar trabajando después de haberse jubilado, pero sus *beneficios por jubilación* se verán afectados, dependiendo de la edad de la persona en cuestión, y de los límites establecidos por el *Seguro Social* en cuanto a las suma que obtenga como salario.

Es decir:

¿DONDE OBTENER INFORMACION ADICIONAL SOBRE EL SEGURO SOCIAL?

Un plan tan vasto como el *Seguro Social* incluye una enorme cantidad de regulaciones para cubrir hasta el más mínimo detalle en lo que se refiere a los beneficios que se ofrecen, quiénes pueden obtenerlos, y cuándo los mismos pudieren cesar. Por este motivo es prácticamente imposible recopilarlas todas en una sola publicación. Lo principal es conocer la importancia que tiene para el residente permanente en los Estados Unidos, cuáles son los beneficios que ofrece esta agencia gubernamental norteamericana... y cómo se obtienen.

Una vez que usted obtenga la información básica necesaria, las situaciones especiales, las dudas, y los cambios –así como otra información que considere pertinente– deberán ser investigadas en las publicaciones y folletos que son preparados por el *Seguro Social* para aclarar situaciones específicas (algunas de estas publicaciones están editadas en español):

■ Todas estas publicaciones están disponibles en cualquier oficina del *Seguro Social*.

■ Si sabe el asunto sobre el cual necesita más información, llame al teléfono **1-800-772-1213** y pida –en español– le envíen la información disponible sobre el asunto en cuestión. Tanto la llamada como las publicaciones son gratis.

■ Si usted recibe como salario una suma mayor del límite establecido por el *Seguro Social* (o no ha cumplido aún la edad en que ya no rigen las restricciones sobre los ingresos por trabajo), la cantidad que percibirá por concepto de jubilación disminuirá de acuerdo con las normas establecidas por el *Seguro Social* (aquéllas que estén en vigor en ese momento). Esto significa que tanto la suma máxima permitida como salario después de la jubilación, así como la edad del contribuyente, se han ido modificando a través de los años, de acuerdo a diferentes factores.

Si usted decide trabajar después de jubilado, es importante que investigue en la oficina del *Seguro Social* de su localidad cuáles son las regulaciones que rigen sobre este particular en ese momento. Es la forma más segura de mantenerse debidamente informado y no equivocarse al tomar la decisión entre continuar trabajando o jubilarse definitivamente.

¿ES NECESARIO SOLICITAR LOS BENEFICIOS QUE LE CORRESPONDEN COMO CONTRIBUYENTE AL SEGURO SOCIAL?

El *Seguro Social* no le concederá a sus contribuyentes los beneficios que puedan corresponderles de una manera automática. Es preciso presentar la solicitud correspondiente, y para iniciar el proceso puede llamar al número telefónico **1-800-772-1213** (la llamada no cuesta), o visitar personalmente la oficina de su localidad.

Al presentar cualquier tipo de reclamación, se requieren los siguientes documentos:

- Su **tarjeta del Seguro Social**, donde aparece su número. Si la ha perdido, solicite una nueva (vea la página 38).
- Su **certificado de nacimiento**.
- El **formulario W-2** que le entrega su empleador al finalizar el año, en el que aparece su contribución al *Seguro Social*. Si trabajara por su cuenta, necesita la última declaración de impuestos presentada al Internal Revenue Service.
- El certificado de nacimiento de su cónyuge, si éste también está reclamando los beneficios que considere que le corresponden.
- El **certificado de nacimiento de sus hijos** y sus **números de Seguro Social** (en caso de que esté solicitando beneficios para ellos).
- El nombre de su banco y el número de la cuenta, para que los pagos de los beneficios que le correspondan se depositen directamente a su cuenta todos los meses.

Todos los documentos presentados al *Seguro Social,* al hacer una reclamación, deberán ser originales; también son aceptables las copias certificadas por las oficinas que los otorgan.

¿TIENE LA MUJER LOS MISMOS DERECHOS QUE EL HOMBRE EN CUANTO A LOS BENEFICIOS DEL SEGURO SOCIAL?

Los beneficios del *Seguro Social* se aplican igualmente a hombres y mujeres de cualquier edad, ya sea en su calidad de contribuyentes o como beneficiarios por ser familiares directos de la persona contribuyente al plan. Sin embargo, generalmente la mujer recibe la protección del plan a través del trabajo del esposo, y recibe los beneficios una vez que éste se jubila, queda incapacitado, o fallece.

▪ Si la mujer trabaja –ya sea como empleada o por cuenta propia– y pasa a ser contribuyente del *Seguro Social,* acumula *créditos* que le otorgan derechos a obtener los beneficios que ofrece la agencia (para ella y para sus familiares elegibles de acuerdo a los requerimientos de la agencia).

Las regulaciones para reclamar los beneficios del *Seguro Social* son las mismas para todos los contribuyentes, hombres y mujeres. No obstante, existen casos especiales por tipo de trabajo:

▪ Cuando se trata de un negocio administrado por un matrimonio, y la pareja comparte las ganancias y las pérdidas, la mujer pudiera tener derecho a que le asignen *créditos* en el *Seguro Social* (como socia del negocio). Para obtener ese beneficio se requiere que –como trabajadores por su cuenta– presenten por separado sus declaraciones de impuestos al *Internal Revenue Service.*

▪ En caso de trabajos en el servicio doméstico, si el salario es de $1,100 dólares (o más), este ingreso está cubierto por el *Seguro Social* (a no ser que la persona tenga menos de 18 años durante parte del año y ése no sea su trabajo principal). En esta situación, debe mostrarle a su empleador su tarjeta del *Seguro Social* y pedirle que retenga de su sueldo la cantidad correspondiente al impuesto del plan que usted debe pagar (el 50% del total), que agregue la parte que le corresponde como empleador, y que haga el pago –por la cantidad total– al

Internal Revenue Service. Si no se cumple este requisito, el individuo en cuestión no estará acumulando beneficios bajo el plan del *Seguro Social.*

■ Es posible que una mujer casada, que nunca haya estado empleada, obtenga beneficios del *Seguro Social;* para ello debe hacer de su casa y su familia su centro de trabajo. Esto quiere decir que la protección de la esposa y de la familia se obtiene a través del trabajo del esposo y son elegibles a los beneficios de la jubilación y a los de incapacidad o muerte del esposo.

■ Cuando la mujer es casada y, tanto ella como el esposo son contribuyentes al *Seguro Social,* una vez que se jubilen, cada uno de ellos recibirá la pensión que le corresponda (de acuerdo con los requisitos vigentes de la agencia, explicados anteriormente).

■ La mujer que queda viuda es beneficiaria de los beneficios de jubilación del esposo si tiene 60 saños (o más), y a partir de los 50 años (si está incapacitada). La suma que perciba mensualmente dependerá de su edad en el momento de comenzar a recibir los beneficios.

Además, existen otras condiciones bajo el *Seguro Social* que toda mujer debe conocer. Por ejemplo:

■ Si tiene derecho a la jubilación que le corresponde por su contribución a través de su trabajo, y es viuda, puede jubilarse a los 62 años (con una reducción en los pagos mensuales), y después recibir el beneficio completo (como viuda) a los 65 años.

■ También puede demorar la jubilación para aumentar sus beneficios.

■ Como viuda, la mujer puede solicicitar los beneficios del *Medicare,* para los cuales es elegible al cumplir los 65 años (si el esposo trabajó el tiempo suficiente requerido, o si hubiese tenido derecho a ingresos mensuales).

■ Si la mujer viuda se casa después de cumplir los 60 años, continuará recibiendo los beneficios que aparecen en el expediente del *Seguro Social* del esposo fallecido. Sin embargo, si el esposo actual recibe beneficios del *Seguro Social,* como esposa la mujer puede solicitar estos beneficios (siempre que la suma sea mayor de la que recibe como viuda; es decir, no es posible recibir ambos).

■ La viudas con hijos menores a su cuidado son elegibles –a cualquier edad– para recibir los beneficios a los que tienen derecho. Estos cesan una vez que el hijo llega a la mayoría de edad.

EL SEGURO SOCIAL

MUY IMPORTANTE: En los Estados Unidos la mujer que se casa adquiere automáticamente el apellido del esposo y el de ella (de soltera) deja de tener validez... a menos que se estipule legalmente que aparezcan los dos apellidos. Es muyimportante informar los cambios de nombre al *Seguro Social.* Para ello debe acudir a la oficina de su localidad y solicitar el formulario **APPLICATION FOR A SOCIAL SECURITY CARD (formulario SS-5)**, o pedirlo directamente al teléfono **1-800-772-1213**. La solicitud de cambio de nombre debe presentarse acompañada por documentos que identifiquen el nombre anterior de la contribuyente y el nuevo, así como constancia de su condición de inmigrante legal a los Estados Unidos.

En los casos de divorcio –y dependiendo de determinadas condiciones– la mujer no pierde todos los derechos a los beneficios del *Seguro Social.* Por ejemplo:

■ La mujer divorciada puede recibir los benefecios del *Seguro Social* de su ex esposo si el matrimonio duró 10 años (o más); si no está casada de nuevo; y si tiene 62 años (o más); o si el ex esposo ha fallecido. Podrá recibir los beneficios a partir de los 60 años de edad (a los 50 si está incapacitada).

■ Si el ex esposo no solicitó los beneficios que le correspondían al *Seguro Social,* pero es elegible y ya ha cumplido 62 años (o más), la ex esposa puede recibir beneficios de acuerdo con el expediente del ex esposo. Para ello, debe estar divorciada por dos años (o más) y ser elegible de acuerdo con los requisitos mencionados anteriormente. En caso de que el ex esposo haya fallecido, la mujer puede recibir los beneficios que le correspondían a él, aunque no hubiese estado casada por el término mínimo de 10 años. También los puede recibir si tiene un hijo menor de edad.

■ Los beneficios que reciba la ex esposa de un contribuyente no afecta en ninguna forma los que puede recibir la esposa actual.

Estas mismas condiciones son aplicables a los hombres divorciados cuya eligibilidad a los beneficios se basa sobre la información que aparece en el expediente de la ex esposa.

CAPITULO 3

AL ABRIR UNA CUENTA EN EL BANCO...

Uno de los primeros pasos que usted debe tomar al arribar a los Estados Unidos es establecer el mecanismo necesario para efectuar transacciones monetarias, tales como pagar las cuentas a los diversos proveedores de servicios, crear –paulatinamente– un historial que muestre la regularidad de sus pagos (lo cual le permitirá obtener con más facilidad una línea de crédito; vea el capítulo 4), y ahorrar una parte de sus ingresos para asegurar su futuro y el de su familia.

¿POR QUE DEBE ESTABLECERSE UNA CUENTA BANCARIA?

Quizás su instinto le lleve a pagar sus obligaciones en efectivo o mediante el uso de los *money orders* que se venden en todas las oficinas del servicio de correos, así como en muchos otros establecimientos. Sin embargo, es importante que esté consciente que el sistema de vida en los Estados Unidos es complejo, y –por lo tanto– es casi indispensable que

las transacciones se efectúen por medio de las instituciones bancarias, lo cual le permite ejercer un control más definido sobre sus finanzas. Los beneficios que un banco le ofrece son múltiples. Por ejemplo:

■ Si usted queda descontento con el servicio que algún comerciante le haya brindado, la transacción bancaria –que permanece registrada oficialmente en el banco– le ofrece la evidencia necesaria para procesar una reclamación.

Al mismo tiempo, considere:

■ El pagar las cuentas pendientes por medio de *money orders* es una alternativa muy costosa y que consume mucho tiempo.
■ Pagar en efectivo resulta peligroso porque significa disponer de una determinada suma de dinero en efectivo, lo cual siempre representa el riesgo de ser víctima de un robo (si mantiene el dinero en su casa) o de un atraco (si habitualmente lo lleva consigo), o inclusive de

perderlo en algún descuido. Además de la posibilidad de perder sus recursos económicos, también puede sufrir daños físicos.

Además, si pagara sus cuentas en efectivo, tendría que visitar en persona las oficinas de todos los proveedores de los servicios que recibe (el teléfono, la electricidad, etc.)... y esto es prácticamente imposible en los Estados Unidos.

■ Una cuenta bancaria, sin embargo, le permite pagar sin dificultad –y con un mínimo de costo– todas sus cuentas mensuales mediante el servicio postal: Usted recibe por correos –todos los meses– la cuenta por los servicios prestados, y se limita a expedir un cheque por la suma adeudada... después de comprobar cuidadosamente que los cargos en la factura recibida sean, efectivamente, los indicados.

EL SISTEMA BANCARIO
EN LOS ESTADOS UNIDOS

Los Estados Unidos cuenta con un sistema bancario que podríamos decir que aún está en estado de evolución; frecuentemente el recién llegado se confunde con la variedad de instituciones financieras que compiten para obtener la custodia del dinero de los norteamericanos; es decir, existe una competencia grande por lograr que cada día aumente el número de clientes de cada institución bancaria. Debido a ello, todos los días surgen nuevos planes, términos bancarios diferentes para identificar cada uno de éstos... y el resultado es la confusión de un alto porcentaje de la población.

Entre estas instituciones bancarias se encuentran:

■ Los bancos comerciales (**National or Commercial Banks**).
■ Los bancos de ahorro (**Savings Banks**).
■ Las asociaciones de ahorro (**Savings and Loan Banks**).
■ Las organizaciones de crédito (**Credit Unions**).

Es importante enfatizar el hecho de que las cuentas bancarias de todas estas organizaciones están garantizadas por agencias del gobierno federal hasta un límite de $100,000 (cada cuenta), lo que le permite elegir aquella institución que le ofrezca el mejor servicio y que se ajuste a sus necesidades en particular. La realidad es que –en términos generales– todas estas instituciones ofrecen servicios similares, aunque las organizaciones de crédito (**Credit Unions**) requieren que usted sea empleado de una compañia específica o miembro de una unión laboral para utilizar sus servicios.

¿QUE TIPO DE CUENTA BANCARIA?

En términos generales, es posible afirmar que existen cuatro tipos de cuentas que representan la gran mayoría de los servicios bancarios:

1
LA CUENTA DE CHEQUES
(CHECKING ACCOUNT)

Le permite extenderle cheques a los proveedores de los servicios por la cantidad exacta de cada factura. Mediante el empleo de cheques, usted mantiene el acceso inmediato al balance de su cuenta, mientras que al mismo tiempo, el banco protege su dinero. Usted puede depositar en su cuenta dinero en efectivo o los cheques que haya recibido. Además considere que:

■ Muchas instituciones le ofrecen en la actualidad un servicio automático (**ATM - Automated Teller Machines**) que le permite depositar sus cheques en su cuenta bancaria durante las 24 horas del día mediante el uso de una tarjeta previamente expedida por el banco, y –similarmente– puede extraer parte del balance en su cuenta en el momento en que necesite dinero en efectivo.

Muy pocos bancos pagan interés sobre el balance existente en la cuenta

> **MUY IMPORTANTE:** La mayoría de los bancos cobran una suma determinada por el uso de este servicio, generalmente módico. Por ello, es importante que –al abrir su cuenta bancaria– usted obtenga la información necesaria sobre lo que le representará el uso del **ATM**.

TERMINOS FINANCIEROS QUE DEBE CONOCER

El gobierno de los Estados Unidos ha establecido las definiciones oficiales de una variedad de términos financieros para facilitar la comparación de las ofertas que ofrecen los bancos:

✔ ANNUAL PERCENTAGE YIELD (APY)
Porcentaje de interés anual

El nivel de interés, reflejando el impacto del interés compuesto (definido más abajo) y expresado en un porcentaje, que el banco le paga anualmente sobre su depósito.

✔ INTEREST MONEY
Interés

El dinero adicional que le paga el banco por el uso de sus fondos durante un período de tiempo.

✔ INTEREST RATE
Tasa de interés

El nivel de interés, expresado en un porcentaje, que el banco le paga por el uso de sus fondos durante un año. Esta tasa no refleja el impacto del *interés compuesto* (definido más abajo).

✔ TIERED RATES
Interés escalado

Una estructura de tasas de interés que le permite obtener un interés más alto mientras más alto sea el nivel de los fondos en su cuenta.

✔ COMPOUNDING INTEREST
Interés compuesto

La frecuencia con que el interés sobre su depósito se incorpora al capital original, permitiéndole ganar un interés adicional sobre el propio interés. Mientras más frecuentemente el banco calcule el interés (por ejemplo, diariamente en vez de semanalmente), más alto es el interés efectivo (o **APY**).

✔ CREDITING INTEREST
Abonamiento del interés

El momento en que su cuenta es acreditada con el interés ganado en un período de tiempo; es decir, cuando usted tiene acceso a ese interés ya acreditado a su cuenta.

✔ TIME DEPOSIT
Depósito de tiempo

Una cuenta bancaria –por ejemplo, un *certificado de depósito* (o **CD**)– que madura en un mínimo de 7 días, pero que le prohíbe retirar los fondos sin pagar una suma determinada como penalidad.

✔ GRACE PERIOD
Período de gracia

Se trata del período de tiempo en que los bancos que renuevan los *depósitos a plazo fijo* (**CD**s) automáticamente, le permiten retirar sus fondos sin incurrir penalidades económicas.

✔ DIRECT DEPOSITS
Depósitos directos

Mecanismo que le permite a la compañía para la cual usted trabaja depositar su salario automáticamente en su cuenta bancaria. Estos depósitos pueden incluir los cheques de la Seguridad Social (**Social Security**), de las pensiones laborales, y de otras fuentes de ingresos.

✔ ELECTRONIC PAYMENTS
Pagos electrónicos

Es un mecanismo para pagar automáticamente ciertos servicios (como la electricidad, por ejemplo), sin escribir un cheque.

bancaria, y algunos exigen mantener un balance mínimo o, de lo contrario, le cobran una cuota mensual. El costo de los cheques utilizados durante el mes puede estar incluido en una cuota mensual o tendrá un cargo por el número utilizado. Lea con atención los términos que le ofrece cada institución bancaria antes de seleccionar el banco del cual va a ser cliente.

2
LA CUENTA DE AHORROS
(SAVINGS ACCOUNT)

La cuenta de ahorros representa una alternativa conveniente para depositar a largo plazo una parte de sus ingresos. Es muy importante que cada familia pueda contar con una suma de ahorro, depositada en el banco, para poder enfrentarse a las emergencias que se puedan presentar. Por lo general:

- Las *cuentas de ahorro* ofrecen una tasa de interés más alto que las *cuentas de cheques* (recuerde que muchos bancos no pagan interés por las *cuentas de cheques).*
- Sólo aceptan depósitos; o sea, no es posible extender un cheque mediante este tipo de cuenta bancaria para pagar sus facturas pendientes.
- Por supuesto, usted sí puede retirar parte de su balance en la *cuenta de ahorros* mediante una transacción automática en el **ATM**, o mediante los servicios de uno de los cajeros del banco *(bank tellers).*

3
LA CUENTA DE DEPOSITO DE DINERO
(MONEY MARKET DEPOSIT ACCOUNT)

Este tipo de cuenta bancaria es similar a la *cuenta de ahorros,* pero los intereses que produce son más altos. Además, considere:

- El *money market deposit account* requiere que usted mantenga un balance mínimo en su cuenta; cada banco define cuáles son sus regulaciones en este sentido.

■ El *money market deposit account* le permite extender mensualmente un número limitado de cheques, según las normas que cada banco establece. Infórmese debidamente al abrir su cuenta bancaria; pídale al oficial del banco en cuestión algún folleto informativo (muchas veces publicado en español).

4
LOS DEPOSITOS A PLAZO FIJO
(TIME DEPOSITS / CERTIFICATES OF DEPOSIT / CDs)

Este tipo de cuenta ofrece un interés cuyo nivel depende del período de tiempo que define el *certificado* (más alto mientras más largo sea el plazo establecido). Es importante enfatizar, sin embargo, que los bancos imponen penalidades económicas si el cliente decide retirar el *depósito a plazo fijo* antes de la fecha de vencimiento establecida para la cuenta. Evidentemente, este tipo de cuenta no le permite extender cheques.

■ Antes de que el *certificado de depósito* llegue a su fecha de vencimiento *(expire,* es el término que se utiliza), los bancos probablemente le ofrecerán la oportunidad de renegociar un nuevo *certificado de depósito,* o de transferir los fondos a sus otras cuentas bancarias. Algunos bancos, sin embargo, efectúan esta transacción en forma automática, por lo que usted debe pedir una explicación detallada y estar debidamente informado sobre cuáles son los procesos de la institución en este sentido en el momento de establecer su cuenta de *certificado de depósito.*

¿CUAL ES LA CUENTA BANCARIA QUE MEJOR SE ADAPTA A SUS NECESIDADES?

No hay duda de que la *cuenta bancaria* es un instrumento indispensable para sobrevivir en la compleja sociedad norteamericana. La persona recién llegada a los Estados Unidos debe establecer inicialmente dos cuentas bancarias:

- Una *cuenta de cheques.*
- Una *cuenta de ahorros* (lo antes posible).

El disponer de estas dos cuentas fundamentales le facilitarán incorporarse al sistema de vida norteamericano con un mínimo de inconveniencias. Una vez que obtenga un trabajo permanente, y que logre establecer un patrón estable con respecto a sus pagos (mensuales, quincenales o semanales), puede comenzar a investigar otras opciones bancarias adicionales que le permitirán administrar sus ingresos con mayor efectividad (como por ejemplo las *tarjetas de crédito)* y recibir intereses mayores por el uso de sus fondos de ahorros; estos temas los tratamos en capítulos subsiguientes.

¿QUE FACTORES DEBE CONSIDERAR ANTES DE ABRIR UNA CUENTA BANCARIA?

La competencia por obtener nuevos clientes es muy intensa en los Estados Unidos. Por ello, es muy importante que usted compare las ofertas que tiene de diferentes bancos antes de abrir su primera cuenta bancaria. Algunos de los beneficios de las ofertas pueden tener mayor o menor importancia para usted, dependiendo siempre de su situación personal. Por ejemplo:

- La posibilidad de usar las máquinas automáticas (**ATM**) puede representar un beneficio importante para una persona que trabaja muchas horas y que carece del tiempo necesario para acudir frecuentemente al banco durante las horas laborales. Este sistema electrónico –como hemos visto– ofrece la posibilidad de hacer depósitos y obtener efectivo durante las veinticuatro horas del día, sin la necesidad de los servicios personales de un cajero.
- Sin embargo, en otros casos el acceso al **ATM** no es de gran prioridad (porque usted prefiere las transacciones personales a las electrónicas, por ejemplo), y quizás prefiera usted una institución que ofrezca un interés más alto sobre los fondos que mantenga depositados en el banco, o tal vez un número de cheques gratis mensualmente. O sea, la decisión es muy personal y debe ser considerada de acuerdo a sus necesidades personales.

¿CUALES DEBEN SER SUS PRIORIDADES AL COMPARAR LAS OFERTAS QUE LE HAGAN LOS BANCOS?

La lista de factores que ofrecemos a continuación le pueden ayudar a considerar cuáles son sus prioridades al elegir un banco con el cual va a realizar todas sus transacciones bancarias. Compare las diferentes ofertas que tiene a su disposición:

LOS INTERESES

■ ¿Cuál es la *tasa de interés* que ofrece el banco?

■ ¿Se establece la *tasa de interés* por un período de tiempo indefinido o caduca después de una promoción?

■ ¿Utiliza el banco un *interés escalado?* ¿Cuáles son los niveles de fondos que determinan la *tasa de interés?*

■ ¿Con qué frecuencia se calcula el *interés compuesto?* ¿Cuál es el *APY?*

■ ¿Existe algún mínimo de fondos para comenzar a cobrar intereses sobre el dinero depositado en su cuenta bancaria?

■ ¿Recibe interés por un cheque que ha sido depositado en el banco, aun cuando el banco aún no haya recibido los fondos?

LOS RECARGOS

■ ¿Requiere la cuenta el pago de una mensualidad fija por los servicios bancarios? ¿Qué servicios ofrece la institución por ese recargo?

■ Si su balance disminuye por debajo de determinado nivel, ¿debe pagar un recargo? Algunos bancos ofrecen planes especiales para sus clientes, más económicos, siempre que éstos se comprometan a mantener una cantidad mínima en la cuenta. Si la disposición no se cumple, entonces se aplican recargos especiales.

■ ¿Le cobran un recargo por el número de cheques que expida o por los depósitos y retiros de dinero que haga? ¿Le cobran un recargo por cada cheque que usted escribe?

■ ¿Le ofrecen servicio de **ATM**? ¿Debe pagar un recargo por cada transacción que haga? ¿Puede usar gratuitamente los **ATM** de otras instituciones bancarias?

■ ¿Le reducen los recargos en su cuenta bancaria si mantiene una cuenta de ahorros en la institución?

■ ¿Le cobran un recargo por los depósitos directos de los cheques laborales o del Social Security?

■ ¿Le cobran un recargo por los pagos electrónicos?

■ ¿Cuál es el recargo que le harían si necesitara invalidar el pago de un cheque (**STOP PAYMENT**)?

■ ¿Cuál es el recargo que el banco hace si el balance de su cuenta no permite cubrir la suma en un cheque expedido? ¿Le permite la institución automáticamente cubrir ese déficit con los fondos que pueda tener en la *cuenta de ahorros?* ¿Cuál es la política de la institución cuando un cheque que deposita carece de fondos (**INSUFFICIENT FUNDS**)?

■ ¿Le cobran un recargo por preguntar el balance de su cuenta (**BALANCE INQUIRY**)?

■ ¿Cuál es la política de la institución en el caso que necesite cerrar su cuenta bancaria? ¿Le cobran un recargo si la cierra antes de un tiempo mínimo establecido por el banco?

DEPOSITOS A PLAZO FIJO
(CERTIFICATES OF DEPOSIT / CDs)

■ ¿Cuáles son los términos de tiempo que puede escoger; o sea, cuándo madura el *certificado?*

■ ¿Le ofrece la institución una oportunidad para renegociar el *certificado de depósito* cuando madure (previa notificación por correos), o ejecuta el banco la transacción automáticamente? Si sucede automáticamente, ¿le ofrece la institución un *período de gracia* (**GRACE PERIOD**) para que usted pueda retirar los fondos, si así lo considerara conveniente?

■ Si necesitara retirar sus fondos antes de que el *certificado de depósito* madure, ¿le cobra la institución una penalidad?

■ ¿Puede escoger entre recibir los intereses directamente (o depositarlos en su cuenta de cheques o de ahorros) y reinvertirlos en el *certificado de depósito* ya establecido?

¿COMO RECLAMAR SUS DERECHOS BANCARIOS?

Podemos afirmar que todas las instituciones bancarias en los Estados Unidos tienen solidez, y que cualquiera que usted elija para hacer sus transacciones financieras le ofrecerá la seguridad que usted necesita... y espera. No obstante, el costo de los servicios puede variar de un banco a otro, como puede comprobar en la información ofrecida en la página 59.

No obstante, es importante que esté consciente de que hay diferentes tipos de bancos, y que si usted considera que de alguna forma sus derechos han sido violados, puede escribir a determinadas agencias oficiales para exponer su caso y solicitar información sobre los pasos a seguir:

■ **BANCOS NACIONALES (NATIONAL BANKS).** Si la palabra **Nacional (NATIONAL)**, las iniciales **N.A.** o la sigla **N.T.S.A.** aparece después del nombre del banco, ello indica que se trata de un banco nacional. Dirija su correspondencia a Comptroller of the Currency, Consumer Affairs Division, 250 E Street, S.W. (Washington, D.C. 20219). Teléfono: (202) 622-2000.

■ **BANCOS ESTATALES (STATE-CHARTERED BANKS):**
(1) Pueden ser bancos miembros del **Sistema de Reserva Federal (FEDERAL RESERVE SYSTEM)** y están asegurados por el **FDIC (FEDERAL DEPOSIT INSURANCE CORPORATION)**, lo cual garantiza y asegura sus transacciones. Dirija su correspondencia a Federal Reserve System, Division of Consumer and Community Affairs, 20th and Constitution Avenue, NW (Washington, D.C. 20551). Teléfono: (202) 452-3000.
(2) Si no son miembros del Sistema de Reserva Federal, incluirán la información **"Depósitos asegurados por el FDIC"**. En estos casos, dirija su correspondencia al Federal Deposit Insurance Corporation, Office of Bank Customer Affairs, 550 17th Street, NW (Washington, D.C. 20429). Teléfono: (202) 393-8400.

El **FEDERAL DEPOSIT INSURANCE CORPORATION (FDIC)** mantiene un teléfono gratis –activo de lunes a viernes; de 9 a.m. a 4 p.m. (hora del este)– donde empleados especializados le ofrecen información sobre la forma de reclamar sus derechos bancarios: 1-800 424-5488.

CAPITULO 4

LAS VENTAJAS (Y PELIGROS) DE LAS TARJETAS DE CREDITO

Es probable que usted haya utilizado el sistema de pagos por medio de las tarjetas de crédito en su país de origen, aprovechado las ventajas que el mismo ofrece. Sin embargo, seguramente estará de acuerdo en que los Estados Unidos es la gran central del mundo en lo que a **tarjetas de crédito** (**CREDIT CARDS**) se refiere. El también llamado dinero plástico es parte integral del sistema de vida norteamericano, y es evidente que usted –más tarde o más temprano– sentirá la necesidad de recurrir a este sistema de compras y pagos diferidos.

La tarjeta de crédito es un sustituto del dinero en efectivo, lo cual, además de más cómodo, resulta más seguro:

■ Es una forma de comprar con cargo al crédito que autoriza su trajeta para, posteriormente, hacer pagos de acuerdo con las condiciones estipuladas en su contrato inicial, firmado en el momento en que la línea de crédito le fue otorgada... y la tarjeta expedida.

Su uso se ha diversificado asombrosamente en los últimos años, protegi-

do bajo las leyes federales norteamericanas; en la actualidad, la mayoría de los bancos y otras entidades financieras en los Estados Unidos, las ofrecen mediante un proceso de inscripción con el formulario correspondiente.

Una vez que el consumidor llene los requisitos necesarios y le sea otorgada una tarjeta de crédito, ha contraído una gran responsabilidad:

■ Si no hace uso de ella dentro de los límites de sus posibilidades económicas y del cumplimiento del compromiso contraído, fácilmente llegará a deber más de lo que puede pagar.

Las consecuencias de la falta de control y disciplina al hacer las compras y los pagos de las facturas mensuales que reciba por los cargos adjudicados a la tarjeta son muy serias:

■ Si no puede hacer sus pagos de acuerdo con lo convenido con la institución financiera que expidió la tarjeta (y estipulado en su contrato), no hay duda que su **crédito** (**CREDIT**) se perjudicará inmediatamente creándole problemas que luego serán difíciles de resolver.

En cualquier comercio en los Estados Unidos usted puede encontrar anuncios y formularios que le invitan a solicitar una tarjeta de crédito, expedida por un banco o cualquier otro tipo de institución financiera. No se decida a rellenar este formulario y enviarlo por correos inmediatamente (como le sugieren los promotores de la tarjeta en cuestión), porque usted necesita –primeramente– informarse debidamente de este sistema, identificarse con sus ventajas y peligros, y finalmente decidir cuál es la tarjeta que resulta más conveniente para las transacciones que realiza, y cómo seleccionar el banco o entidad financiera que más le convenga.

¿COMO OBTENER UNA TARJETA DE CREDITO?

El primer requisito es haber cumplido 18 años y tener un ingreso regular fijo. No obstante –digan lo que digan las ofertas para obtener una tarjeta de crédito, "aunque no tenga crédito establecido"– usted debe demostrar ser un riesgo seguro antes de que se apruebe el expedirle la tarjeta solicitada y establecer la línea de crédito (es decir, la suma máxima que podrá cargar a la tarjeta). Esto significa que es fundamental que tenga un antecedente de operaciones a base de crédito, que demuestre su responsabilidad en cuanto al pago de las mensualidades. Por ejemplo, si usted financió la compra de un automóvil mendiante un préstamo bancario, o si cualquier otra operación de compra a plazos demuestra su puntualidad en los pagos, ya tiene un expediente de crédito establecido.

En los Estados Unidos, las firmas dedicadas a mantener al día el **historial de crédito** (**CREDIT HISTORY**) de los consumidores –conocidas como **burós de crédito** (**CREDIT BUREAUS**)– son los que informan a los comercios, bancos, y a todo tipo de negocio, sobre la forma en que el solicitante de la tarjeta cumple habitualmente con sus obligaciones de pago:

■ Si ya usted ha establecido alguna forma de compra-al-crédito, su historial de pagos aparecerá en los registros de estos *burós de crédito*. En tal caso, antes de solicitar una tarjeta de crédito, obtenga copia de su expediente de crédito (por una suma módica) para verificar los datos que aparecen en el mismo y saber cómo es considerado en lo que respecta al crédito. En el directorio telefónico de la ciudad donde viva encontrará los nombres de estas compañías bajo el epígrafe de **CREDIT** o **CREDIT RATING AND REPORTING**. Es importante que llame por teléfono a varios, porque posiblemente su nombre aparecerá en más de uno.

■ También puede solicitar una línea de crédito por primera vez, y en este caso la investigación a la que será sometido –con respecto a sus finanzas– será más minuciosa.

Tenga presente que cualquier compañía, banco o comercio que le niegue crédito debido al informe recibido de un buró de crédito tiene la obligación legal de darle el nombre, la dirección, y el teléfono de la oficina de crédito de donde emanó la información negativa sobre sus actividades financieras.

¿COMO ESTABLECER CREDITO?

Quizá usted estará pensando cómo es posible establecer un antecedente de crédito si nunca ha financiado la compra de un automóvil, una computadora, un televisor, o cualquier artículo importante. Esta es la misma pregunta que se hacen millones de nuevos residentes en los Estados Unidos, los cuales se sienten ante un callejón sin salida. Pero hay alternativas, y a continuación se las vamos a exponer.

¿Por dónde empezar? Básicamente, se requiere seguir tres pasos muy importantes:

■ **Primero**, trate de abrir cuenta en una tienda de la ciudad donde usted vive para obtener su primera tarjeta de crédito, la cual será válida únicamente en esa tienda. Para abrir esa cuenta inicial, tendrá que rellenar un formulario especial en el que informará sobre la compañía para la cual trabaja, su salario mensual, el período de tiempo que lleva trabajando, etc. Además, probablemente deba mostrar su tarjeta de Seguro Social, un comprobante de su salario, identificaciones, etc. En general, la experiencia demuestra que los departamento de crédito de las grandes tiendas son más flexibles al extender la línea de crédito a un nuevo cliente.

Durante unos meses, utilice la tarjeta para hacer sus compras en la tienda que expidió la tarjeta de crédito a su nombre, y pague las cuentas que reciba siempre a tiempo.

Pregunte si la tienda suministra información sobre los clientes a los *burós de crédito* y –si lo hacen y usted siempre ha pagado sus cuentas dentro del período que le corresponde– ya habrá establecido su primer expediente de crédito.

También las compañías gasolineras son flexibles al extender crédito a los clientes que lo soliciten. Los formularios están a la disposición de los consumidores en las oficinas de cualquier estación de gasolina.

■ **El segundo paso** para establecer crédito consiste en averiguar qué banco ofrece un tipo de **tarjeta de crédito asegurada**. Por *tarjeta asegurada* se entiende la que requiere que usted abra una cuenta en el banco que la otorga, para que le sirva de respaldo al límite de crédito establecido en la tarjeta que solicite. Este límite será igual a un porciento determinado de sus depósitos (casi siempre entre 50% y el 100%). Es común que en el caso de las *tarjetas de crédito aseguradas* se cobre el gasto de procesamiento de su solicitud de crédito, pagadero una sola vez. Además, las *tarjetas aseguradas* suelen cargar un interés más alto que las no aseguradas.

■ **El tercer paso** deberá ser dado si usted no puede obtener la tarjeta de crédito solicitada por no llenar los requisitos necesarios. La solución más frecuente consiste en pedirle a un familiar o amigo, con crédito ya establecido, que firme la solicitud como **co-signatario (CO-SIGNER)**. Esa persona será responsable del pago de sus deudas si usted no cumple el compromiso establecido. Este tipo de convenio significa que –si sus pagos son hechos con la regularidad requerida– usted podrá solicitar su *crédito individual* en un futuro.

¿QUE PUEDE HACER SI SU SOLICITUD DE CREDITO ES RECHAZADA?

Si su solicitud de crédito es rechazada, lo primero es preguntar por qué. La negativa puede haber sido por diversas razones: usted se mudó y no aparece en la dirección indicada en la solicitud, lleva poco tiempo en el trabajo, o sus ingresos no son suficientes (según el criterio de la firma que ofrece la tarjeta). En cuanto a esto último, considere que no todas las empresas mantienen el mismo criterio sobre los ingresos que presenta el solicitante de la tarjeta de crédito. Ahora bien, si distintas compañías le han rechazado anteriormente, no hay duda de que usted todavía no está listo para obtener una línea de crédito.

Si su solicitud ha sido rechazada debido al informe de un *buró de crédito,* enfatizamos el hecho de que:

■ La ley federal de los Estados Unidos exige que la empresa le informe el nombre, la dirección, y el teléfono del buró de crédito que investigó su historial financiero.

De acuerdo con la ley:

■ Usted tiene el derecho a recibir una copia del informe de crédito –gratis– si lo solicita dentro de los 60 días después de la fecha de haber recibido la notificación. Muchas veces esta solicitud debe ser hecha en persona por el individuo afectado, en la oficina del buró de crédito (después de rellenar y presentar un formulario debidamente firmado).

■ Cuando los datos negativos que aparecen en su expediente de crédito son correctos, el único camino para usted es tratar de cambiar la condición creada poniéndose al día en sus pagos y esperar el tiempo necesario para que el cumplimiento de sus compromisos, sin demoras, respalden una nueva solicitud de crédito.

■ En caso de errores en los datos (una situación que se presenta con más frecuencia de la debida, debo aclararle), usted tiene derecho a pedir una investigación al *buró de crédito,* sin costo para usted, y a exigir que su expediente financiero sea actualizado (si fuese necesario).

■ Usted también tiene derecho a cuestionar cualquier discrepancia que encuentre en el informe del *buró de crédito* y a protestar ante la compañía que suministró el dato equivocado para que aclare el error (siempre por escrito).

COMO ELEGIR LO MEJOR PARA USTED

Igual que usted visita distintas tiendas y se prueba varios pares de zapatos para determinar cuál considera que le viene mejor y le queda más cómodo, antes de llenar una solicitud de crédito, ¡salga de compras! Es la mejor forma de averiguar cuál es la tarjeta de crédito que le ahorrará dinero y dolores de cabeza.

No todos los bancos y empresas financieras que ofrecen tarjetas de crédito tienen los mismos planes ni los mismos incentivos para los clientes. Compare las distintas ofertas para familiarizarse con los términos sobre los cargos y los pagos, de manera que pueda elegir la que más se ajuste a sus ingresos y a sus posibilidades en cuanto a cumplir con lo pagos. El costo que representa el plan ofrecido por cada una le indicará la cantidad que pagará por la facilidad de comprar al crédito en vez de al contado.

También es obligatorio –por ley– que en las solicitudes de crédito aparezcan, claramente, los términos del plan ofrecido por la entidad financiera que ofrece la tarjeta. Usted debe entender qué significa cada uno de los factores del plan ofrecido, tales como, cargo por atraso en los pagos o por exceder el límite de crédito, etc. Cada vez que usted reciba su **estado de cuenta mensual** (**MONTHLY BILL**), revíselo cuidadosamente para estar seguro de que refleja fielmente las compras que haya hecho, y con los términos estipulados en el plan de la tarjeta que usted obtuvo. Las definiciones a continuación corresponden a los términos que aparecen en las solicitudes y en los estados de cuenta.

- ■ **ANNUAL FEE** = **Cuota anual**. Un cargo fijo anual, equivalente al pago de cuota como miembro.
- ■ **ANNUAL PERCENTAGE RATE (APR)** = **Tasa de Interés anual**.
  Se trata de una tasa anual que representa la medida del costo del crédito, que incluye el cargo por financiamiento, el interés y –algunas veces– otros cargos.
- ■ **FINANCE CHARGE** = **Cargo por financiamiento**.
  La cantidad –en dólares– que usted paga por usar el crédito. Además del interés, también puede incluir otros cargos por transacciones (tales como costo por adelanto de efectivo).
- ■ **GRACE PERIOD** = **Período de gracia**.
  Es el tiempo (unos veinticinco días, aproximadamente... aunque el término varía según la institución financiera) durante el cual usted puede pagar la mensualidad sin cargo adicional. En casi todos los planes de tarjetas de crédito, el período de gracia se aplica, únicamente, si usted hace los pagos mensuales regularmente. No es aplicable en situaciones en que usted arrastre una cantidad pendiente, ni

tampoco sobre transacciones por adelanto de efectivo.

■ **INTEREST RATE = Tasa de interés.**
La tasa de interés sobre el plan de la tarjeta de crédito a través del tiempo. Existen dos tipos de planes con respecto a los intereses: **(1)** Uno llamado de **interés variable**, sujeto a cambios en otros tipos de interés, por ejemplo, el interés primario oficial vigente. **(2)** El otro es el plan de **interés fijo**, que no está sujeto a cambios en otros tipos de interés.

■ **CALCULATION OF FINANCE CHARGE = Cálculo del cargo por financiamiento.**
Cada entidad que ofrece tarjetas de crédito elige entre tres maneras de calcular el cargo por financiamiento:

(1) AVERAGE DAILY BALANCE (promedio del balance diario), que es el más empleado. Se calcula el promedio utilizando el monto de su deuda cada día durante el período cubierto por el estado de cuenta.

(2) PREVIOUS BALANCE (balance anterior). Se calcula utilizando el balance de su deuda, el cual aparece en el estado de cuenta anterior al último que usted recibió.

(3) ADJUSTED BALANCE (balance ajustado), en el que se calcula el cargo restando los pagos recibidos después del balance anterior.

¿COMO ANALIZAR LOS PLANES PARA SOLICITAR EL MEJOR TIPO DE TARJETA DE CREDITO PARA USTED?

La regla general es elegir el plan que más se ajuste a la forma en que administra su presupuesto y sus pagos. Los siguientes ejemplos le ayudarán a decidir el mejor tipo de tarjeta de crédito para usted:

■ Si usted siempre paga la cantidad total que aparece en la cuenta mensual que recibe de la institución financiera que expidió su tarjeta de crédito, el tipo de tarjeta que debe elegir es la que no cobra cuota anual y brinda un *período de gracia* para pagar su cuenta (sin gastos por concepto de financiamiento).

■ Si usted no suele pagar el total de la deuda que aparece en el estado de su cuenta mensual, asegúrese de que la tarjeta de crédito que elija

utilice la tasa periódica para calcular el cargo por financiamiento
- Las entidades financieras que ofrecen la tasa de *interés variable,* calculan la tasa que cargan al cliente utilizando diversas fórmulas. Dos de las más populares son las siguientes:
(**1**) El índice **+** (más) el margen; o
(**2**) el índice **x** (por) múltiple.

Estas fórmulas se refieren a factores tomados del interés primario y de los publicados por el Departamento del Tesoro de los Estados Unidos, relacionados con bonos y otros valores. Como estos cálculos requieren ciertos datos que usted tiene que investigar, en caso de elegir el *interés variable,* pídale a la entidad financiera que ofrece ese tipo de tarjeta de crédito que le explique cuál es el procedimiento y cómo puede usted comprobarlo.

¿COMO INTERPRETAR LOS CODIGOS EN LOS PLANES?

- **AVAILABILITY = Disponibilidad.** Se refiere a los lugares donde los puede obtener el cliente:
- **N = Nacional.** En todo el país.
- **R = Unicamente en ciertos Estados.**
- **STATE ABBREVIATION = Sigla del Estado.** Unicamente en los Estados indicados.
- **TYPES OF PRICING = Tipos de interés.**
- **F = Interés fijo.**
- **V = Interés variable.**
- **T = Tasas variables periódicamente**, aplicables a distintos niveles del balance de la deuda pendiente.
- **GRACE PERIOD = Período de gracia.** Este término indica que no habrá cargo adicional sobre las compras que sean realizadas con la tarjeta de crédito, siempre que el pago total del balance de la misma sea recibido en la oficina que expidió la tarjeta (o centro de cobros) en la fecha de vencimiento, después de cerrado el período del estado de cuenta donde aparecen reflejadas las compras hechas. Este *período de gracia,* generalmente no se aplica a los adelantos de efectivo, los cuales empiezan a acumular interés desde la misma fecha en que se recibieron.

LAS TARJETAS DE CREDITO

¿CUALES SON SUS OBLIGACIONES Y RESPONSABILIDADES?

Con su tarjeta de crédito usted tiene la oportunidad de comprar y de utilizar servicios, en el momento, para pagarlos más tarde. No obstante, considere:

■ Si usted no controla debidamente el uso de la tarjeta de crédito, cuando al finalizar el mes le llegue el estado de cuentas, existe la posibilidad de que no pueda cumplir con los pagos a los cuales está obligado. Y si no paga por el balance total reflejado en la cuenta, tendrá que incurrir en gastos de financiamiento sobre la suma que adeuda.

Pero hay más:

■ Si usted continúa utilizando la tarjeta, añadiéndole cargos a su balance pendiente, sus deudas pueden aumentar peligrosamente. Antes de que se dé cuenta, sus pagos mínimos mensuales sólo cubrirán los intereses y, si tiene dificultades para el pago de la suma adeudada, no hay duda de que acabará perjudicando su expediente de crédito. Una vez que esta situación se presenta, el impacto sobre sus actividades futuras será muy serio. Considere que un informe negativo sobre su crédito hará difícil el financiamiento necesario para la compra de un automóvil o de una casa... y hasta puede llegar a perjudicarle en su trabajo.

Por otra parte, las leyes federales de los Estados Unidos le protejen cuando usted utiliza una tarjeta de crédito y surgen problemas. La información que le ofrecemos a continuación le ayudará a resolverlos.

Errores en el estado de cuenta

Notifique el error a la compañía responsable de la tarjeta de crédito, dentro de los prímeros sesenta días después de la fecha en que usted recibió el primer estado de cuenta con errores. En la carta indique claramente su nombre, número de la tarjeta, tipo de tarjeta, la fecha y suma de la equivocación en los cargos, más los datos que aclaren por qué se trata de un error.

La compañía o banco responsable tiene la obligación de investigar el problema, corregirlo o informarle por qué no se trata de un error (si ése fuese el caso). Este proceso lo deberán realizar durante el período de los dos primeros estados de cuenta y nunca más de noventa días después de que usted reportó el error. Durante el tiempo que tome la investigación usted no tiene que pagar el cargo equivocado reflejado en su cuenta.

Compras no autorizadas

■ Si alguien utiliza la tarjeta de crédito sin su autorización, usted resultará responsable hasta la cantidad de U.S.$50 del total que aparezca cargado.

■ Ahora bien, si usted reportó la pérdida de la tarjeta antes de que se recibieran cargos, la empresa no podrá reclamarle responsabilidad alguna sobre las cantidades cargadas.

■ Si le han robado su tarjeta y ha sido utilizada, pero usted la reportó como perdida, usted será responsable de un máximo de U.S.$50 solamente. Esto quiere decir que debe informar inmediatamente el uso indebido, pérdida o robo de su tarjeta de crédito para evitar tener que pagar por cargos fraudolentos.

Tipos de tarjetas de crédito

Los comercios, tiendas y firmas financieras que otorgan tarjetas de crédito, generalmente, ofrecen tres tipos diferentes:

■ **CUENTAS ROTATIVAS**: Son aquéllas en las que usted se compromete a pagar el total de la cuenta al recibo del estado mensual, o a hacer un pago parcial de acuerdo con la suma pendiente de pago. Este tipo de cuenta es el más utilizado por las tiendas por departamento, las empresas gasolineras, farmacias, etc.

■ **CUENTAS CORRIENTES**: Son las que le comprometen a pagar el total de la cuenta a fin de mes, al recibo del estado de cuentas enviado por la empresa financiera.

■ **CUENTAS PAGADERAS A PLAZOS**: Para este tipo de cuenta usted debe firmar un contrato que le obliga a pagar el total de su compra mediante una cantidad fija mensual, durante un período de tiempo determinado. Este tipo de cuenta es común en las compras de

¿DONDE OBTENER INFORMACION ADICIONAL?

■ Solicite una lista completa de las publicaciones sobre asuntos de interés para el consumidor. Escriba a:

**Best Sellers,
Consumer Report Center,
Federal Trade Commission,
600 Pennsylvania Avenue, NW
Washington, D.C. 20580**

Las publicaciones que usted solicite se las enviarán por correos sin costo alguno.

■ La **American Express Company** ofrece al consumidor una serie de publicaciones sobre crédito, también sin costo alguno para usted. Para solicitar las referentes a las tarjetas de crédito (o sobre cualquier otro asunto que esté relacionado con crédito) envíe directamente su solicitud a:

**American Express Company,
P. O. Box 4635,
Trenton,
New Jersey 08650-9874.**

automóviles, enseres electrodomésticos de alto precio, y mobiliario. Los préstamos también se suelen pagar en esta forma.

¡PROTEJA SU TARJETA DE CREDITO!

■ Una vez que reciba su tarjeta de crédito, fírmela inmediatamente para evitar que otra persona pueda usarla. Guarde debidamente la información que le envíen con la tarjeta.

- La tarjeta trae una pequeña etiqueta en la que se solicita que usted llame a un número de teléfono indicado para activarla. La tarjeta no será válida hasta que la active; llame lo antes posible.

- La información sobre su tarjeta es privada y debe guardarla en un lugar seguro. Nunca repita por teléfono el número de su tarjeta de crédito ni la **fecha de expiración (EXPIRATION DATE)** que aparece en la misma, a menos que sepa exactamente quién se lo pide y para qué.

- Guarde siempre los duplicados de los recibos de compras hechas con el uso de la tarjeta de crédito para verificar los cargos que aparecen en su estado de cuenta a fin de mes. Compruebe si aparecen compras que usted no ha hecho. Si es así, notifique la situación inmediatamente a la institución financiera que le expidió la tarjeta.

- No le preste su tarjeta a nadie, ni siquiera a un amigo o amiga. Las ventajas que le ofrece la tarjeta de crédito y su expediente de crédito son demasiado importantes para arriesgarlos innecesariamente.

¿QUE HACER Y QUE NO HACER CON UNA TARJETA DE CREDITO?

Seguramente usted desea aprovechar las ventajas de tener una (o más) tarjetas de crédito pero, como tal vez no esté debidamente familiarizado con su uso, no esté consciente de qué es lo que puede hacer y qué no debe hacer.

¿Que NO debe hacer?

- Es fácil confundir las tarjetas de crédito con las proporcionadas por los bancos para utilizar en los cajeros automáticos (**ATM**, la sigla en inglés de **Automatic Teller Machine**) (vea la página 53). Tenga cuidado cuando las utilice para evitar confusiones.

- Tampoco debe tener tarjetas y otras identificaciones en su billetera o bolso, sin una idea precisa de cuáles tiene o no tiene. Si no va a utilizarlas todas cuando salga de compras, no las lleve encima; ¡limítese a portar aquéllas que piense utilizar!

LAS TARJETAS DE CREDITO

¿Qué SI puede hacer?

▇ Tenga en su casa una lista de todas sus tarjetas de crédito con las referencias necesarias de cada una.

▇ Aprenda a distinguir unas de otras; sobre todo, no las confunda a la hora de reportar pérdidas o robos de alguna de ellas.

▇ Como usted usa las tarjetas de crédito en vez de dinero en efectivo, no es necesario que lleve mucho dinero encima al salir de compras.

▇ Al momento de entregar su tarjeta para que procesen su compras, no la pierda de vista hasta que se la devuelvan. Antes de guardarla, rectifique que es la suya.

▇ Exija siempre que le devuelvan su tarjeta de crédito después de haberla utilizado. Diseñe algún mecanismo que le permita estar atento a obtener de nuevo la tarjeta para evitar olvidos que pueden ocasionarle graves problemas.

CAPITULO 5

DERECHOS ESENCIALES DEL RESIDENTE ¡TENGALOS SIEMPRE PRESENTE!

El gobierno de los Estados Unidos, a través de los años, ha decretado numerosas leyes para proteger los derechos de los ciudadanos norteamericanos y residentes legales en el país. Desde el desarrollo de normas que garantizan la seguridad física de los empleados en un centro laboral, hasta el establecimiento de reglamentos para evitar la discriminación por diferentes razones, las leyes de los Estados Unidos promueven una sociedad donde el individuo tiene la capacidad de exigir que sus derechos sean respetados. Para el nuevo residente, es muy importante que se familiarice con estas leyes fundamentaales para que sepa cómo protegerse de las arbitrariedades –frecuentemente motivadas por sentimientos de prejuicio– de aquéllos que no reconocen los derechos de los individuos.

LA IGUALDAD DE OPORTUNIDADES DE EMPLEO

En 1964, el Congreso norteamericano decretó la **Ley de los**

Derechos Civiles (**CIVIL RIGHTS ACT OF 1964**) para proteger a las personas contra la discriminación en el empleo por razones de origen nacional, o debido a la raza, al color de la piel, a la religión, y al sexo. En otras palabras:

■ La ley de los Estados Unidos prohíbe que las empresas utilicen cualquiera de esas características como un requisito para seleccionar a los empleados, y le ofrecen medidas legales a las personas que se sientan víctimas de una política de discriminación, tanto durante el proceso de la solicitud del empleo, como durante el período en que es empleado.

En años más recientes el Congreso norteamericano ha decretado otras leyes que complementan la **Ley de los Derechos Civiles de 1964**, extendiendo la protección otorgada inicialmente a los trabajadores para incluir la discriminación de todo ser humano por otros motivos diferentes.

Si usted se encuentra en una situación discriminatoria en el centro laboral donde trabaja, preséntese ante cualquier oficina local de la **Comisión Federal de Igualdad de Oportunidades de Empleo (EQUAL ECONOMIC OPPORTUNITY COMMISSION**, con la sigla **EEOC**).

■ Las oficinas se encuentran ubicadas en más de 50 ciudades en todo el país y pueden ser encontradas fácilmente en la mayoría de las guías telefónicas bajo el epígrafe **US GOVERNMENT**.

■ También puede llamar al teléfono **1-800-669-EEOC** para obtener más información al respecto.

Entre las prácticas que la Ley prohíbe se encuentran las siguientes:

■ **La discriminación debido a la raza, la religión, el origen nacional, o el sexo.** La ley prohibe la discriminación en el empleo debido a la raza del individuo, la religión que practica, su origen nacional, o su sexo. La ley es aplicable a todas las fases del empleo, como pueden ser la contratación, las promociones, el despido, la remuneración, los beneficios suplementarios, los programas de adiestramiento, y el reclutamiento.

■ **Reglamentos que exigen el uso exclusivo del idioma inglés.** El empleador no puede exigir que los empleados hablen inglés exclusivamente durante las horas de trabajo, a menos que demuestre que el reglamento es necesario para el buen funcionamiento de la empresa en cuestión. En ese caso, el empleador debe informar a los empleados cuándo es que deben hablar inglés y las consecuencias que sufrirían si no cumplen con las disposiciones del reglamento. Los empleadores que no informen debidamente a sus empleados sobre las condiciones del reglamento, pueden recibir sanciones específicas del **Departamento del Trabajo (LABOR DEPARTMENT)**.

■ **La discriminación debido a tener un acento extranjero al hablar el inglés.** La empresa debe demostrar una razón legítima –y no discriminatoria– para negarle oportunidades de empleo a una persona simplemente porque presente un acento extranjero al hablar el inglés o porque su manera de expresarse no corresponda a los deseos de los administradores o dueños de la empresa. El **EEOC** tiene la responsabilidad de investigar cualquier queja de discriminación, para determinar si el acento o modo de expresarse del empleado en cuestión afecta negativamente el desempeño de su trabajo.

■ **El hostigamiento por razón de origen nacional y otros factores.** Las calumnias y los abusos verbales o físicos por razones étnicas, de religión, etc., constituyen lo que se conoce como *hostigamiento*. Estos elementos crean un ambiente ofensivo, hostil, o de intimidación en el centro laboral. En situaciones de este tipo el **EEOC** debe determinar la gravedad del caso dependiendo de las consecuencias que el *hostigamiento* provoca en el desempeño de un trabajo o en la competencia por las oportunidades de empleo.

Los empleadores tienen la responsabilidad de mantener en todo momento un ambiente laboral libre de *hostigamiento,* y también pueden ser responsables de cualquier tipo de *hostigamiento* que se produzca en el trabajo por parte de sus agentes y supervisores, aun cuando el empleador no haya autorizado tales actos.

■ **La discriminación debido a la religión del trabajador.** La ley de los Estados Unidos exige que los empleadores traten de acomodar razonablemente las prácticas religiosas de un empleado o de un aspirante al empleo, a menos que esto causara dificultades mayores en el centro laboral. Horarios flexibles, sustituciones o intercambios voluntarios, reasignación de tareas y transferencias laterales son ejemplos de métodos que facilitan acomodar las creencias religiosas de un empleado. La empresa no puede imponer un reglamento estricto en el vestir, o no otorgar permiso a los empleados que desean observar un día de festividad religiosa, a menos que pueda demostrar que ese permiso provocaría dificultades onerosas para la empresa.

■ **La discriminación porque una mujer esté embarazada.** La ley norteamericana prohíbe la discriminación debido al embarazo, al nacimiento de un bebé, o a circunstancias relacionadas con esas situaciones. Las mujeres embarazadas (o que se encuentran afectadas por condiciones relacionadas al embarazo) deben recibir el mismo tratamiento que cualquier otro aspirante al empleo, o a los empleados que manifiesten las mismas aptitudes y limitaciones.

Por lo tanto, una empresa no le puede negar un trabajo a una mujer simplemente porque está embarazada, siempre que ella pueda desempeñar las funciones esenciales de su posición. Ninguna empresa puede negarle empleo a una mujer debido a los prejuicios que puedan mostrar sus empleados, o los de sus clientes, contra las mujeres embarazadas.

Si una empleada no puede desempeñar su trabajo temporalmente debido al embarazo, la empresa debe tratarla igual que a otro empleado que sufre un impedimento físico o mental temporal; por ejemplo, el supervisor puede proporcionarle trabajos modificados, tareas alternas, licencia por impedimento, o licencia sin disfrute de salario.

Cualquier seguro de salud que la empresa ofrezca a sus empleados debe comprender gastos relacionados con el embarazo (excepto el aborto, si no peligra la vida de la madre), al igual que incluye los gastos incurridos por otras circunstancias médicas.

■ **El hostigamiento sexual (SEXUAL HARRASMENT).** La ley prohibe las proposiciones sexuales inoportunas, los pedidos de favores sexuales, y cualquier otro tipo de comportamiento –verbal o físico– de naturaleza sexual, sobre todo cuando su rechazo afecta la capacidad de una persona a desempeñar su trabajo, o si el comportamiento promueve un ambiente laboral hostil, ofensivo, o de intimidación.

El *hostigamiento sexual* puede afectar tanto a la mujer como al hombre, y puede ocurrir sin que exista perjuicio económico o despido. Es importante notar también que el hostigamiento sexual puede ocurrir entre las personas del mismo sexo.

Como parte del proceso, la víctima debe informarle al hostigador, directamente, que su conducta es inoportuna y que debe cesar inmediatamente. Al mismo tiempo debe usar cualquier mecanismo de queja que el empleador haya implementado para este propósito.

■ **La discriminación debido a los impedimentos físicos del trabajador.** La **Ley para Personas con Impedimentos de 1990** (**AMERICANS WITH DISABILITIES ACT OF 1990**) extiende la protección del gobierno federal de los Estados Unidos a los trabajadores que presenten incapacidad física de algún tipo contra la discriminación en la contratación, la promoción, el despido, el pago, los programas de adiestramiento, los beneficios suplementarios, y cualquier otro aspecto del proceso laboral. La ley también exige que las empresas le proporcionen a los solicitantes de empleo y a los trabajadores que manifiestan incapacidad física de algún tipo, un grado de comodidad razonable, al menos que el costo resulte excesivo.

■ **La discriminación debido a la edad del trabajador.**

En 1967, el Congreso de los Estados Unidos extendió la protección del gobierno federal a las personas de más de 40 años de edad contra la discriminación en todos los aspectos del proceso laboral.

LA SEGURIDAD Y LA SALUD EN EL TRABAJO

Con el objetivo de fomentar condiciones de seguridad física y de higiene en los centros de trabajo en los Estados Unidos, el Congreso norteamericano decretó la **Ley de Seguridad y Salud Ocupacionales de 1970 (OCCUPATIONAL SAFETY AND HEALTH ACT OF 1970)**:

■ La ley crea una nueva agencia del **Departamento del Trabajo (LABOR DEPARTMENT)** –la **Administración de Seguridad Laboral y de Salud (OCCUPATIONAL SAFETY AND HEALTH ADMINISTRATION**, o como se conoce por su sigla **OSHA**)– responsable por la enumeración de las obligaciones y los derechos de los trabajadores y las empresas que son necesarias para reducir los riesgos de seguridad y de salud en el lugar de trabajo.

La **OSHA** también asume la responsabilidad de implementar programas de seguridad y de salud en los centros de trabajo en todos los Estados Unidos.

De acuerdo con los reglamentos de **OSHA**, los empleados tienen el derecho –entre otros– de:

■ Revisar las copias de los reglamentos que la empresa debe tener disponible en el centro de trabajo.
■ Pedirle información a la empresa sobre los riesgos de seguridad y salud que puedan existir en el lugar de trabajo, las precauciones que se deben observar, y los procedimientos a seguir cuando un empleado se vea involucrado en un accidente o se halle expuesto a sustancias tóxicas.
■ Tener acceso a los informes médicos y de exposición importantes de todos los empleados.
■ Pedirle al Director local de **OSHA** que realice una inspección si (los empleados) estiman que existen condiciones riesgosas o viola-

ciones de las normas de seguridad y de salud en el lugar de trabajo.

■ Acompañar –mediante un representante de los empleados– al inspector de **OSHA** durante su visita al lugar de trabajo.

■ Recibir notificación de la empresa cuando ésta solicita una variante de una norma de **OSHA**, y apelar la decisión final de la agencia.

■ No permitir que **OSHA** le entregue a la empresa los nombres de los empleados que formulen una queja formal por escrito.

■ Estar informado de las decisiones de la agencia relacionadas con una queja, y apelar el caso cuando **OSHA** decida no realizar una inspección en un centro de trabajo determinado.

Al mismo tiempo, los empleados también deben cumplir con ciertas responsabilidades. Entre ellas:

■ Leer e informarse debidamente sobre los reglamentos de **OSHA** que la empresa distribuye en el centro de trabajo.

■ Cumplir con todas las normas aplicables de **OSHA**, como por ejemplo, vestir o usar el equipo de protección recomendado mientras se realizan las actividades laborales.

■ Reportar al supervisor cualquier condición peligrosa que sea observada.

■ Reportar a la empresa cualquier lesión o enfermedad relacionada con el trabajo realizado, y solicitar tratamiento médico lo antes posible.

■ Cooperar con el inspector de **OSHA** cuando éste le pregunte sobre las condiciones de salud y de seguridad física en el centro de trabajo.

Si usted desea obtener información adicional sobre **OSHA**, o sobre sus derechos y responsabilidades, llame a la oficina de **OSHA** más cercana. El número de teléfono lo puede encontrar en la guía telefónica bajo el epígrafe **US GOVERNMENT**.

LA LEY DE PERMISO MÉDICO Y DE NECESIDADES DE LA FAMILIA (FAMILY AND MEDICAL LEAVE ACT)

En 1993, el Congreso de los Estados Unidos decretó una **ley de permiso médico y de necesidades de la familia (FAMILY AND MEDICAL LEAVE ACT** o como se conoce por sus siglas,

FMLA) que le permite al trabajador ausentarse de su empleo por un máximo de 12 semanas, sin sueldo, pero sin perder su posición de trabajo o sus beneficios laborales. El objetivo de la ley es:

■ Permitirle al trabajador equilibrar mejor sus responsabilidades en el trabajo y su vida familiar, o satisfacer alguna necesidad médica personal o de algún miembro de la familia inmediata, aunque siempre tomando en consideración los intereses legítimos de la empresa.

La ley cubre a todas las agencias públicas (federales y estatales) y a los centros de trabajo que emplean a más de 50 personas. El empleado que solicita el permiso debe haber trabajado para la empresa por un mínimo de un año.

El empleado puede solicitar el permiso a ausentarse de su trabajo por razones diversas. Entre las mismas:

■ Debido al nacimiento de un hijo (o hija), y para dedicarle tiempo al recién nacido.
■ Para facilitar la integración en la familia de un hijo (o hija) adoptado.
■ Para cuidar a un miembro de la familia (pareja, padres, o hijos) que sufre de una condición médica grave.
■ Cuando se le dificulta al empleado trabajar debido a una condición médica seria.

La ley prohíbe que la empresa utilice la solicitud del permiso como un factor negativo en la evaluación o consideración laboral del trabajador, y el empleado puede reportar cualquier queja al respecto al **Departamento de Trabajo (US DEPARTMENT OF LABOR**, en particular el **WAGE AND HOUR DIVISION OF THE EMPLOYMENT STANDARDS ADMINIS-TRATION**), la agencia responsable por la administración de la ley federal.

Para obtener información adicional sobre sus derechos bajo el amparo de esta ley, comuníquese con la oficina más cercana del **WAGE AND HOUR DIVISION**, que se publica en la guía telefónica bajo el epígrafe **US GOVERNMENT, DEPARTMENT OF LABOR, EMPLOYMENT STANDARDS ADMINISTRATION**.

¿CUALES SON SUS DERECHOS CUANDO COMPRA MERCANCIA DESDE SU RESIDENCIA?

Todos conocemos de los inconvenientes asociados con los viajes a los **centros de compras (SHOPPING CENTERS)** que son tan populares en los suburbios; la escasez de lugares donde estacionar el automóvil, el número de personas deambulando por las tiendas, las largas líneas que hay que hacer para pagar la mercancía que se desea adquirir, etc. Afortunadamente, la tecnología moderna permite la compra de mercancía por teléfono, por correos, y –en los últimos años– mediante la **red cibernética (INTERNET)**. Comprar desde la conveniencia de su residencia es una alternativa muy atractiva para infinidad de consumidores, pero también requiere que usted conozca cuáles sus derechos, en caso de que la mercancía no le resulte de su agrado, se extravíe en el proceso de envío, o llegue dañada.

A continuación le ofrecemos las respuestas a las preguntas que con más frecuencia se plantean los consumidores que se sienten defraudados por las transacciones realizadas desde sus hogares:

¿Qué debo hacer si recibo mercancía que no he ordenado?

Si usted recibe mercancía que no ha ordenado, considérelo un regalo gratis que le ofrece el comerciante que se lo envió. De acuerdo con la ley, el comerciante no le puede presionar para que usted pague por la mercancía que no ha solicitado, o para que la devuelva.

He recibido material pornográfico por correos y me siento ofendido. ¿Qué debo hacer?

Para evitar que usted reciba este tipo de material en el futuro, rellene el formulario apropiado (solicítelo en la oficina de correos más cercana al lugar donde usted resida y entrégueselo personalmente a uno de los empleados que están en contacto con el público). Vea los detalles de este proceso en el capítulo XXX.

Todos los días, recibo llamadas telefónicas en las que vendedores tratan de venderme algo que no me interesa. Al hacerlo, interrumpen mis momentos de tranquilidad. ¿Cómo puedo evitarlo?

Nada molesta más que el recibir una llamada telefónica mientras cenamos, sólo para descubrir que nos querían vender alguna mercancía o servicio en el que no estamos interesados. Si desea detener esta práctica, comuníquese por escrito con el **DIRECT MARKETING ASSOCIATION** para que no permita que su nombre participe en las campañas de mercadeo que constantemente se están llevando a cabo en los Estados Unidos para promover la venta de productos y servicios. La asociación mantiene una lista con los nombres de las personas que no desean recibir llamadas telefónicas o anuncios por correos.

Bajo las leyes federales de los Estados Unidos, usted le puede indicar al vendedor que no desea recibir llamadas similares en el futuro. Si el vendedor vuelve a llamar, usted puede presentar su caso ante el llamado **tribunal de pequeños reclamos** (**SMALL CLAIMS COURT**); vea la página 400. Las compañías de teléfono también ofrecen un servicio –a un costo muy bajo– para prevenir las inconveniencias que causan esas llamadas.

Para comunicarse con el **Direct Marketing Association**, escriba directamente a:

✔ **MAIL**
PREFERENCE SERVICE
(para los anuncios por correos)
P.O. Box 9008
Farmingdale, NY   11735-9008

✔ **TELEPHONE**
PREFERENCE SERVICE
(para prohibir las llamadas telefónicas)
P.O. Box 9014
Farmingdale, NY   11735-9014

¿Qué debo hacer si el producto que ordené llega en malas condiciones?

Si el paquete que usted recibe se encuentra obviamente dañado, simplemente escriba la palabra **REFUSED** (en español quiere decir **rehusado**) en el exterior, y devuélvalo al comerciante; no lo abra. No es necesario que usted pague un franqueo adicional, excepto en el caso en que el paquete haya sido enviado como certificado, asegurado, o registrado, y si usted firmó un recibo en el momento de la entrega del paquete.

Si la mercancía no es de su agrado, es necesario que se comunique con el comerciante para que le indique cuál es el proceso establecido por la empresa para devolverlo, cambiarlo, o recibir un reembolso por el producto adquirido.

¿Qué debo hacer si estoy en desacuerdo con el precio de la factura, si nunca recibí la mercancía solicitada, o si el producto o el servicio no es de mi agrado?

■ Escriba una carta, lo antes posible, al comerciante, explicándole el problema y exigiendo una alternativa específica; no debe quedar duda de lo que usted desea para resolver el problema. En la carta, incluya su nombre, dirección, y número de teléfono durante el día, el número de la orden o de la factura, y cualquier otra información que tenga a su disposición.

■ Si usted pagó por la mercancía o el servicio con una tarjeta de crédito, envíele una copia de la carta al banco o a la compañía de la tarjeta. Usted también tiene el derecho de llamar a la compañía de la tarjeta para suspender el pago de la factura mientras negocia una solución con el comerciante.

¿CUALES SON SUS DERECHOS CUANDO VIAJA POR UNA AEROLINEA?

En la sociedad moderna, las aerolíneas prestan un servicio de transporte esencial. Las distancias que hace unos años representaban un obstáculo inmenso para efectuar viajes con frecuencia, hoy en día han sido superadas por los aviones. En términos generales, un viaje en avión es hoy confortable, rápido, y los precios son muy competitivos. No obstante, es importante conocer cuáles son sus derechos cuando viaja por avión, pues las complicaciones que pueden ocurrir son capaces de convertir cualquier viaje de rutina en una verdadera pesadilla.

Primeramente, tome en consideración las siguientes recomendaciones para obtener el mejor precio del boleto, ya que la competencia entre las diferentes aerolíneas han provocado una increíble variedad de tarifas, casi imposible de comprender:

■ Mantenga flexibilidad en sus planes (si es posible) para obtener los mejores precios. Frecuentemente, las aerolíneas ofrecen precios más bajos si usted viaja durante ciertos días de la semana, o durante determinadas horas del día. Consulte con su agente de viajes (o con el agente de ventas de la aerolínea en cuestión) para explorar la posibilidad de obtener un precio más bajo si usted está dispuesto a viajar en vuelos diferentes.

■ Prepare sus planes de viaje con la mayor anticipación posible. Muchas aerolíneas ofrecen mejores precios si usted paga por su boleto varias semanas antes del viaje.

■ Investigue la posibilidad de usar un aeropuerto que tenga menos tráfico aéreo. Algunas ciudades grandes cuentan con varios aeropuertos, y los menos conocidos con frecuencia ofrecen precios más bajos.

■ Considere la posibilidad de que algunos boletos no permiten realizar cambios en el itinerario, y algunos requieren el pago de un sobrecargo para efectuar cualquier modificación en el itinerario inicial.

■ Aun después de que usted compró su boleto, es posible que la aerolínea ofrezca un precio más bajo por el mismo vuelo. Siempre llame al agente de venta pocos días antes de su viaje para confirmar que el precio que usted pagó es el más bajo; muchas aerolíneas ofrecen un reembolso si el precio fue reducido después del momento en que usted compró su boleto.

Las reservaciones y los boletos

Una vez que usted decida cuándo y a dónde viajar, y qué aerolínea utilizar, el proceso para reservar un asiento y obtener el boleto es muy fácil. Es posible hacer las reservaciones por teléfono, en las oficinas de la aerolínea, a través de un agente de viajes, y hasta por la red cibernética (INTERNET). Pero siempre existen problemas que se pueden presentar, y las siguientes recomendaciones le ayudarán a evitarlos:

■ Si sus planes de viaje coinciden con días feriados o con fechas especiales en que el volumen de tráfico es alto, haga sus reservaciones con la mayor anticipación posible (inclusive, hasta meses antes del viaje). Evite comprar un boleto en **lista de espera** (**STANDBY**), ya que es posible que se quede varado por varios días.

■ Asegúrese de que el agente de ventas no ha cometido errores en su reservación. Revise cuidadosamente todos los detalles del boleto antes de terminar su transacción.

■ Proporciónele el número de teléfono de su residencia y de su trabajo al agente de ventas; si se presenta algún cambio en los detalles del vuelo, la compañía le podrá notificar.

■ Recuerde que frecuentemente los vuelos requieren escalas en ciudades intermedias, y hasta cambios de avión. Pregúntele al agente de ventas sobre el recorrido exacto del vuelo.

■ El agente de ventas le especificará una fecha para concluir la transacción. Si usted no paga por el boleto antes de esa fecha, la aerolínea puede cancelar su reservación.

■ Tenga sus boletos a mano cuando viaje al aeropuerto para facilitar el proceso de embarque, al igual que una identificación con su fotografía; debido a las medidas de seguridad actuales, muchos aeropuertos exigen una identificación antes de embarcar en el avión.

■ Siempre es importante reconfirmar sus reservaciones días antes del viaje (tanto antes de partir como del regreso), ya que con frecuencia los itinerarios cambian sin previa notificación.

■ Recuerde que el boleto es un documento similar al cambio en efectivo; si usted lo pierde, obtener un reembolso puede resultarle difícil. En situaciones de este tipo, notifique inmediatamente a la aerolínea. El proceso de reembolso puede demorar hasta seis meses, y si alguien utilizara el boleto perdido durante ese plazo, la compañía puede rehusar reembolsarle por la pérdida.

Los vuelos cancelados o en demora

■ Las aerolíneas no garantizan sus itinerarios, y usted debe tomar eso en consideración en el momento de hacer sus planes de viaje. Muchos factores pueden impedir que un vuelo llegue a tiempo a su destino (como el mal tiempo, las demoras en los aeropuertos, los problemas mecánicos en el equipo, etc.), y muchos de ellos no están bajo el control de las aerolíneas.

■ Una manera de evitar las posibles demoras es reservando el asiento en los vuelos que comienzan temprano en la mañana, ya que a medida que el día transcurre, las demoras se acumulan. Igualmente, los vuelos sin cambios intermedios ofrecen una probabilidad mayor de llegar a tiempo al lugar de destino. Los enlaces son siempre peligrosos, y es muy fácil que –debido a una demora en la primera parte del viaje– no llegue a tiempo a embarcar en el segundo vuelo.

■ Si su vuelo va a aplazarse por varias horas, trate de hacer una reservación con otra aerolínea. En ese caso, es mucho más fácil (y efectivo) realizarla desde un teléfono público. Si logra obtener otra reserva, pídale al agente de la aerolínea original que le endose el boleto a la nueva compañía. Aunque generalmente la aerolínea le facilitará la transacción, legalmente no está obligada a hacerlo.

■ Si su vuelo se cancela, lo más probable es que la aerolínea le consiga un asiento en otro vuelo (sin cargo adicional).

■ Cada aerolínea mantiene sus propios reglamentos para resolver los problemas cuando un vuelo se demora por mucho tiempo; el gobierno federal no ha emitido sus propias regulaciones hasta el presente. Consulte con el agente de la aerolínea para que le ofrezcan el reembolso de una comida o alguna otra compensación. La ley solamente requiere compensación cuando la aerolínea sobrevendió un vuelo, algo que ocurre con frecuencia, pero la compañía no es responsable por cualquier daño económico que usted sufra debido a esta situación (como el no llegar a tiempo para enlazar el viaje con un crucero, por ejemplo); usted debe tomar las precauciones necesarias para evitar las consecuencias del cancelamiento.

■ En los casos en que un vuelo ha sido sobrevendido, la aerolínea generalmente solicita (en forma voluntaria) pasajeros con planes más flexibles que estén dispuestos a ceder su reservación. La aerolínea entonces le ofrecen compensación y una reservación en un vuelo un poco más tarde. Si no se presentaran suficientes voluntarios para ceder sus asientos, y usted no pudiera embarcar, la aerolínea está obligada a ofrecerle otra alternativa para llegar a su destino en un tiempo razonable. De lo contrario debe ofrecerle compensación.

El equipaje

Uno de los aspectos del viaje que más preocupa al viajero actual es el equipaje. Todos los años, miles de valijas se pierden permanentemente, o llegan a su destino después de un tortuoso recorrido, días después del arribo del pasajero; es una pesadilla capaz de arruinar la mejor de las vacaciones. Es posible prevenir estos problemas (en cierta medida) observando algunas reglas de sentido común. Por ejemplo:

■ Evite viajar con muchas valijas; la mayoría de las personas tienden a empacar mucho más de lo que en realidad necesitan para un viaje. Los viajeros con experiencia tratan por todos los medios de viajar con una sola valija, y si es posible, una pequeña que puedan llevar en la cabina del avión. Esto se dificulta hoy en día, ya que las aerolíneas han establecido restricciones que limitan el tamaño de los paquetes que se pueden llevar en la cabina.

■ Siempre embarque en el avión con una bolsa que se permita llevar en la cabina, y que contenga los elementos que le sean más importantes: los medicamentos, los documentos (como el pasaporte), el dinero en efectivo, las joyas, las llaves, etc. En caso de que su equipaje se extravíe, por lo menos tendrá a mano lo más esencial.

■ Nunca despache su equipaje a última hora. Debido a las medidas de seguridad implementadas en la actualidad, es posible que usted pueda embarcar, mientras que su equipaje le sea enviado en otro vuelo.

■ Si es posible, reserve solamente los vuelos directos, sin escalas; los vuelos que requieren escalas o cambios de avión presentan probabilidades más elevadas de que el equipaje se extravíe.

■ Asegúrese de que el agente de la aerolínea registre las valijas con el sello del aeropuerto del destino del vuelo (éste es un código de tres letras, y el sello también debe identificar el número de su vuelo). Las valijas deben también tener siempre una tarjeta con su nombre, dirección, y número de teléfono.

¿Qué debe hacer si sus valijas
se dañan o se pierden?

■ Si sus valijas llegan dañadas a su destino, la aerolínea le debe reembolsar por la reparación del daño o le puede ofrecer una recompensa si el daño es extenso.

■ Si la valija se pierde, los sistemas de computadoras de las aerolíneas pueden determinar dónde se encuentra (en el 98% de los casos, según estadísticas internacionales). En muchos casos, la aerolínea le reembolsará algunos costos mientras tratan de recuperar el equipaje, aunque usted debe negociar la compensación con el agente de seguridad de la aerolínea en cuestión (en el preciso momento de comprobar la pérdida; mantenga siempre sus comprobantes de que su equipaje fue debidamente facturado en el momento de embarque).

■ Usted debe reportarle a la aerolínea –antes de abandonar el aeropuerto– que su equipaje está perdido. Insista en que le llenen un formulario documentando la pérdida y que le entreguen una copia del mismo. La copia debe incluir un número de teléfono donde le puedan informar sobre el progreso de la investigación. No presuma que la aerolínea le va a entregar la valija una vez que la misma sea localizada; aclare con el agente de seguridad si la aerolínea se la entregará sin costo adicional (y especifique en dónde la misma debe ser entregada).

■ En el caso de que la aerolínea declare oficialmente que su equipaje está perdido definitivamente, usted debe presentar una reclamación, que generalmente consiste en un formulario que incluya más detalles. Durante el proceso, la aerolínea le ofrecerá la compensación que estime razonable, y usted debe negociar con el agente antes de llegar a un acuerdo final. En la mayoría de los casos, el proceso puede demorar desde seis semanas hasta tres meses; es decir, hasta que usted reciba su compensación. Es posible que la aerolínea le ofrezca pasajes en su línea con un valor más alto que el monto de su reclamación; si le interesa la oferta, pregúntele siempre al agente con el que está realizando la negociación si los pasajes conllevan alguna restricción en su uso.

■ El límite de la compensación en los vuelos domésticos (dentro del territorio norteamericano) es de U.S.$1,250.

CAPITULO 6

¿COMO ALQUILAR UN APARTAMENTO (O CASA)?

Poco después de llegar a los Estados Unidos, el nuevo residente debe encontrar un lugar donde establecerse con su familia y comenzar su vida en el nuevo país. Es muy probable que en ese momento carezca de los recursos económicos necesarios para comprar una casa o apartamento, y que alquilar la vivienda represente su mejor alternativa inicial. Podría parecer un proceso muy sencillo, pero no siempre lo es. Por ello, el nuevo residente debe estar debidamente informado al respecto.

En este capítulo vamos a analizar –en detalle– el proceso de alquilar un apartamento (o casa), y comenzamos explicándole cuáles son sus derechos civiles, cubriendo los pormenores del contrato de arrendamiento. Específicamente, vamos a examinar los siguientes temas:

- La discriminación y sus derechos civiles.
- Cómo negociar con el **dueño del edificio** (**LANDLORD**).
- El **contrato de arrendamiento** (**LEASE**).
- El **depósito o garantía** (**SECURITY DEPOSIT**).
- Los recargos al final del contrato.

LA DISCRIMINACION Y
SUS DERECHOS CIVILES

Como indicamos en el capítulo XX (Comprar una casa), la **Ley de la Vivienda Justa (FAIR HOUSING ACT)** protege a todos los residentes de los Estados Unidos contra la discriminación debida a los siguientes factores:

- La raza o el color de la piel.
- El país de origen del inquilino en potencia.
- La religión.
- El sexo (hombre o mujer).
- El tener niños (excepto en ciertas comunidades que han sido designadas exclusivamente para los adultos).
- La minusvalía o incapacidad física.
- Algunos Estados y municipalidades también prohíben la discriminación en la vivienda debido a la preferencia sexual y el estado civil

de los inquilinos potenciales.

No obstante, los propietarios de los edificios de apartamentos y casas pueden seleccionar los inquilinos de acuerdo con determinadas normas. Por ejemplo, el propietario puede exigir que el futuro inquilino reciba un salario mínimo, o que le provea cierto número de referencias personales. Siempre, esas normas deben ser impuestas equitativamente a todas las personas que soliciten alquilar en ese edificio.

EJEMPLOS DE DISCRIMINACION

La **Ley de la Vivienda Justa** prohíbe a los dueños de un edificio actuar como señalamos a continuación:

- Anunciar públicamente (o mencionar verbalmente) que prefiere personas que manifiesten las características de un grupo específico (como, por ejemplo, el color de la piel o el país de origen).
- Decir (falsamente) que el edificio no tiene apartamentos disponibles.
- Establecer regulaciones más estrictas (como, por ejemplo, percibir un salario más alto) cuando determinados individuos solicitan alquilar. Recuerde que si las mismas regulaciones se imponen a **todos** los solicitantes, el propietario sí está actuando dentro de la ley.
- Rehusar alquilarle un apartamento a los miembros de un grupo minoritario (negros, judíos, mexicanos, cubanos, etc.).
- Rehusar acomodar las necesidades de los inquilinos minusválidos (como por ejemplo, no permitir que un perro guía acompañe a una persona legalmente ciega).
- Adoptar diferentes procesos –arbitrarios– con respecto al pago del **alquiler** (**RENT**).
- Cancelar un contrato antes de tiempo por razones discriminatorias.

¿QUE PASOS DEBE TOMAR SI SOSPECHA QUE ES VICTIMA DE LA DISCRIMINACION?

Como se indica en el capítulo sobre la compra de la vivienda (capítulo 7), la agencia federal que se ocupa de resolver los conflictos en los casos de

ALQUILAR UN APARTAMENTO (O CASA)

la discriminación en la vivienda se conoce por las siglas **HUD** (**HOUSING AND URBAN DEVELOPMENT**). El **HUD** mantiene oficinas en cientos de comunidades en todos los Estados Unidos, y sus empleados le pueden ayudar a llenar los formularios necesarios para establecer su caso legal. Los servicios son absolutamente gratuitos, y el **HUD** le proporcionará un intérprete (si lo necesitara), material en braille (para las personas ciegas), y todo tipo de asistencia.

Una vez que usted llene los formularios especificando la situación de discriminación en la que se ha visto involucrado, el **HUD** investigará su caso y negociará un entendimiento entre usted y el dueño del edificio en cuestión. En caso de que el **HUD** determine que existe una violación severa de las leyes, el proceso puede ser referido al **Departamento de Justicia de los Estados Unidos** (**DEPARTMENT OF JUSTICE**).

Busque la oficina del **HUD** que le resulte más accesible en su guía telefónica (bajo el epígrafe de **U.S. GOVERNMENT**).

COMO NEGOCIAR CON EL PROPIETARIO DE UN EDIFICIO (O CASA)

Es muy importante mantener una buena relación con el dueño del edificio donde alquile para que su estancia en el apartamento sea lo más agradable posible. En la mayoría de los casos, esto es fácil de realizar si usted acepta que el dueño es un inversionista que le provee un servicio a cambio de un pago mensual. Póngase en su lugar, y considere cómo preferiría que sus inquilinos se comportaran.

Con este concepto en mente, considere las siguientes sugerencias que estimamos le van a facilitar el llevar una buena relación con el dueño del edificio (o casa) que alquile:

■ Una vez que haya decidido alquilar un apartamento (o casa) específico, haga una cita con el dueño para negociar los condiciones del contrato de arrendamiento. Lleve a la cita una copia de la solicitud de renta (debidamente rellenada), dos o tres cartas de referencias (endosadas por arrendatarios previos, si los hubieren), una carta de su empleador certificando su salario, y dos o tres referencias personales. Si es posible, una copia de su reporte de crédito le puede ofrecer una ventaja en una situación competitiva; es decir, cuando varias personas

¿COMO OBTENER UN REPORTE DE SU CREDITO?

Los **burós de crédito** (CREDIT BUREAUS) reciben información todos los dias sobre las transacciones que los consumidores realizan mediante el uso de tarjetas de crédito, préstamos, etc. Usted puede adquirir (a un costo determinado) un reporte de su historial de crédito. Para ello, llame o escriba a una de esas organizaciones. En algunos Estados (como New Jersey) la ley le permite obtener un reporte anual completamente gratis; generalmente, este informe cuesta 20 dólares (aproximadamente). Estos son los teléfonos de tres burós de crédito importantes:

■ **Experian (TRW)**   **1-888-397-3742**
■ **Equifax**   **1-800-997-2493**
■ **Trans Union**   **1-800-888-4213**

están solicitando alquilar un mismo apartamento (o casa). La preparación de sus documentos –antes de reunirse con el dueño– le proyectará una imagen positiva.

■ Lea cuidadosamente las condiciones que el contrato establece, y aclare con el dueño cualquier pregunta que tenga. Es posible que el contrato le prohíba tener una mascota, o inclusive compartir el apartamento con otra persona para reducir los gastos. Si llegan a acuerdos que varían de las condiciones del contrato, documéntelos por escrito, con la firma del dueño junto al párrafo de la enmienda.

■ Mantenga abiertas siempre las líneas de comunicación con el propietario. Si se presenta algún tipo de situación que requiera atención especial –como por ejemplo, que el dueño rehúse arreglar un problema de desagüe o de calefacción que se haya presentado en el apartamento– discuta sus diferencias directamente con él. Evite llevar las disputas a los tribunales, excepto en aquellos casos en que no es posible lograr un acuerdo mutuo (vea TRIBUNALES DE RECLAMACIONES PEQUEÑAS, página xxx)..

ALQUILAR UN APARTAMENTO (O CASA)

EL CONTRATO DE ARRENDAMIENTO (RENTAL LEASE)

La mejor manera de mantener una relación cordial con el propietario –evitando las malas interpretaciones que más tarde pueden escalar a disputas serias– es documentando por escrito todos los acuerdos. El **contrato de arrendamiento (RENTAL LEASE)** es el documento legal que certifica las condiciones acordadas, y –por lo tanto– aclara con detalles las responsabilidades respectivas.

■ El **contrato inicial de alquiler (RENTAL LEASE)** puede cubrir un plazo de tiempo fijo (generalmente uno o dos años),
■ o puede ser flexible, extendiendo los acuerdos de mes en mes (**RENTAL AGREEMENT**).

El *rental lease* fija el nivel del alquiler por uno o dos años (según el caso), mientras que el *rental agreement* le permite al inquilino mudarse a corto plazo, y al mismo tiempo, le autoriza al propietario a ajustar el alquiler cuando la demanda sea más intensa.

Los contratos relacionados con el alquiler de un apartamento (o casa) se pueden formular en muchas formas, de acuerdo con las preferencias del propietario, pero normalmente cubre los siguientes factores:

■ Los nombres de todos los inquilinos que van a vivir en el apartamento (o casa). La provisión es importante en los casos de los amigos que comparten la vivienda, ya que si uno de ellos no cumple con sus obligaciones, el otro inquilino puede demandarlo ante los tribunales. Al mismo tiempo, el propietario puede desahuciar a los inquilinos si otras personas se mudan al apartamento.
■ El plazo de tiempo cubierto por el contrato.
■ La persona responsable (el inquilino o el propietario) por pagar los servicios de agua y electricidad.
■ La persona responsable (el inquilino o el propietario) por realizar arreglos en la vivienda, como por ejemplo arreglar el refrigerador o la máquina lavaplatos, o despejar las cañerías obstruidas.
■ El permiso (o la prohibición) de mantener mascotas en la vivienda.
■ El permiso (o la prohibición) de subarrendar la vivienda a otro inquilino.
■ El acceso del propietario a la vivienda. El contrato debe especificar con qué anticipación el propietario debe notificar al inquilino que

¿SEGURO PARA INQUILINOS?

El dueño del apartamento (o casa) no es responsable– en ningún momento– de cualquier pérdida personal que usted sufra durante el período en que tenga alquilada la vivienda, incluyendo los robos y las catástrofes naturales (huracán, tornado, etc.). Por esa razón, es recomendable que obtenga una **póliza de seguro para inquilinos** (**RENTER'S INSURANCE**) que le cubra el costo de sus efectos personales. Las tarifas de la póliza varían, dependiendo de la compañía, pero es posible asegurar sus bienes hasta U.S.$50,000 por un promedio de $350 anuales.

necesita tener acceso a la vivienda (por ejemplo, para realizar algún arreglo). Usted tiene derecho a su privacidad, desde luego, pero –en determinadas situaciones– el propietario necesita tener acceso a la vivienda, por lo que es preferible que el contrato aclare bien estas situaciones.

■ El pago de los gastos legales, en caso de que surja una disputa entre el inquilino y el propietario.

■ El depósito o garantía y el proceso para que el inquilino recupere el dinero dado como depósito al final del contrato.

Por supuesto, algunos contratos de arrendamiento son menos específicos, mientras que otros incluyen provisiones adicionales. Normalmente, algunas cláusulas del contrato pueden ser negociadas de acuerdo con los intereses de los signatarios.

Debido a su peso legal, si usted viola las condiciones del contrato, el propietario tiene derecho a darlo por terminado (cancelarlo) antes de tiempo, y es posible –de acuerdo con las leyes del Estado donde usted resida– que usted se vea obligado a pagar el balance del alquiler hasta el último mes del plazo fijado en el contrato inicial. Por ejemplo: si el contrato ha sido firmado por un año, y usted se muda a los ocho meses de haber ocupado la vivienda, quedarán cuatro meses que usted se comprometió a vivir en el apartamento (o casa)... y debe pagar por ese período de tiempo.

EL DEPOSITO O GARANTIA
(SECURITY DEPOSIT)

Con frecuencia, el uso y la devolución del depósito o garantía del contrato provoca fricción entre el inquilino y el propietario. La mejor manera de evitar complicaciones innecesarias es aclarando debidamente en el contrato cuáles son las condiciones que debe observar el inquilino para que el propietario le devuelva el depósito (por lo general el equivalente a un mes, aunque algunos propietarios exigen el primero y último mes del contrato, más el mes corriente; es decir, un total inicial de tres meses; no obstante, algunos Estados regulan esta situación para evitar excesos por parte del propietario). Por ejemplo, el contrato debe especificar las siguientes condiciones:

- La suma que el propietario requiere como garantía. **MUY IMPORTANTE:** algunos Estados requieren que el propietario le devuelva al inquilino el interés ganado por la suma entregada como depósito.
- Las formas en que se puede utilizar los fondos del depósito. Por ejemplo, el propietario puede utilizar el depósito para cobrar cualquier costo de los arreglos necesarios al finalizar el contrato, pero el inquilino no puede usarlo para pagar el último mes de su alquiler.
- El proceso para devolver los fondos y detallar cualquier deducción debido a los arreglos realizados, etc. El costo de los arreglos sólo se justifica si son provocados por el inquilino, más allá del **uso normal de la propiedad** (**NORMAL WEAR AND TEAR**). Las leyes estatales establecen cuándo el propietario debe devolver el depósito al inquilino, pero normalmente lo debe hacer dos o tres semanas después de que el inquilino se haya mudado de la vivienda.
- Los **recargos fijos** (**NON-REFUNDABLE FEES**), como por ejemplo, la porción del depósito que el propietario tiene derecho a utilizar para limpiar y fumigar debidamente un apartamento donde el inquilino ha mantenido mascotas.

En caso de que el propietario se niegue a devolverle el depósito (una situación que, lamentablemente, se presenta con mucha más frecuencia de la debida), usted puede apelar ante los **tribunales dedicados a resolver las pequeñas disputas** (**SMALL CLAIMS**

COURTS). Vea cuáles son sus opciones en este sentido (Capítulo 31, página 400).

LOS RECARGOS AL FINALIZAR EL CONTRATO

Si usted se muda de la vivienda al final del contrato, el propietario –por ley– le debe devolver el depósito o garantía entregado inicialmente (a la firma del contrato), pero –insistimos– la ley le permite deducir los gastos que exceden lo que se considera "uso normal de la propiedad". Para evitar disputas que puedan surgir en el último momento,

■ es necesario que usted tome las debidas medidas preventivas antes de tomar posesión de la vivienda que va a alquilar.

En algunos casos, el propietario le puede ofrecer una lista en la que se detalle el estado del apartamento en el momento de firmar el contrato. Asegúrese de que esta lista no contiene errores, y guarde una copia después de que usted y el propietario la certifican. No obstante, considere que en la mayoría de las ocasiones, este tipo de lista no le va a ser ofrecido. Como –en términos generales– la demanda de viviendas en los Estados Unidos es superior a la oferta, no hay otra alternativa que aceptar la situación... pero tomar medidas de protección.

Si el propietario no le ofrece este tipo de lista (afortunadamente, algunos Estados la exigen), insista en revisar la condición de la vivienda, conjuntamente con el propietario (o su representante autorizado). Mencione por escrito cualquier problema o desperfecto en la vivienda que detecte durante la inspección, y exija que el propietario los corrija o que reconozca que la situación existía antes de usted mudarse. Una vez que usted y el propietario firmen el documento, guarde una copia (para uso futuro).

Usted también puede documentar el estado de la vivienda antes de mudarse a ella; para ello, lo más efectivo es fotografiar detenidamente toda la vivienda, enfatizando los desperfectos que haya podido encontrar (fotografíelos de cerca). Asegúrese de que las fotografías certifiquen la fecha (generalmente aparece en el margen o por detrás de la foto, al ser revelada). Guarde una copia de las fotografías conjuntamente con sus documentos de alquiler de la vivienda.

ALQUILAR UN APARTAMENTO (O CASA)

La lista a continuación ofrece ejemplos del deterioro que la ley considera como **NORMAL WEAR AND TEAR** que forma parte de la responsabilidad del propietario:

■ Las cortinas que han perdido el color debido a la acción de los rayos del Sol.
■ Las manchas de agua en el piso, próximas a la ducha.
■ Pequeñas marcas en las paredes.
■ Pequeñas hendiduras en las paredes debido al pomo (handle) de las puertas.
■ Acumulación moderada de polvo o alguna mancha en las alfombras (no provocadas por las mascotas).
■ Algunos huecos causados por clavos utilizados para colgar pinturas o fotografías.
■ El desgaste de una pequeña alfombra.
■ Las puertas de los gabinetes que no cierran debidamente.
■ El secador de ropa que no calienta lo suficiente (porque el termostato dejó de funcionar).

La lista a continuación ofrece ejemplos del deterioro que la ley considera que forma parte de la responsabilidad del inquilino:

■ Las quemaduras de cigarrillos que se hallan producido en las alfombras o en las cortinas.
■ Las lozas rotas en el baño.
■ Los huecos de mayor envergadura en las paredes.
■ Las puertas desprendidas de las visagras.
■ Las roturas en las alfombras.
■ Las manchas provocadas por las mascotas.
■ El daño debido al goteo de agua como consecuencia de las plantas colgantes.
■ Las bañaderas y los inodoros demasiado sucios.
■ El inodoro que no funciona debido a una obstrucción.

Las leyes que regulan las responsabilidades del inquilino y del propietario sobre los arreglos del apartamento durante el plazo del contrato, varían de acuerdo con el estado de su residencia. Es preferible que el contrato especifique detalladamente las responsabilidades para evitar las malas interpretaciones.

CAPITULO 7

AL COMPRAR SU PRIMERA CASA, ¡CUIDADO!

El sueño dorado de todos los que formamos parte de la sociedad norteamericana es llegar a ser propietario de la casa donde vivimos. Es un sueño que millones de personas han logrado realizar, algunos con la ayuda económica que le brindaron sus padres o abuelos, y otros después de trabajar con mucho esfuerzo por varios años, ya que llegaron de sus países de origen con pocos recursos monetarios.

Posiblemente, la compra de una residencia representa la inversión más importante que usted pueda hacer en los Estados Unidos. Es una transacción compleja, como lo requiere un compromiso financiero de tanta envergadura, y debido a ello es necesario estudiar con gran detenimiento los diferentes aspectos del proceso para proteger nuestros intereses y garantizar nuestra satisfacción con el nuevo hogar.

Con este propósito en mente, en este capítulo analizaremos –en detalle– los siguientes factores asociados con la compra de su casa:

■ Los **derechos civiles** (**CIVIL RIGHTS**) que protegen a todos los residentes de los Estados Unidos.

- Las necesidades de su familia y las características que debe tener su "casa ideal".
- Las **hipotecas** (**MORTGAGES**).
- La selección de un **corredor de bienes raíces** (**REAL ESTATE AGENT**) que le facilite la negociación de la transacción.
- La **evaluación económica** (**HOME APPRAISAL**) y la **inspección física** (**INSPECTION**) de la residencia.
- La selección de un **abogado** (**LAWYER**) para que asuma la responsabilidad de todo el proceso legal para comprar la residencia.
- El **cierre de la transacción** (**CLOSING** o **SETTLE-MENT**).

LOS DERECHOS CIVILES

La sociedad norteamericana refleja las culturas diversas de sus residentes.

¿QUE HACER SI SOSPECHA QUE HA SIDO VICTIMA DE LA DISCRIMINACION?

El departamento federal que se ocupa de resolver los conflictos en casos de discriminación con respecto a la vivienda se conoce por las siglas **HUD (HOUSING AND URBAN DEVE-LOPMENT)**. **HUD** mantiene oficinas en cientos de ciudades en los Estados Unidos, y sus empleados le ayudarán a llenar los formularios necesarios para establecer su caso legal. Los servicios son absolutamente gratuitos, y **HUD** le proporcionará los servicios de un intérprete (si lo necesitara), material en braille (para las personas sin vista), y todo tipo de asistencia.

Una vez que usted llene los formularios, **HUD** tomará la iniciativa para investigar su caso y negociará un entendimiento entre usted y la otra persona o compañía. En el caso de que **HUD** determine que existe una violación severa de las leyes, el proceso puede ser referido al Departamento de Justicia de los Estados Unidos.

Usted puede encontrar la dirección y el teléfono de la oficina del **HOUSING AND URBAN DEVELOPMENT (HUD)** que le resulte más accesible en la guía telefónica.

Quizás en ningún otro país se mezclen con tanta viabilidad los inmigrantes (y los descendientes de inmigrantes) de todas las regiones de la Tierra. No obstante, debido a la condición humana, la historia de los Estados Unidos revela múltiples episodios de discriminación entre los diferentes grupos étnicos, una situación que aún persiste, a pesar del volumen enorme de legislación que ha sido aprobado por las agencias federales para evitar todo tipo de discriminación por motivo de raza, sexo, religión, y preferencia sexual.

En las ultimas décadas, tanto el gobierno federal como los gobiernos estatales y locales, han tomado medidas legales muy importantes para proteger a los residentes de los efectos de la discriminación. La **Ley de**

AL COMPRAR SU PRIMERA CASA, ¡CUIDADO!

la **Vivienda Justa** (**FAIR HOUSING ACT**) es una ley federal que prohibe la discriminación de los individuos en el área de los bienes raíces debido a:

- La raza o el color de la piel.
- El país de origen.
- La religión.
- El sexo (hombre o mujer).
- El estado civil (soltero, casado, divorciado, embarazada, con niños menores de 18 años, etc.).
- La minusvalía o incapacidad física.

La **Ley de la Vivienda Justa** cubre a la mayoría de las viviendas, excepto:

- Los edificios de menos de cuatro unidades, ocupados por el dueño.
- Las casas individuales cuya compra o venta se realizaron sin la supervisión de un corredor de bienes raíces.
- Las viviendas administradas por organizaciones cívicas y asociaciones que limitan su uso exclusivo a sus miembros.

En lo que repecta a la compra, venta, y arrendamiento de las viviendas, el **Fair Housing Act** prohibe la discriminación del residente de acuerdo con las normas enumeradas anteriormente. Por ejemplo, nadie le puede negar:

- Acceso a una residencia que esté en venta o disponible para ser arrendada.
- La posibilidad de negociar una transacción de bienes raíces; es decir, hacer una oferta razonable por la casa en consideración (preferiblemente con la asistencia de un corredor de bienes raíces).
- Acceso a las listas de bienes raíces en venta en una comunidad.
- Obtener una hipoteca (si cumple los requisitos financieros establecidos) o alterar las condiciones de la hipoteca (si lo estimara conveniente o necesario).

En los casos de minusvalía, usted tiene el derecho de realizar ciertas modificaciones en la estructura de una residencia arrendada para acomodar sus limitaciones, aunque es importante señalar que el dueño puede exigirle –mediante una cláusula en el contrato de arrendamiento–que devuelva la propiedad en su estado original al finalizar el período de

¿COMO DEBE SER SU "CASA IDEAL"?

Anteriormente apuntamos que la compra de una residencia es –posiblemente– la inversión más importante que usted realice, pero no sólo por el valor económico de la transacción, sino porque usted está comprando un hogar, donde va a vivir por algunos años, donde sus hijos van a crecer, y donde tantos recuerdos se van a acumular. Por lo tanto, es muy importante que –antes de comenzar el proceso de compra– usted y su familia reflexionen un poco sobre sus necesidades en lo que se refiere a una residencia, no tan sólo las necesidades inmediatas, pero también las que se van manifestando con el paso del tiempo.

Entre los factores que usted debe considerar para definir su "casa ideal" se encuentran las siguientes:

■ ¿Cuántos dormitorios necesita? Probablemente uno para usted y su cónyuge... Pero, ¿cuántos niños tiene? ¿Qué edad tienen? Es posible que –si son pequeños– puedan compartir un dormitorio, pero ¿será eso posible cinco años después?

■ ¿Cuántos baños necesita? Trate de visualizar la situación por la mañana, cuando varias personas necesiten el baño antes de comenzar el día.

arrendamiento acordado.

La lista es mucho más extensa, pero mantenga presente:

■ Si por algún motivo sospecha que es víctima de la discriminación (cualquier tipo de discriminación), las leyes de los Estados Unidos lo protegen y usted tiene todo el derecho a reclamar que la justicia se imponga en su caso.

LAS HIPOTECAS (MORTGAGES)

Es imposible detallar todas las circunstancias que usted debe considerar

- ¿Necesita una cocina grande?
- ¿Cuántos automóviles tiene? ¿Necesita un garaje con capacidad para almacenar algunas cosas?
- ¿Le complace invitar a sus amistades frecuentemente? ¿Dónde las podría entretener?
- ¿Necesita un patio grande para que sus hijos jueguen?
- ¿Le gustaría trabajar en el jardín?
- ¿Recibe visitas de familiares o amigos que necesitan un lugar para dormir?

Seguramente usted podría formular numerosas preguntas adicionales para incluir todas sus necesidades. Pero también debe considerar otros factores, como las características del área donde le gustaría vivir (colegios para los niños, proximidad a vías de comunicación y medios de transporte público, ubicación de centros comerciales, etc.). Por ejemplo:

- Vivir en una zona rural, en un suburbio, o en un área metropolitana.
- El acceso a un sistema de transporte público.
- La calidad del sistema educacional.
- La probabilidad de la apreciación en el valor de su propiedad.
- El nivel de los impuestos sobre la propiedad.

antes de comprar una residencia, pero el nivel de la hipoteca que usted puede asumir, de acuerdo con sus ingresos, sin duda limita sus opciones, y quizás sea necesario reevaluar sus prioridades.

¿COMO DETERMINAR EL NIVEL DE LA HIPOTECA QUE USTED PUEDE ASUMIR?

Para facilitar el proceso de la compra de una residencia, le recomendamos que:

- Determine el nivel de hipoteca que sus ingresos le permiten asumir antes de comenzar la búsqueda.

Las instituciones bancarias adoptan sus propias reglas para financiar una hipoteca, y frecuentemente, el cliente estima que puede comprar una propiedad de mayor valor de la que su situación económica realmente le permite.

Aunque los bancos mantienen alguna flexibilidad para acomodar situaciones especiales, usted debe satisfacer la regla que se conoce como el **28/36**. Esta regla sugiere que:

- Una familia puede dedicarle un máximo de **28%** de los ingresos brutos mensuales a los gastos de la vivienda, incluyendo el pago mensual de la hipoteca, los impuestos, y el seguro sobre la propiedad.
- Al mismo tiempo, todos los gastos mensuales relacionados con el crédito (incluyendo los gastos de la propiedad que enumeramos anteriormente, y otras deudas, como el préstamo para comprar un automóvil, las tarjetas de crédito, etc.), no pueden exceder el **36%** de los ingresos brutos mensuales.

Para realizar el cálculo, debe tener una idea de lo que cuesta un seguro y el **impuesto sobre la propiedad promedio** (**AVERAGE REAL ESTATE TAX**) en el área en la que está interesado. Consulte con un oficial de su banco para que le ayude a estimar –de acuerdo con la tasa de interés que predomina en el mercado en ese momento– el nivel máximo de la hipoteca que usted puede asumir. Si usted tiene también deudas adicionales, es importante que se lo comunique al oficial del banco para que éste le confirme que usted cumple con el requisito del **36%** mencionado.

La cifra que el banco le puede estimar, desde luego, es flexible… pero por lo menos le permite comenzar el proceso de la compra de una residencia con una idea del valor máximo de las propiedades que realmente están a su alcance. Es importante enfatizar que es posible aumentar el nivel de la hipoteca que sus recursos le permiten asumir mediante las sugerencias que detallamos a continuación:

- La **tasa de interés** (**INTEREST RATE**) depende del banco (con ciertos límites, por supuesto). Es posible que usted pueda obtener una tasa más baja si consulta con diferentes instituciones financieras.

AL COMPRAR SU PRIMERA CASA, ¡CUIDADO!

■ Ofrezca una suma mayor como **entrada** (**DOWN PAYMENT**).

■ El gobierno federal ofrece préstamos más flexibles (y con una *entrada* más baja) mediante el llamado **FHA** (**FEDERAL HOUSING ADMINISTRATION**), una división del **HUD**. Su banco le puede indicar si usted reúne los requisitos necesarios para recibir el préstamo del **FHA**.

■ Si usted es un veterano de las fuerzas armadas de los Estados Unidos, es posible que sea elegible para obtener un préstamo mediante el **VETERANS ADMINISTRATION** (**VA**), una agencia del gobierno federal que ofrece facilidades de préstamos a los militares.

■ Existen tipos de hipotecas que le permiten pagar una tasa de interés más baja durante los primeros años, pero que aumentan después de cierto tiempo, de acuerdo con las condiciones del mercado. Supuestamente, sus ingresos aumentan al mismo tiempo, y le permiten pagar un interés más alto (lea **TIPOS DE HIPOTECAS** a continuación).

LOS DISTINTOS
TIPOS DE HIPOTECAS

Los bancos han diseñado una variedad de hipotecas que se ajustan a las diferentes necesidades del mercado norteamericano. ¿Cuál es la que mejor le conviene? La respuesta depende de la situación particular de cada familia. No obstante, es fundamental señalar que existen dos categorías de hipotecas:

■ Las que mantienen la misma tasa de interés durante el plazo del contrato (**FIXED-RATE MORTGAGES**), y

■ las que permiten ajustes en la tasa de interés periódicamente (**ADJUSTABLE-RATE MORTGAGES**).

También debemos definir un concepto que forma parte del proceso de negociación de una hipoteca: los llamados **puntos** (**POINTS**).

■ Los puntos representan el pago de un recargo (un **punto** es equivalente a un 1% del total de la hipoteca).

Como los pagos de la hipoteca son más bajos –al cabo de unos años, dependiendo del número de *puntos* y de la reducción en la tasa de interés– es posible "recuperar" el pago inicial, y desde ese momento en adelante, se ahorra la diferencia en los intereses por el resto del contrato de financiación firmado.

■ Las **hipotecas con el interés fijo** son más atractivas para las personas que piensan vivir en la residencia por varios años, y que prefieren la continuidad en el nivel de los pagos durante el plazo del contrato. Los *puntos,* si dispone del suficiente efectivo, le permiten negociar un tasa más baja con el banco. Este tipo de hipotecas se pueden obtener con términos de 15 y 30 años (en general).

■ Si piensa cambiar de residencia en unos pocos años, quizás la **hipoteca de interés variable** represente una mejor alternativa, ya que estas hipotecas ofrecen un interés más bajo durante los primeros años (el término lo especifica el banco, pero por lo general son 5 años). Las *hipotecas variables* se pueden negociar con diferentes términos. Por ejemplo, algunas permiten solamente un ajuste en la tasa de interés después de 5 ó 7 años; otras permiten el ajuste todos los años, siempre que no excedan un límite especificado en el contrato. La "mejor opción" depende de lo que usted estime sobre el movimiento de la tasa de interés en el mercado financiero, además de su tolerancia personal al riesgo.

¿COMO SOLICITAR LA HIPOTECA?

El **formulario de solicitud para la hipoteca** (**MORTGAGE APPLICATION FORM**) es el documento más importante que usted va a completar en el proceso para comprar su residencia. Como usted nunca va a tener contacto personal con las personas que decidirán el mérito de su capacidad de cumplir con los pagos del préstamo, la información que provee mediante esos formularios es su única comunicación con ellas.

Los formularios son extensos, y requiere que usted provea algunos documentos (como una copia del recibo de sus ingresos y de su declaración anual de los impuestos al gobierno federal), además de una lista de todas sus pertenencias (cuentas de banco, propiedades, etc.), así como sus deudas (tarjetas de crédito, préstamos obtenidos, etc.). De acuerdo con su situación personal, es posible que el banco le exija algún tipo de información adicional (como por ejemplo, detalles del impacto económico de un divorcio previo).

Considere:

■ El proceso de evaluación de su formulario puede tomar hasta un mes y medio, debido a que la información que usted haya ofrecido debe ser corroborada meticulosamente por el banco, y varios oficiales deben dar su aprobación a la hipoteca solicitada.

■ Una vez que el formulario es aprobado, usted recibirá copias de algunos folletos editados por el gobierno federal detallando sus derechos legales, además de la documentación del banco indicando la programación de los pagos mensuales. Otro folleto le describirá el proceso de **cierre** (**CLOSING**) y los **costos** que deben ser cubiertos durante esa transacción (**CLOSING COSTS**), además de un **estimado de buena fe** (**GOOD FAITH ESTIMATE**) de esos costos.

Cuando el banco haya aprobado su solicitud, usted puede **asegurar la tasa de interés que el banco le ofrece** (**LOCK IN RATE**), o puede esperar por un período de tiempo antes del cierre, aprovechando la posibilidad de que la tasa de interés en el mercado sea más favorable para usted en ese momento. El banco le especificará la fecha final para finalizar el acuerdo sobre la tasa de interés que regirá su hipoteca.

¿COMO SELECCIONAR UN CORREDOR DE BIENES RAICES? (REAL ESTATE AGENT)

Una vez que usted haya escogido la comunidad donde va a establecerse, después de asegurarse de que tiene acceso a un nivel de hipoteca compatible con los precios promedios de las residencias en ese lugar, el próximo paso en el proceso de compra es:

■ Seleccionar un corredor de bienes raíces que le facilite la búsqueda.

Un buen corredor conoce íntimamente la comunidad que usted prefiere, las casas en venta y su historial previo, los beneficios y las desventajas de ciertos barrios, etc. En fin, el corredor de bienes raíces es un instrumento indispensable para encontrar su "casa ideal" a un precio accesible.

No obstante, en todas las comunidades trabajan cientos de corredores, y es muy importante seleccionar el que mejor se ajuste a su situación en particular. Considere las siguientes sugerencias que hemos preparado para ayudarle en este proceso:

■ Seleccione un corredor que represente estrictamente al comprador (**BUYERS AGENT**). Aunque el costo del corredor lo paga siempre el vendedor de la residencia, algunos agentes representan al comprador y al vendedor al mismo tiempo. Es preferible que obtenga la asistencia de un corredor que lo represente únicamente a usted, ya que de esta manera se evita cualquier conflicto de intereses.

■ Estudie cuidadosamente la experiencia previa del corredor. El negocio de bienes raíces atrae a muchos individuos que solamente trabajan parte del tiempo, o que comienzan una segunda carrera después de jubilarse, los cuáles carecen de la experiencia necesaria (aunque tengan las licencias estatales necesarias para ejercer su profesión). Considere que un corredor debe tener un mínimo de dos años de experiencia, trabajando 40 horas a la semana por 50 semanas al año, para familiarizarse con las complejidades del mercado de los bienes raíces.

■ Pregúntele al candidato sobre los estudios que ha realizado para vender bienes raíces. Los requisitos legales para adquirir el título de corredor varían según el Estado donde ejerce su profesión, y con frecuencia son mínimos. Los corredores acreditados por el **GRI** (**GRADUATE, REALTORS INSTITUTE**) han recibido instrucción extensa y han sido sometidos a una serie de exámenes rigurosos. Generalmente, estos corredores añaden las siglas **GRI** después de su nombre en las tarjetas de negocio.

■ Entreviste a un mínimo de tres corredores, después de haberlos seleccionados aplicando los requisitos que mencionamos anteriormente. Busque un candidato que se acople a su personalidad, que esté dispuesto a escuchar sus deseos y necesidades, y que le proponga un plan concreto para facilitar el proceso de la compra de la residencia.

COMO TRABAJAR CON EL
CORREDOR DE BIENES RAICES...

Una vez que usted seleccione el corredor con quien va a trabajar, no se olvide de las siguientes recomendaciones:

■ No se deje intimidar si la conversación con el corredor incluye demasiados términos técnicos que usted desconoce. Simplemente haga una pausa, y pídale que le aclare cualquier concepto que haya quedado confuso en la conversación.

■ Después de visitar las primeras dos o tres casas, explíquele al corredor –con detenimiento– cuáles son sus impresiones. Por ejemplo, descríbale con detalle los factores que le agradaron y los que considera negativos en cada casa. El intercambio de ideas después de las primeras visitas es muy valioso para el corredor, y le permitirá tomar en cuenta sus consideraciones al planificar las próximas visitas.

■ Durante el proceso de visitar diferentes casas, con mucha frecuencia la familia hace pequeños ajustes en lo que consideran como una "casa ideal". Una vez que seleccionen la residencia que desean comprar, extiéndale una oferta razonable al vendedor, siempre a través del corredor. Generalmente, la primera oferta debe oscilar entre el 90% y el 95% del precio de lista, pero el corredor le puede ofrecer recomendaciones adicionales. El vendedor puede rechazar la oferta o hacerle una contraoferta. El proceso puede tomar un par de ciclos hasta que las dos partes lleguen a un acuerdo. El acuerdo debe incluir una lista de la propiedad personal que el precio incluye (refrigerador, lavaplatos, etc.), y la fecha aproximada en que la transacción debe ser realizada.

LA EVALUACION ECONOMICA
(HOME APPRAISAL)
Y LA INSPECCION FISICA DE LA
CASA QUE ESTA COMPRANDO...

El corredor le preparará una oferta formal al vendedor reflejando todas las condiciones del acuerdo, pero siempre se le añade una cláusula que subordina la oferta a la realización de una inspección física de la propiedad en consideración. Usted puede contratar a su propio inspector (existen

¿COMO ELEGIR EL ABOGADO?

La compra de una residencia es compleja, y los documentos legales que la acompañan son numerosos. Contratar un abogado es algo muy importante, y muchos Estados lo requieren para su protección. El corredor de bienes raíces o algún familiar o amigo pueden recomendarle un candidato, pero antes de seleccionar el abogado, considere los factores a continuación:

■ Determine si el abogado tiene experiencia en la compra de bienes raíces.

■ Especifique los servicios que el abogado le ha de prestar y las tarifas que le cobrará.

■ Confirme que el abogado le va a acompañar al **cierre** (**CLOSING**) de la transacción.

numerosas agencias que realizan estas funciones, las cuales se encuentran en las páginas amarillas de la guía telefónica de la ciudad donde resida), pero por lo general el corredor le puede recomendar uno.

El inspector le preparará un documento detallando la condición física de la propiedad en consideración, y señalando las áreas que usted debe reparar o que necesitará mejorar en un futuro cercano. Por ejemplo, la inspección puede descubrir que en la residencia hay termitas, una situación que requiere atención inmediata. También pudiera señalarle que el calentador de agua necesitará ser reemplazado durante los próximos dos años, o que el techo no se encuentra en condiciones óptimas.

De acuerdo con los resultados de la inspección, usted debe negociar con el vendedor –a través del corredor de bienes raíces– para que se realicen las reparaciones que usted considere necesarias, hasta que lleguen a un nuevo acuerdo.

Por otra parte, el banco que le va a financiar la hipoteca que usted ha solicitado requiere que un **tasador** (**APPRAISER**) independiente determine el valor de la propiedad bajo consideración en el mercado, para confirmar que la inversión es sólida. El corredor le puede recomendar un tasador profesional, o usted puede contratarlo independientemente.

EL PROCESO DEL "CIERRE" (CLOSING o SETTLEMENT)

El llamado *cierre* representa la culminación de un proceso largo y tedioso, cuando finalmente se firman todos los documentos legales que certifican la transacción y cuando se transfieren los fondos monetarios a las partes que les corresponden:

■ Generalmente, el banco que financia la hipoteca establece la fecha de la transacción, y previamente le comunica al comprador y al vendedor, mediante un documento de dos páginas llamado **declaración del cierre** (**SETTLEMENT STATEMENT**), todos los costos y las transferencias de fondos necesarias para la transacción.

■ El banco le indicará la cantidad exacta de dinero que usted debe llevar al *cierre* por medio de un **cheque certificado** (**CASHIER'S CHECK**).

Los costos típicos que se detallan en la *declaración del cierre* son los siguientes:

■ **La comisión de los corredores de bienes raíces.** El documento especifica cómo se calculó esa cifra, y cómo se divide la comisión entre ellos (si han intervenido dos o más corredores).

■ **Los recargos del banco.** Esta cifra incluye los *puntos* que el banco cobra por la hipoteca, y los varios recargos (detallados) por realizar algunos servicios (la evaluación económica y la inspección física de la propiedad, el reporte de crédito, la aplicación para el seguro de la hipoteca, etc.).

■ Los pagos al banco por adelantado. Estos incluyen el interés de la hipoteca por un período de tiempo, la prima de la póliza para asegurar la hipoteca, y las primas para los **seguros contra los riesgos** (**HAZARD INSURANCES**).

■ Los depósitos que el banco administra, incluyendo los impuestos sobre la propiedad, los seguros de riesgos, el seguro de la hipoteca, etc.

■ Los recargos del título de la propiedad, incluyendo el recargo del *cierre,* la investigación del **registro de la propiedad** (o **título**), para determinar si existen reclamaciones previas sobre la propiedad, etc.

■ Otros recargos que cubren los **costos del gobierno (RE-CORDING AND TRANSFER FEES**), del agrimensor (**SURVEY COSTS**), etc.

Los documentos que se firman durante el *cierre* son muy numerosos, por lo que es esencial que su abogado le acompañe para que le aclare cualquier duda que surja durante el proceso. Al finalizar de la transacción, usted recibirá una copia de todos los documentos firmados (los cuales debe mantener en un lugar seguro, en su totalidad), y la llave de su nueva propiedad. ¡Felicidades!

INFORMACION IMPORTANTE EN EL MOMENTO DE MUDARSE A SU NUEVA CASA

Una de las prioridades al mudarse a una nueva residencia es establecer el **servicio eléctrico (ELECTRIC SERVICE)**, y el **servicio de agua y alcantarillado (WATER AND SEWER SERVICE)**. En la mayoría de los Estados:

■ El **servicio eléctrico** lo suministra una compañía privada que el gobierno local regula y controla mediante una **comisión pública (PUBLIC SERVICE COMMISSION)**,

■ mientras que el **servicio de agua y alcantarillado** es casi siempre parte de la estructura municipal (pública).

Una vez que usted haya seleccionado su nueva residencia o apartamento, comuníquese con la *compañía del servicio eléctrico* local (por teléfono o personalmente) y el representante le explicará el proceso para establecer el servicio. Lo más probable es que le exijan un depósito, cuyo nivel puede variar de acuerdo con su situación personal, antes de iniciar el servicio. También es posible que la compañía le pida algún documento que demuestre dónde trabaja (una carta, generalmente). El proceso es más fácil si usted ha pagado por el *servicio eléctrico* en una jurisdicción anterior (por ejemplo, le pueden reducir el deposito).

Establecer el *servicio de agua y alcantarillado,* aunque lo ofrece el gobierno local, requiere un proceso similar. Consulte –por teléfono o personalmente– con el **Departamento del Servicio de Agua (WATER UTILITY DEPARTMENT)** en la ciudad donde resida, y el representante le indicará los documentos que debe presentar y requisitos a cumplir para establecer el servicio. Lo más probable es que le exijan una suma de depósito, así como algún documento que muestre su lugar de trabajo.

CAPITULO 8

¿COMO (Y CUANDO) REFINANCIAR UNA HIPOTECA?

Supongamos que ya usted es un feliz propietario de la casa donde vive, y todos los meses le remite al banco –en la fecha indicada– el pago por la hipoteca (para amortizar capital e intereses). En una reunión social, un amigo le explica que acaba de **refinanciar** su casa y que, como resultado, paga una mensualidad más baja... Pero, además, la transacción no le costó ni un solo centavo. La conversación le recuerda que últimamente ha notado muchos anuncios en el periódico exhortándolo a que **refinancie** su hipoteca, cada uno celebrando los beneficios que le ofrece esta operación.

¿En qué consiste el **refinanciamiento de una hipoteca (MORTGAGE REFINANCING)**? ¿Es verdad que se podría ahorrar dinero? ¿Existen otras razones –además de una posible reducción en la mensualidad a pagar– que justifiquen *refinanciar* la hipoteca?

En este capítulo vamos a explorar –con detalles– el proceso de *refinanciamiento,* para darle la oportunidad a que usted determine si es algo que le conviene en este momento, o quizás en el futuro, cuando las condiciònes sean más propicias.

¿COMO REFINANCIAR UNA HIPOTECA?

¿EN QUE CONSISTE EL REFINANCIAMIENTO?

El *refinanciamiento* de una hipoteca consiste en:

■ Pagar la deuda contraída al comprar su casa en su totalidad, y solicitar un nuevo préstamo para financiar la misma propiedad.

Esto quiere decir que usted debe repetir todos los pasos que culminaron con la compra de la casa por primera vez, desde llenar una solicitud en el banco, hasta firmar la serie de documentos legales durante el *cierre* de la transacción.

¿CUALES SON LAS RAZONES QUE JUSTIFICAN REFINANCIAR UNA HIPOTECA?

Varias razones pueden motivar a un individuo a refinanciar una hipoteca:

■ **Reducir la tasa de interés.** La *tasa de interés de la hipoteca,* como hemos señalado con anterioridad, oscila dependiendo de las condiciones en el mercado monetario. Es posible que cuando usted compró la propiedad, la *tasa de interés* que prevalecía en ese momento era el 9%, Quizás el mercado ahora refleje una tasa de 6% (o sea tres puntos más bajos), lo que significa que una nueva hipoteca le resultaría en una mensualidad (en intereses) mucho más baja.

■ **Reducir el plazo de la hipoteca.** Si la *tasa de interés* ha bajado notablemente, y su hipoteca se extendió originalmente por 30 años (**FIXED RATE MORTGAGE**), quizás pueda aprovechar de las condiciones más favorables para convertir la hipoteca a una por 15 años. La operación le permitiría pagar por su propiedad con anticipación, ahorrándose una gran cantidad de intereses, mientras que es muy posible que la mensualidad se mantenga en el mismo nivel.

■ **Cambiar el tipo de la hipoteca.** Si su hipoteca es variable, la *tasa de interés* asciende después de los primeros años, según lo especifica el contrato firmado inicialmente. Una reducción en la *tasa de interés* puede que justifique cambiar la hipoteca al tipo de interés

119

fijo, y de este modo prevenir un ascenso en las mensualidades futuras. En el caso inverso, si su hipoteca es de tipo fijo y refleja una *tasa de interés* alta, la reducción en los intereses en el mercado puede justificar cambiarla a una de tipo variable, sobre todo si usted espera mudarse en el futuro cercano.

■ **Retirar el capital acumulado.** Parte de la mensualidad que usted remite mensualmente al banco incluye el pago del capital que el banco le ha financiado mediante la hipoteca. Con el paso de los años, el capital que usted ha pagado, junto con cualquier apreciación en el valor de la propiedad, representa una suma que usted puede recibir al *refinanciar* su hipoteca. O sea, una *tasa de interés* más baja en el mercado le permite hipotecar un valor más alto de la propiedad, y usted recibe una suma de dinero que representa la diferencia, mientras que su mensualidad se mantiene en el mismo nivel. Usted puede utilizar la suma adicional recibida para consolidar deudas, para comprar un automóvil, o para lo que usted necesite.

¿VALE LA PENA REFINANCIAR UNA HIPOTECA?

Como le hemos explicado anteriormente, es posible *refinanciar* una hipoteca motivado por diferentes factores, pero por lo general se trata de una decisión económica:

■ Cuando la economía se encuentra en un ciclo en que las *tasas de interés* están bajando, el número de *refinanciamientos* aumenta notablemente, al igual que los anuncios de los bancos para promover este tipo de operación, ya que más personas serían beneficiadas por el proceso de *refinanciación.*

Debemos recordar que el *refinanciamiento* representa la preparación de una nueva hipoteca, y por tanto, los costos en los que usted incurre pueden ser altos. Es necesario considerar el ahorro que se puede lograr en la mensualidad y pesarlos contra los costos necesarios para preparar la nueva hipoteca. El banco le puede ayudar a calcular el tiempo que le demoraría recuperar los *costos del cierre* mediante una mensualidad más baja. Ahora bien, si usted estima que va a vivir en la propiedad por más tiempo del que calcula el banco, entonces la transacción le ofrece beneficios. Generalmente, un descenso mínimo de 2 *puntos* es necesario para justificar el *refinanciamiento,* pero todo depende de su situación personal y de sus motivaciones.

¿QUE HACER?

■ Consulte primeramente con el banco que le extendió la hipoteca original; como usted es ya un cliente de la empresa, y ha establecido un historial de pagos, lo más probable es que el banco se incline a ofrecerle mejores términos para mantenerlo en su porfolio. Frecuentemente le puede ofrecer una *transacción de refinanciamiento* sin costo alguno, aunque la *tasa de interés* sería un poco más alta de la que el mercado refleja en ese momento. El banco también puede eliminar algunos costos, como la *evaluación económica de la propiedad,* y los *costos del agrimensor* (**SURVEY**). En fin, la institución bancaria o de hipotecas que le ofreció la hipoteca original se encuentra en la mejor posición para ofrecerle una buena oferta.

■ No obstante, si el nivel de competencia en el mercado es intenso, es posible que otro banco le ofrezca aún mejores términos. Muchos ofrecen el *cierre* sin costos, y quizás mantengan una *tasa de interés* más atractiva... Es necesario que usted consulte con dos o tres bancos antes de tomar su decisión. Recuerde también que el tiempo que usted estima que va a vivir en la residencia es un factor fundamental en la evaluación del *refinanciamiento* de la hipoteca.

■ Una ultima advertencia: algunas hipotecas incluyen una cláusula que le impone una penalidad económica (PAYMENT PENALTY) si usted decide pagar el préstamo antes del tiempo acordado en la hipoteca original. Asegúrese de que su hipoteca inicial no incluya ese costo adicional; de ser así, considere si el refinanciamiento vale la pena.

EL PROCESO DEL REFINANCIAMIENTO

El **proceso de refinanciamiento** (**REFINANCING PROCESS**) es el mismo que se emplea para solicitar una hipoteca. Contrate a un abogado para que le proteja sus intereses durante la transacción, pero especialmente en el momento del cierre. El costo del abogado –en una situación de *refinanciamiento*– probablemente sea un poco más bajo que la tarifa que pagó para cerrar la hipoteca original.

CAPITULO 9

¿COMO VENDER SU CASA... Y GANAR EL MAXIMO?

Una de las características más interesantes –y admirables a la vez– de los Estados Unidos es la movilidad de sus residentes; no es de extrañar que en otros países consideren que "los norteamericanos son nómadas" y que inclusive critiquen "el distanciamiento entre los miembros de una misma familia", porque son muchos los factores que influyen para que el residente en los Estados Unidos se mude de un lugar a otro. En el país de las oportunidades, el residente por lo general mejora su situación económica progresivamente, y al cabo de unos años decide cambiar de residencia para vivir con mayor comodidad... en una casa o apartamento más grande, más cómodo, tal vez en otra ciudad o Estado. En este capítulo vamos a explorar el proceso asociado con la venta de una propiedad, cubriendo los tópicos de más importancia:

■ ¿Cuál es el mejor momento para vender una casa o apartamento?

■ ¿Cómo determinar el precio apropiado al vender su propiedad?

■ ¿Es necesario utilizar los servicios de un corredor de bienes raíces y de un abogado?

- ¿Cómo preparar la residencia antes de lanzarla al mercado?
- ¿Cuáles son sus responsabilidades como vendedor de la propiedad?
- ¿Cómo mostrar la residencia durante los fines de semana (**OPEN HOUSE**)?
- ¿Qué impacto puede tener la venta de la casa en sus impuestos sobre los ingresos?

¿CUAL ES EL MEJOR MOMENTO PARA VENDER UNA CASA O APARTAMENTO?

Sin duda, el mejor momento para vender una casa (o apartamento) es cuando se hace evidente que existe un exceso de compradores en el mercado (una noticia que por lo general es divulgada en la prensa diaria, en la sección de FINANZAS de algunos periódicos). Por supuesto, mientras más personas se interesen en su propiedad, más fácil le resultará venderla. Sin embargo, no siempre es posible ofrecer la propiedad en el momento óptimo, ya que muchos de los factores no se encuentran bajo el control del vendedor. Por ejemplo, casi siempre la mejor época del año para vender una casa es durante la Primavera, ya que muchas familias con niños utilizan el final del año escolar para preparar sus mudadas y ubicarse en la nueva residencia antes del comienzo de las clases en el Otoño. Pero otros factores pueden influir en el momento de la venta, de acuerdo con el mercado y el área donde se reside. Por ejemplo:

■ El nivel de la tasa de intereses. Considere que un nivel bajo estimula la compra y venta de las propiedades.
■ La situación económica en el área donde usted reside. Si su comunidad manifiesta una gran actividad económica, más familias se interesarán por vivir en ella.
■ La calidad del sistema escolar en el área donde se halle la casa (o apartamento) es un factor muy importante.
■ Las estadísticas del crimen en el área.
■ La proximidad a los centros culturales y de diversión.

Desafortunadamente, los factores personales –como un divorcio, un cambio de trabajo, o las complicaciones en la salud de un familiar– pueden precipitar la venta de la propiedad en un momento difícil, lo que quizás deprima el precio que normalmente pudiera obtener en el mercado.

¿ES NECESARIO UTILIZAR LOS SERVICIOS DE UN CORREDOR DE BIENES RAICES Y DE UN ABOGADO?

Es posible vender una residencia sin utilizar los servicios de un corredor de bienes raíces, pero –en la mayoría de los casos– no es lo recomendable. El mercado de bienes raíces es complejo, y los corredores, –además de contar con conocimientos y experiencia en el negocio de compra y venta de propiedades– tienen acceso a los sistemas electrónicos que mantienen control sobre el inventario de las residencias en venta en el mercado. Generalmente, los corredores cobran una comisión por sus servicios que oscila entre un 5% y un 7% (debe ser negociado antes de firmar cualquier tipo de contrato, y también especificado en éste), pero la probabilidad de completar la transacción en el menor tiempo posible justifica el costo.

¿COMO DETERMINAR EL PRECIO APROPIADO AL VENDER UNA RESIDENCIA O APARTAMENTO?

Como seres humano al fin, nuestra inclinación natural es exagerar el valor de la propiedad que deseamos vender. Aunque esta reacción es absolutamente normal, en el negocio de compra y venta de propiedades es necesario asignarle a la propiedad un valor justo y que refleje las realidades del mercado en la comunidad en el momento en que se ponga a la venta. Un precio demasiado alto desalienta a los posibles compradores, mientras que un precio muy bajo provoca sospechas respecto a la condición física de la residencia.

La mejor manera de establecer el **precio de venta apropiado** es mediante el análisis de las propiedades similares: los llamados **comparables (COMPARABLES** o simplemente **COMPS)**. Usted puede visitar algunas residencias en venta que sean similares a la suya, o puede leer cuidadosamente los anuncios clasificados en el diario, para más o menos desarrollar una idea de los precios de las casas o apartamentos que se hallan en venta en su comunidad. Pero en nuestra opinión, el corredor de bienes raíces le ofrece la mejor manera de establecer el precio, ya que tiene acceso al resultado de las ventas que han ocurrido en los últimos meses en las áreas próximas a su residencia... y no existe mejor barómetro de los precios que las transacciones consumadas. La mayoría de los corredores ofrecen este servicio totalmente gratis, con la expectativa de que usted los contrate una vez que tome una decisión firme.

Cuando el corredor establezca los precios de las propiedades similares, el precio de su residencia debe reflejar un 10% más alto. Por regla general, los precios tienden a bajar durante las negociaciones de la venta, y un margen de 10% le ofrece cierta protección para obtener la mayor ganancia.

¿COMO ESCOGER A UN CORREDOR DE BIENES RAICES?

Vuelva a leer las sugerencias que detallamos en el capítulo sobre la compra de una residencia (página xxx); los mismos conceptos son aplicables en el momento de vender su residencia (sea casa o apartamento). Cuando entreviste al corredor, pregúntele:

■ ¿Cuántos años lleva trabajando como corredor de bienes raíces?

■ ¿Cuánto tiempo lleva vendiendo casas en la zona donde usted reside?

■ ¿Cuántas residencias vendió el año pasado? ¿Y este año?

■ ¿Cuál es su comisión?

■ ¿Cuáles serían sus planes para vender la propiedad?

■ ¿Está dispuesto a mostrar la casa durante los fines de semana (**OPEN HOUSE**), y lo haría personalmente?

■ ¿Me pudiera dar dos o tres nombres de sus clientes más recientes como referencia?

Utilice las mismas preguntas con los dos o tres corredores que le sugerimos que entreviste antes de tomar una decisión; de esta manera le resultará más fácil comparar las respuestas.

También consideramos que un abogado le ofrece mayor protección a sus intereses durante las negociaciones con el comprador; le representa en el proceso de los **costos del cierre** (**CLOSING COSTS**), y le certifica que los documentos legales están en orden.

¿COMO PREPARAR LA RESIDENCIA ANTES DE PONERLA EN VENTA?

La experiencia nos enseña que los arreglos y los ajustes que le haga a su residencia antes de mostrarla a los compradores potenciales por primera vez, ejercen una influencia poderosa en el precio que eventualmente obtendrá por la propiedad, al igual que en el tiempo que va a tomar realizar la venta. La primera impresión –aun antes de entrar en la residencia– casi siempre determina la inclinación del comprador hacia la propiedad.

Imagínese que usted es el comprador, y estudie su casa con ojos críticos, desde la vista de la propiedad desde la calle, hasta el último detalle cuando abre los **roperos** (**CLOSETS**) en los dormitorios. ¿Qué impresión le da? ¿Está la casa cubierta por un exceso de vegetación? ¿En qué estado se encuentra el exterior de la vivienda? ¿Necesita pintura? ¿Entra claridad en la casa durante el día? Una vez en el interior, ¿es agradable el olor? Estas son solamente algunas de las preguntas que debe formularse a sí mismo antes de decidir si su casa está lista para ser lanzada al mercado... o si su apariencia debe ser modificada.

A continuación le ofrecemos una serie de sugerencias que usted debe considerar seriamente antes de poner su residencia en venta. Algunas requieren pequeños gastos para reparar y mejorar la apariencia de la propiedad, pero le aseguramos que cualquier suma invertida razonablemente le permitirá obtener el mayor dinero en el momento de vender su casa (o apartamento).

■ Despeje el acceso desde la calle hasta la entrada de la residencia. La casa –incluyendo las ventanas– se deben ver sin dificultad desde la calle. Elimine todo el exceso de vegetación, y mantenga el césped debidamente cortado.

■ Pinte el exterior de la propiedad si lo necesita, sobre todo la puerta de entrada y las ventanas que se puedan ver de cerca antes de entrar en la residencia. Reemplace el tirador de la puerta de entrada si el original se ve en mal estado.

■ Pinte las paredes en el interior de la casa (si lo necesitan). Repare cualquier rasgadura en el papel de las paredes (si las paredes están empapeladas).

■ Mantenga las ventanas y las cortinas abiertas para que el interior reciba la luz externa con mayor intensidad. Durante la noche, encienda todas las luces en el interior y en el exterior de la residencia.

■ Repare los pequeños desarreglos en el interior de la casa, desde las puertas que hacen ruido hasta los grifos que gotean.

■ Mantenga las habitaciones despejadas y con un mínimo de obstáculos. Elimine los objetos innecesarios; una mudada es una ocasión ideal para eliminar los trastes que hemos acumulado con el tiempo y que ofrecen poca utilidad.

■ Mantenga la casa lo más limpia posible. Si es necesario, limpie las alfombras (contrate un servicio profesional, accesible a todos los presupuestos).

■ El estado de los baños es muy importante. La bañadera debe estar muy limpia, al igual que el inodoro y el lavabo. Los baños deben mantener un olor fragante y fresco.

■ La cocina es un lugar que las mujeres (sobre todo) van a inspeccionar con cuidado. Limpie bien las hornillas, y despeje los armarios y el área de trabajo.

■ Elimine cualquier elemento que pueda provocar controversia; por ejemplo un afiche con figuras desnudas o mensaje político.

¿CUALES SON SUS RESPONSABILIDADES AL VENDER SU RESIDENCIA?

En los últimos años, el gobierno federal de los Estados Unidos, así como las legislaturas de los Estados, han dictado numerosas leyes para proteger los derechos de los consumidores. En el área de los bienes raíces, las leyes requieren hoy que el vendedor detalle las irregularidades de la propiedad en venta: desde el techo en mal estado, problemas en el alambrado eléctrico, las muertes que han ocurrido en la residencia (en los últimos tres años), y el hecho de que el sótano se inunde cuando llueve, hasta la presencia en el vecindario de un perro que ladra por las noches y robos que se hayan cometido. Los requisitos varían dependiendo del Estado donde se encuentra la propiedad, pero casi siempre es necesario presentarle al comprador un documento en el que se detalla por escrito el estado físico de la residencia.

Aunque no es necesario, algunos vendedores optan por contratar un técnico para que realice una inspección total de la residencia y le presente un reporte profesional sobre su condición. El reporte –además de alertarle sobre algún posible problema existente que usted desconozca– también le proporciona una protección adicional en caso de que se presente un conflicto legal con el comprador. Considere que el corredor de bienes raíces le puede ayudar a cumplir con los requisitos legales establecidos por el Estado donde usted reside.

¿COMO MOSTRAR
LA RESIDENCIA DURANTE LOS
FINES DE SEMANA?

En la mayoría de los casos, el corredor de bienes raíces que usted contrata le avisará cuándo un comprador demuestra interés en visitar su residencia; también los corredores que representan a los compradores pueden hacer lo mismo. Es un proceso que requiere paciencia, y con frecuencia puede interrumpir sus actividades cotidianas.

Otra posibilidad para promover la venta de la propiedad se conoce como el **OPEN HOUSE** (o, literalmente, **casa abierta**). En estas ocasiones –que usualmente se organizan durante los fines de semana– su corredor colocará anuncios en los clasificados de los periódicos locales, informándoles a las familias que buscan una nueva residencia que su casa está en venta y que se puede visitar durante el fin de semana (dentro de determinado horario). Al mismo tiempo, en el frente de su casa, y en las calles inmediatas, el corredor ubica varios carteles que anuncian el **OPEN HOUSE.**

Es importante mencionar que el **OPEN HOUSE** no siempre resulta efectivo, ya que muchas veces atrae a los vecinos curiosos o a personas que no tienen intención en comprar la propiedad, pero siempre estimula el número de personas que visitan su casa-en-venta y que pueden referirla a algún familiar o amigo. Una buena idea para promover la buena voluntad, consiste en preparar unas tarjetas anunciándole a sus vecinos que va a vender su casa, invitándolos a que la visiten durante el **OPEN HOUSE.** Algunos corredores se niegan a participar en actividades de promoción de este tipo, pero usted debe insistir en que se realice por lo menos una o dos veces una vez que su residencia es puesta a la venta.

Cuando algún corredor va a mostrar su residencia, o si usted va a efectuar un **OPEN HOUSE** por su cuenta, considere las siguientes recomendaciones para facilitar la visita:

■ Evite estar presente durante la visita. Es preferible que el comprador se sienta libre de hacerle preguntas al corredor, y su presencia puede inhibir la comunicación. Si usted insiste en estar presente, manténgase alejado de los visitantes y evite establecer una conversación directa con ellos.

■ Si tiene mascotas, sáquelas de la casa, junto con sus recipientes de comida y de agua (durante la visita del comprador).

■ Encienda el radio o el tocadiscos con música clásica (o música suave), siempre a bajo volumen.

■ Poco antes de la visita, hornee un pan o galletitas para que el "olor a hogar", como lo llaman muchos corredores de bienes raíces, prevalezca en la residencia.

■ Ofrézcale al corredor, con anticipación, copias de sus cuentas más recientes del agua y de la electricidad, al igual que los recibos de las reparaciones o mejoras que haya realizado en los últimos meses.

¿QUE IMPACTO PUEDE TENER LA VENTA DE SU RESIDENCIA EN LOS IMPUESTOS SOBRE SUS INGRESOS?

La venta de una residencia puede afectar el nivel de los impuestos sobre los ingresos que usted debe pagar en el año en que se realice la transacción. Las regulaciones sobre los impuestos son muy complejas y van más allá del objetivo de esta publicación, por lo que le sugerimos que consulte con un Contador Público o un experto en esos asuntos. No obstante, tenga presente que:

■ La venta de cualquier propiedad pudiera representar una ganancia económica que debe reportar al **IRS (Internal Revenue Service**) y su análogo en el Estado donde reside.

En general, la ganancia en la venta de la propiedad es equivalente a la diferencia entre el *precio de venta* y el *precio de compra,* pero usted puede reducir esa suma debido a las mejorías que realizó mientras vivía en la residencia (por ello es fundamental guardar los recibos de cualquier obra que se haya hecho en la residencia). Por ejemplo, si reemplazó el aparato de aire acondicionado central, el costo total (incluyendo la instalación) se puede restar de la ganancia.

Las leyes federales (y muchos Estados las han emulado) han sido modificadas recientemente, permitiéndole a un individuo obtener ganancias de $250,000 (en el caso de una familia, la suma asciende a $500,000) sin necesidad de pagar impuestos adicionales, aunque es necesario cumplir con determinados requisitos. Consulte con un profesional para que le analice el impacto de la venta sobre sus impuestos (antes y después de haberse producido ésta). .

AL VENDER SU CASA... ¡PRESTE ATENCION A LOS RECLAMOS (LIENS)!

Los llamados **reclamos** (**LIENS**) en los Estados Unidos son reclamaciones que se le establecen con respecto a una propiedad para la satisfacción de una deuda contraída que aún se mantiene pendiente. Se trata de una ley cuyos antecedentes se remontan a la época de las trece colonias que constituyeron el fundamento de los Estados Unidos, pero que continúa siendo utilizada constantemente, especialmente en lo que a residencias se refiere. Por ejemplo:

■ Si usted rehúsa pagar una deuda contraída, la persona o institución a la que usted le debe el dinero puede establecer un **LIEN** ante los tribunales, en el cual solicita que su deuda sea satisfecha confiscándole una propiedad determinada y vendiéndola. Si existiera alguna diferencia de dinero a su favor entre el precio de venta de la propiedad y el adeudado, esa suma le será entregada.

Hay diferentes tipos de *liens,* y cualquiera de ellos puede afectar el título de la propiedad sobre la cual se ha hecho el reclamo. Por ejemplo, los llamados **reclamos de construcción** (**CONSTRUCTION LIENS**) pueden ser establecidos si un contratista (o subcontratista, o proveedor de materiales, por ejemplo) que ha trabajado en su residencia no ha sido recompensado por la suma estipulada inicialmente (y por usted aceptada) por su trabajo. Si el *reclamo* establecido contra la propiedad es mantenido, y registrado en la agencia gubernamental adecuada (generalmente la oficina del **Secretario de la Corte** o **COUNTY CLERK**), puede activar su embargo o incapacitar al propietario para venderla sin antes satisfacer la deuda pendiente.

Los *reclamos* también son establecidos muchas veces en situaciones de divorcio. Si un matrimonio posee una propiedad determinada, y se divorcia, los tribunales le otorgarán a uno de los miembros de la pareja la autorización para permanecer en la casa. No obstante, en el momento en que esa propiedad sea vendida, el ex cónyuge co-dueño de la propiedad deberá recibir el 50% del valor de la venta de la misma. En esos casos, lo usual es que el decreto de divorcio ya establezca un *lien* del cónyuge para la seguridad de que la suma por la venta de la casa será compartida.

CAPITULO 10

EL SERVICIO TELEFONICO EN LOS ESTADOS UNIDOS

Por más de setenta y cinco años, el gobierno federal de los Estados Unidos designó el servicio telefónico como un "monopolio natural" (como se le llamó oficialmente); es decir, las características de la industria no permitían la coexistencia de empresas competitivas. Por lo tanto, las leyes federales le otorgaron el derecho de monopolio a la compañía **AT&T**, que en aquel momento dominaba el 80% del mercado. Para equilibrar el inmenso poder comercial que acompaña a un monopolio que está protegido por la ley, el Congreso norteamericano y las Legislaturas de los Estados al mismo tiempo desarrollaron una estructura reguladora para controlar la calidad del servicio ofrecido por la empresa AT&T, y –aún más importante– el precio que la compañía imponía a los usuarios en las diferentes localidades.

Consecuentemente, por muchos años, la empresa AT&T desarrolló un servicio telefónico que resultó ser un modelo para el resto del mundo:

■ La compañía operaba mediante subsidiarias locales, conocidas como las **Compañías Bell (BELL COMPANIES)** en diferentes

ciudades, Estados, y grupos de Estados.

■ Al mismo tiempo, AT&T producía sus propios equipos: desde el aparato de teléfono en los hogares y los negocios, hasta los sofisticados circuitos que facilitan el tráfico de las llamadas telefónicas.

Durante esos años, establecer el servicio telefónico para el nuevo usuario era muy sencillo; solamente requería comunicarse con la *Compañía Bell* del área donde residía (como por ejemplo, *Southern Bell*, o *New York Telephone*), y un empleado instalaba en su hogar los teléfonos que usted quisiera. Todos los meses recibía una factura por los servicios recibidos: el alquiler de los aparatos de teléfono instalados, las llamadas locales, y las llamadas de larga distancia. Si en algún momento el servicio se interrumpía, el problema se solucionaba rápidamente –sin costo alguno para el usuario– con una simple llamada a la compañía local.

Con los avances tecnológicos que se han alcanzado en los últimos años del siglo pasado, el argumento de que el servicio telefónico es un *monopolio natural* perdió su validez. Poco a poco, las alternativas competitivas se desarrollaban, amenazando con socavar y destruir la estructura reguladora. En el año 1982, para resolver las múltiples disputas legales sobre el futuro de la industria, AT&T y el gobierno federal norteamericano acordaron desmembrar la compañía. Como resultado del acuerdo, y de decisiones posteriores, las siguientes compañías reemplazaron a la empresa AT&T original:

■ El nombre de AT&T permaneció con la parte del negocio dedicada a las llamadas de larga distancia y ofrecer otros servicios de comunicación.

■ Las *Compañías Bell* (con algunas consolidaciones) continuaron ofreciendo el servicio local (tono de discar y las llamadas locales).

■ Una nueva compañía, **LUCENT**, heredó la manufactura de los teléfonos y de los equipos de comunicación que se ofrecen a los usuarios.

■ **NCR**, una compañía que AT&T adquirió posteriormente, recobró su independencia como empresa productora de computadoras.

LA ESTRUCTURA DE LA NUEVA INDUSTRIA

La industria telefónica se encuentra en estos momentos experimentando un cambio estructural profundo, cuyo impacto afectará nuestras vidas de una manera radical. El impacto de los acuerdos tomados en 1982 fue inmediato; para mantener (o establecer) el servicio de teléfonos al que estaban suscritos millones de usuarios, el proceso cambió de la noche a la mañana:

■ El servicio local se mantuvo sin cambios; la *Compañía Bell* de su localidad continuó ofreciendo el tono de discar tradicional y un servicio de llamadas locales.

■ El servicio de larga distancia se volvió muy competitivo y complejo. En la actualidad usted puede escoger una compañía que le permita hacer las llamadas de larga distancia dentro de los Estados Unidos, así como las llamadas internacionales.

■ Hoy, el usuario recibe facturas diferentes por el servicio telefónico local y por el servicio de larga distancia. En algunos casos, si la compañía de larga distancia ofrece la opción, es posible que las llamadas de larga distancia se detallen en la factura del servicio local, permitiendo el pago completo a la compañía local.

■ El usuario también puede cambiar de proveedores de larga distancia fácilmente, lo que ha desatado una campaña de mercadeo incesante, provocando la irritación de muchos.

■ Los aparatos de teléfono se venden en diferentes comercios y ya no se alquilan –como sucedía antes– como parte del servicio local.

■ El usuario es responsable por el mantenimiento de los alambres de la red telefónica en su residencia, así como del aparato telefónico. Esto significa que cuando se presenta un problema en el servicio telefónico, la compañía local le puede cobrar por la visita, y frecuentemente el usuario se encuentra en medio de una disputa entre las diferentes compañías, cada cual señalando a la otra como la causa del problema que se ha presentado.

Pero los cambios no se detienen en lo que al servicio telefónico se refiere:

■ Las compañías provedoras locales pronto podrán ofrecer el servicio de larga distancia.

■ Dentro de poco tiempo, las compañías de larga distancia podrán competir por el servicio local, y –como consecuencia– nada quedará de la estructura original.

■ Al mismo tiempo, las actuales compañías de televisión por cable le ofrecerán una variedad de servicios: desde el tono de discar y de llamadas telefónicas, hasta un servicio de televisión, de Internet, y muchas otras posibilidades.

También es importante tomar en consideración que otras formas de comunicación han aparecido en los últimos años. Por ejemplo:

■ El uso de los **teléfonos celulares** se ha perfilado como una alternativa al teléfono doméstico, ya que representa un servicio similar, y además permite su uso cuando usted se encuentra fuera de la residencia.

■ El uso de los **PAGERS** y **BEEPERS** también ha adquirido gran popularidad en los últimos años.

Es posible que toda esta variedad de servicios y alternativas haga pensar a muchos que se trata de una situación confusa, pero la realidad es que los beneficios que se le ofrecen al consumidor son (y serán) mayores.

COMO ESTABLECER EL SERVICIO DE TELEFONO

Vamos a simplificar el proceso lo más posible, aunque enfatizando que los cambios continúan produciéndose a pasos agigantados. Una vez que usted se instala en una nueva residencia o apartamento, el servicio de teléfono es tan esencial en la vida moderna como el servicio eléctrico. Para establecerlo, considere las siguientes recomendaciones:

1
LOS APARATOS DE TELEFONO

Compre el número de aparatos de teléfono que necesite en la tienda de su preferencia. En la actualidad existen dos tipos de teléfonos en el mercado:

■ El **teléfono portátil** (**CORDLESS PHONE**), que consiste en una *base* o receptáculo, y el teléfono en sí, el cual se puede transportar por toda la residencia porque no requiere cordones. Es importante no confundir el **teléfono portátil** con el **teléfono celular** (**CELLULAR PHONE** o **WIRELESS**), que es más pequeño y es parte de otro servicio de comunicación completamente diferente.

■ El **teléfono con el cordón** (**CORDED PHONE**), que restringe su movilidad debido al cordón que conecta el aparato al servicio telefónico.

Encontrará una variedad extraordinaria de teléfonos en el mercado, y debe comparar los beneficios que cada modelo ofrece.

Casi todas las residencias y apartamentos incluyen uno o más circuitos en la pared donde puede conectar los aparatos telefónicos que requiera. Si necesita circuitos adicionales, la compañía local le puede facilitar la instalación, pero es importante aclarar que este servicio no es gratis. También usted mismo puede instalar el teléfono en su propio hogar si tiene el conocimiento para realizar esta tarea, o puede contratar a un electricista; las partes que necesita para realizar la instalación se encuentran a la venta en muchas tiendas de equipos electrónicos, y los precios son básicamente moderados.

2
EL SERVICIO LOCAL

En la gran mayoría de las ciudades en los Estados Unidos, el servicio local continúa siendo –por el momento– un monopolio protegido por la ley, y para establecer el servicio, debe comunicarse con la **compañía local** en el lugar de su residencia. En algunas regiones ya se permite la competencia en el servicio local, y –por ejemplo– en Nueva York, compañías como AT&T, también ofrecen el servicio local. Investigue sus opciones, y para ello debe llamar a las diferentes compañías que compiten por contarlo entre sus clientes.

El servicio local incluye:

■ El tono de discar.

■ Un programa de llamadas locales. Cada compañía ofrece sus propios programas que se ajustan al nivel de llamadas que usted realiza mensualmente. El programa puede incluir un número de llamadas gratis, y usted paga por cualquier exceso, mientras que otros permiten un número ilimitado de llamadas locales. También es posible extender el área geográfica que define el concepto de lo que la empresa considera que es una *llamada local.*

■ Los servicios adicionales. Además de la capacidad de iniciar y recibir llamadas locales, la tecnología moderna le permite a las compañías locales ofrecer otros servicios, como por ejemplo, el aviso cuando alguien lo llama mientras conversa en el teléfono (**CALL WAITING**), o la capacidad de desviar sus llamadas a otro lugar (**CALL FORWARDING**). También puede solicitar un número de teléfono privado (**PRIVATE NUMBER** o **UNLISTED NUMBER**) que no aparece en la guía telefónica. Consulte las opciones con la compañía que le va a ofrecer el servicio local para que le explique todos los servicios que puede solicitar. Ahora bien, tenga siempre muy presente que ninguno de estos servicios es gratis... ¡todos tienen un costo adicional a lo que pudiera considerarse como servicio básico!

■ El servicio de mantenimiento. Para evitar la responsabilidad de mantener sus propios alambres telefónicos en su residencia, la compañía local generalmente ofrece un programa que le repara cualquier interrupción que se presente en el servicio telefónico. Obtenga toda la información necesaria al respecto.

3
EL SERVICIO DE LARGA DISTANCIA

Numerosas compañías compiten por ofrecerle el servicio de larga distancia. Las tres más importantes son **AT&T**, **MCI**, y **SPRINT**, aunque muchas otras ofrecen el servicio con precios muy atractivos. Debido a la competencia intensa –y a la eliminación del subsidio que los ingresos por servicios de larga distancia ofrecían al servicio local– los precios de la larga distancia (tanto nacional como internacional) han disminuido notablemente en los últimos años. Diferentes acuerdos internacionales entre los gobiernos (en muchos de los cuales los Estados Unidos es signatario) no permiten una reducción mayor en el costo de las llamadas internacionales, pero toda esta situación está cambiando rápidamente.

La realidad es que:

■ Los precios de la larga distancia no varían notablemente de una compañía a otra.

■ Lo que las distingue es el nivel de servicio que cada una proporciona, y los programas de llamadas que cada una confecciona para atraer a los clientes.

Generalmente, la persona que sólo hace dos o tres llamadas de larga distancia cada mes, paga los precios más altos. Pero si usted hace muchas llamadas todos los meses, los programas que cada compañía ofrece le pueden representar grandes descuentos.

Al comparar los precios que cada compañía le ofrece por sus servicios, considere:

■ Si le cobran una suma fija todos los meses como parte de la *suscripción* al programa de descuentos.

■ Considere también si el programa impone restricciones en las horas y los días en que puede llamar con el descuento mayor.

■ Por supuesto, la calidad del servicio, tanto el de la comunicación como el de poder resolver cualquier problema que se le presente en el recibo por servicios que recibirá cada mes.

Tomando en consideración estos elementos, decida cuál es la compañía que considere mejor para que le proporcione los servicios de llamadas de larga distancia.

4
ALTERNATIVAS DE LARGA DISTANCIA

En los últimos años, dos mecanismos nuevos han adquirido gran popularidad para utilizar el servicio telefónico de larga distancia:

■ **El uso de los códigos (DIAL-AROUND CODES).** La tecnología moderna le ofrece la posibilidad de escoger cualquier proveedor del servicio telefónico de larga distancia cada vez que inicie una llamada telefónica. Simplemente marque uno de los numerosos códigos que se anuncian –como **10345**– antes de marcar el número de teléfono al que usted está llamando. El código le permite realizar la llamada mediante la red de la compañía que lo patrocina. Antes de aprovecharse de esta oportunidad, investigue bien todos los detalles de la oferta, ya que es posible que la publicidad le incline a considerar que los precios son muy bajos, mientras que otros cargos adicionales equiparan (y hasta superan) el precio del servicio de larga distancia tradicional.

■ **El uso de las tarjetas pre-pagadas (PREPAID CARDS).** Las **tarjetas pre-pagadas**, como su nombre indica, le permite a la persona que viaja con frecuencia, o que carece de un proveedor de larga distancia, utilizar el servicio en las ocasiones que lo necesite. Los precios son muy competitivos, pero las organizaciones que protegen a los consumidores en los Estados Unidos advierten que se deben tomar ciertas precauciones al comprar estas tarjetas:

(1) Asegúrese de que la tarjeta indique claramente el número de minutos de larga distancia que representa.
(2) Determine si es necesario pagar un sobrecargo para activar la tarjeta.
(3) Determine en qué momento la tarjeta comienza a medir el tiempo (debe ser en el momento en que alguien responde la llamada).
(4) Aclare los detalles de la tarifa por minuto. A veces la tarifa varía según el lugar de origen de la llamada en los Estados Unidos.
(5) Determine si la tarjeta se puede utilizar para las llamadas internacionales y cuál es la tarifa.
(6) Determine si la tarjeta no puede ser utilizada después de cierta

fecha : **fecha de expiración (EXPIRATION DATE)**.
(7) Si la tarjeta es emitida por una compañía que usted desconoce, compre una de denominación baja para comprobar si el servicio es adecuado para sus necesidades.

ALGUNAS INCONVENIENCIAS DE LA ESTRUCTURA ACTUAL

Nunca se olvide de que los cambios que está experimentando la industria de las comunicaciones en los Estados Unidos son beneficiosos para el consumidor: más alternativas, mejores precios, y nuevos servicios... todas estas ventajas son consecuencia del mercado competitivo. No obstante, mientras se establece cierta estabilidad, los cambios pueden provocar algunas inconveniencias, y es importante que usted esté consciente de ellas. Por ejemplo:

1
LAS LLAMADAS DE MERCADEO

Como es muy fácil cambiar de compañía de larga distancia, el **mercadeo (MARKETING)** es intenso, y frecuentemente puede recibir hasta más de una llamada en una noche tratando de que cambie su servicio telefónico a una nueva compañía, diferente de la que usted eligió inicialmente. Es posible que –para convencerlo– le ofrezcan dinero, reembolsos, llamadas gratis, etc., No obstante, es fundamental que usted se mantenga alerta a las restricciones que le pueden imponer (por ejemplo, que le obliguen a mantener el servicio por un año o más).
RECOMENDACION: Es preferible escoger a la compañía que le ofrece el mejor programa de servicio telefónico desde el principio, y olvidarse de las ofertas que pueda recibir (muchas confusas y vagas).

Muchos Estados ofrecen la oportunidad de incluir su nombre y su teléfono en una lista de usuarios que no desean recibir **llamadas de mercadeo (MARKETING CALLS)**. El costo por obtener este servicio es muy económico, y si su nombre se encuentra en la lista y a pesar de ello recibe una *llamada de mercadeo,* puede exigir compensación. Consulte con su compañía de servicio local sobre esta forma de proteger su privacidad y evitar llamadas de este tipo.

2
LOS CAMBIOS IMPREVISTOS EN
EL SERVICIO DE LARGA DISTANCIA

Muchas compañías utilizan sus respuestas durante una *llamada de mercadeo* para cambiarle el servicio de larga distancia, aun cuando usted no lo haya autorizado. Esta conducta es ilegal, desde luego... y usted debe reportar la situación al **FCC (FEDERAL COMMUNICATIONS COMMISSION)** en Washington, D.C. No obstante, la situación se presenta con mucha más frecuencia de la debida, y provoca un nivel elevado de irritación en los usuarios que, sin autorizarlo, comprueban que su proveedor de servicios telefónicos de larga distancia ha cambiado de la noche a la mañana... con todos los inconvenientes que esto puede representar.

Usted puede pedirle a la compañía que le proporciona el servicio local que de alguna manera identifique su cuenta para que no sea posible cambiar de servicio de larga distancia excepto mediante una autorización por escrito. Este servicio es gratis... y le evitará muchos problemas en el futuro.

CONCLUSION

Aunque el servicio telefónico es más complejo hoy que hace sólo unos años, no hay duda de que el consumidor se ha beneficiado con precios más bajos en las llamadas de larga distancia, y con la proliferación de servicios adicionales que le facilitan su estilo de vida en los Estados Unidos. Los cambios continúan produciéndose, y en este sentido es importante observar la siguiente recomendación:

■ Manténgase siempre alerta a las nuevas opciones que puedan surgir con respecto al servicio telefónico, compare las diferentes opciones y ofertas que le puedan presentar, y tome la decisión que considere más adecuada... siempre de acuerdo con sus necesidades personales.

CAPITULO 11

¡AHORRE SU DINERO! ¡SUGERENCIAS QUE LE SERAN MUY UTILES!

No hay duda que el nivel de vida actual en los Estados Unidos es muy elevado y que muchos precios de artículos y servicios pudieran parecer caros, a pesar de que los salarios más altos ofrecen cierta compensación al consumidor. Por otra parte, las empresas compiten intensamente para atraer nuevos clientes, y el consumidor que hábilmente se aprovecha de las oportunidades que se crean como consecuencia de esta competencia, puede reducir sus gastos de manera notable... aplicando la ley de la oferta y la demanda. En este capítulo, no obstante, le mostraremos una serie de estrategias que usted puede adoptar para obtener un mejor rendimiento de sus ingresos en los Estados Unidos. Al mismo tiempo, le señalaremos todos los conocimientos que son necesarios para obtener las mejores ofertas al negociar determinadas transacciones que pudieran calificarse de difíciles (como son la compra y venta de un automóvil o una casa, por ejemplo).

Con ese propósito, hemos compilado una lista de recomendaciones y sugerencias que –sin duda– le ayudarán a sobrevivir en el estilo de vida norteamericano:

EL TRANSPORTE

LAS TARIFAS AEREAS

Las tarifas aéreas en los Estados Unidos responden rápidamente a las fluctuaciones en los patrones de viaje que se manifiestan en el mercado. Debido a los enormes gastos fijos de las aerolíneas, un objetivo fundamental en esa industria es vender la mayor cantidad posible de espacios en cada vuelo, y –por lo tanto– frecuentemente lanzan promociones y descuentos especiales para estimular ciertas áreas del mercado. Estas promociones y descuentos generalmente sólo se ofrecen por un tiempo limitado, y si usted está planificando viajar próximamente, es muy importante que se mantenga al tanto de cualquier oferta que se publique en los periódicos o que se anuncie en la televisión y la radio. Tenga presente que, en muchas ocasiones, para aprovechar estas ofertas las mismas deben ser pagadas de inmediato... aunque el vuelo tenga lugar varios meses después.

Cuando necesite viajar por avión, considere estas recomendaciones adicionales:

■ Si sus planes de viaje le permiten cierta flexibilidad en el día de partida y de regreso, es posible que pueda negociar un precio más económico. Por ejemplo: si el viaje incluye la noche de un sábado en el itinerario, el precio de ida y vuelta puede reducirse hasta en un 66%.

■ Siempre que sea posible, compre su boleto con anticipación; mientras más pronto lo adquiera, mayor es el descuento que las compañías aéreas le pueden ofrecer.

■ Consulte con un agente de viaje antes de finalizar sus planes; muchas veces los agentes de viaje tienen acceso a ofertas especiales que no se le ofrecen al público en general. ¡Manténgase informado!

■ Consulte las tarifas con todas las aerolíneas que vuelan al lugar al que desea trasladarse, y exíjales que le ofrezcan el precio más económico. Algunas compañías se especializan en vuelos de bajo costo. Si bien los servicios a bordo en estos vuelos son limitados, frecuentemente el precio más económico justifica cualquier inconveniencia.

■ Considere volar a un aeropuerto alterno en la ciudad que desea visitar (o desde donde viva). Algunas de las ciudades más grandes en los Estados Unidos, por ejemplo, cuentan con aeropuertos cercanos pero de menor actividad; las compañías que vuelan a esos aeropuertos por lo general cobran menos por sus boletos.

■ En caso de una emergencia de salud o de un fallecimiento de un familiar muy cercano (esposo o esposa, padres, o hijos), las aerolíneas le pueden ofrecer un boleto más económico (**DISTRESS TICKET**). No obstante, necesita negociar la oferta con el agente de ventas de la aerolínea en cuestión.

EL AUTOMOVIL

EL ALQUILER DE AUTOMOVILES

■ Los precios varían notablemente según la agencia que alquila el automóvil, por lo que es necesario comparar los precios. Esto puede lograrlo si consulta varias empresas, anota sus ofertas, y finalmente considera cuál es la que más le conviene.

■ Antes de alquilar un automóvil, pregúntele a su agente de ventas si existe una promoción en vigor que le pueda ofrecer un mejor precio.

■ Exija que le expliquen –con detalle– cualquier gasto adicional que no esté incluido en la oferta inicial que le propongan. Por ejemplo, generalmente la gasolina que va a utilizar en el tiempo que mantenga alquilado el automóvil no está incluida en el precio de la oferta (en este caso, usted debe entregar el automóvil con el tanque lleno). Asimismo, muchas agencias de alquiler de automóviles cobran por las millas (considere que 1 milla = 1.61 Km) que exceden la cuota diaria. También, algunas agencias imponen recargos adicionales si usted devuelve el automóvil en una ciudad distinta a donde se le entregó.

■ Asegúrese de que el seguro de su automóvil particular le cubra los gastos en que pueda incurrir a consecuencia de un accidente en un automóvil alquilado. De ser así, usted puede declinar la compra del seguro de la agencia. Ahora bien, si no tiene automóvil y seguro, es altamente recomendable que adquiera los que le ofrezca la agencia… una forma de evitar situaciones complicadas en el caso de cualquier tipo de accidente.

■ Si usted debe pagar por la gasolina de su automóvil alquilado, llene su tanque antes de devolver el automóvil a la agencia. Considere que el costo de la gasolina en la agencia es siempre más caro que en otras gasolineras.

LA COMPRA DE UN AUTOMOVIL

De acuerdo con su presupuesto y sus preferencias de marcas y modelos, el mercado en los Estados Unidos le ofrece una gran variedad de automóviles. No obstante, primeramente tendrá que decidir si comprar un automóvil nuevo o uno de uso:

■ Los *automóviles nuevos* son más costosos, por supuesto, pero incluyen una garantía extensa en caso de que desarrolle cualquier problema mecánico.

■ Los *automóviles de uso* son más económicos, pero generalmente no incluyen una garantía extensa, y los costos de los arreglos mecánicos pueden ser altos.

Considere las siguientes recomendaciones que le pueden facilitar la compra de un automóvil:

EL AUTOMOVIL NUEVO

Visite una biblioteca pública y consulte con la bibliotecaria para que le proporcione una guía de automóviles nuevos. Estas guías se especializan en obtener –para cada modelo– los precios de fábrica, las opciones adicionales, el historial de arreglos mecánicos, etc. Considere el *total* de los costos del automóvil, incluyendo:

■ El precio de compra.
■ El costo del seguro (algunos modelos de automóviles requieren una prima más alta).
■ El consumo promedio de gasolina (por milla).
■ Los costos de mantenimiento durante el período de garantía.
■ El historial de los problemas mecánicos que haya podido haber tenido el modelo en cuestión.

El *costo total* del automóvil puede variar por miles de dólares de acuerdo con el modelo; tome en consideración el tiempo que usted estima que va a mantenerlo en su posesión.

■ Una vez que seleccione el modelo que mejor se ajuste a su presupuesto y necesidades, visite varias agencias de automóviles para negociar el precio más bajo o la mejor oferta (que puede incluir, por ejemplo, mantenimiento gratis por un período determinado de tiempo). Consulte –por lo menos– con cinco agencias diferentes, e indíquele al vendedor que le asignen en cada una que usted está negociando con sus competidores.
■ Si ya tiene un automóvil y desea entregarlo como parte del pago inicial por el nuevo modelo que está comprando, es este momento de la negociación en el que debe mencionarlo al agente que lo atienda, y comprobar cuál es la suma que le ofrecen por el mismo (después de un examen visual de su vehículo, desde luego).

¡AHORRE SU DINERO!

■ Igualmente, pregunte cuáles son los planes de financiamiento, el porciento de interés, y el término del préstamo que pueda recibir.

■ En la actualidad hay planes que le permiten alquilar el automóvil, por una cantidad fija, durante un número determinado de años; al finalizar este período, deberá entregar el automóvil a la agencia. También puede comprar desde un principio el vehículo... de usted depende. Pídale al vendedor que le informe sobre las ventajas e inconvenientes de ambos planes.

■ No firme ningún formulario o contrato hasta que esté seguro de que se halla absolutamente complacido con la transacción que le han presentado.

■ Recuerde que una vez que firme el contrato de venta, está asumiendo la responsabilidad por la compra del automóvil. En el caso de formularios, muchas veces resultan engañosos; la información que le pidan para rellenarlos, puede ser usada para comprometer la transacción.

EL AUTOMOVIL DE USO

■ Compare el precio que le ofrece el vendedor con el llamado **precio promedio (AVERAGE RETAIL PRICE)** que se publica en las guías de automóviles de uso, las cuales puede consultar en una biblioteca pública, en un banco, o en una organización de crédito (**CREDIT UNION**).

■ Contrate a un mecánico de confianza para que le examine el funcionamiento del automóvil que está considerando comprar, y que le identifique las áreas que podrían desarrollar problemas mecánicos en el futuro.

■ Si es posible, es preferible comprar el automóvil de alguien que usted conozca y que se trate de una persona que considere honesta. Probablemente un amigo o un colega del trabajo le ofrecerá un precio más bajo y no le ocultará cualquier problema mecánico que presente el automóvil.

■ Si está considerando comprar el automóvil de uso en una agencia, considere igualmente todas las recomendaciones que le hemos hecho en el epígrafe anterior. Asimismo, pídale al vendedor hacer un breve recorrido con el automóvil para comprobar cómo funciona y detectar cualquier fallo en su mecanismo.

LA POSIBILIDAD DE ARRENDAR EL AUTOMOVIL (CAR LEASING)

En los últimos años, el **arrendamiento del automóvil (CAR LEASING)** por un período de dos a cuatro años ha adquirido gran popularidad en los Estados Unidos. No obstante, es muy importante que usted se informe debidamente de todos los detalles del contrato que va a firmar, ya que los bajos pagos mensuales también significan que usted nunca llegará a ser dueño del automóvil. Es decir, al llegar el término del contrato tendrá que comprarlo o iniciar un **nuevo arrendamiento (NEW LEASE)**.

El contrato promedio de arrendamiento es complejo, e incluye diversos recargos que un vendedor sin escrúpulos pudiera ignorar (en el mejor de los casos) o mencionar demasiado rápido para que usted los interprete a medias... y lograr que firme el contrato. Por ejemplo:

- Generalmente el contrato limita el número de millas cada año que usted puede usar; cualquier exceso puede resultar costoso.
- Además, la agencia le puede incluir en el contrato recargos basados en la **condición del automóvil** al final del período del arrendamiento (**EXCESS WEAR AND TEAR**).
- También puede cobrarle por los llamados **ajustes finales (END OF LEASE FEES)**.
- Asegúrese de que el contrato especifique el precio que usted debe pagar si desea comprar el automóvil al final del período de arrendamiento.

LA GASOLINA

En los Estados Unidos, el precio de la gasolina es ajustado periódicamente, y no sólo el mismo puede variar de un Estado a otro, sino también entre ciudades (e inclusive sectores). Por ello:

- Compare el precio de la gasolina en diferentes gasolineras. Generalmente el precio varía notablemente de acuerdo con el lugar donde se encuentra este tipo de establecimiento, y con los servicios que ofrece.

¡AHORRE SU DINERO!

■ Siempre que le sea posible, llene su tanque **usted mismo**; es decir, sin ayuda de un empleado de la gasolinera (**SELF-SERVICE**); muchas veces el precio es más alto cuando un empleado es el encargado de llenar el tanque del automóvil y revisar el aceite y aire en las llantas.

■ Seleccione el octanaje más bajo que le permita el manual de instrucciones del automóvil (por ejemplo, **REGULAR** en vez de **PREMIUM**).

■ Mantenga la presión apropiada en las llantas y asegúrese de que el motor funcione eficientemente.

LOS ARREGLOS MECANICOS

■ La mejor manera de contratar a un mecánico responsable, honesto, y competente, es mediante la referencia que le pueda ofrecer un amigo o un familiar.

■ Asegúrese de que el mecánico posea una certificación de capacitación expedida por el gobierno, una licencia para mantenerse activo, y que su negocio lleve tiempo de establecido.

■ Consulte con el mecánico antes de autorizar el trabajo que éste va a hacer en su automóvil, para que le explique todas las opciones y alternativas apropiadas en su caso particular.

■ Si se trata de una reparación mayor, exija que le entreguen un presupuesto por escrito; la ley así lo exige.

LAS POLIZAS DE SEGUROS

EL SEGURO DEL AUTOMOVIL

■ Llame por teléfono al Departamento de Seguros del Estado de su residencia para que le envíen por correos un folleto en el que se comparan los precios de un **seguro promedio** (**AVERAGE INSURANCE**) de acuerdo con las compañías establecidas en la ciudad de su residencia.

Consulte con las cinco compañías que tengan las ofertas más económicas para que le preparen una proposición con la cobertura que usted necesita. Si su Estado no publicara este tipo de folleto en el que se comparan los precios de seguros en su comunidad, es todavía más necesario que obtenga ofertas –por escrito– de varias compañías.

▪ Siempre es preferible que algún amigo o familiar le recomiende una compañía o un agente de seguros en la que usted pueda confiar.

▪ Asegúrese de que el seguro cumpla con los requisitos legales del Estado donde usted resida, y de la compañía de arrendamiento o del banco que le ha extendido el préstamo.

▪ Considere elevar el llamado **valor deducible (DEDUC-TIBLE)** que establece la póliza. El *deducible* es la suma que debe pagar en caso de que usted provoque un accidente o que su automóvil sufra daños en cualquier tipo de accidente. Tenga en cuenta que mientras más elevado sea el nivel del *deducible,* más baja será la prima del seguro… aunque también deberá pagar más usted en caso de accidente.

▪ Compruebe que el nuevo seguro comienza la cobertura en el mismo momento en que termina la póliza anterior.

LOS SEGUROS DE PROPIEDAD (BIENES RAICES)

Las pólizas de seguros en los Estados Unidos han desarrollado un alto nivel de especialización. Usted puede adquirir una póliza tanto para su propiedad como para un departamento que está alquilando, para protegerlo contra los efectos de los huracanes, los vientos huracanados, las inundaciones, los robos, los incendios, y otras calamidades que se pudieren presentar.

Antes de firmar un contrato con una compañía de seguros, considere los siguientes factóres:

▪ Analice la suma **deducible (DEDUCTIBLE)** de la póliza. Un *deducible* muy elevado puede afectar la verdadera protección del seguro, mientras que un nivel demasiado bajo puede –a la larga– resultar costoso e innecesario. Si su *deducible* es de U.S.$1,000, por ejemplo, y los daños a su propiedad ascienden a U.S.$800, es evidente que la compañía de seguros no lo indemnizará por los daños producidos.

■ Llame al Departamento de Seguros del Estado de su residencia para que le envíen por correos un folleto en el que se comparan los precios de un *seguro promedio,* de acuerdo con las compañías establecidas en su comunidad. Consulte con varias compañías acerca de las ofertas más económicas para que le preparen una proposición –siempre por escrito– con la cobertura que usted desea. Si el Estado de su residencia no publica este tipo de folleto, es aún más necesario obtener ofertas de varias compañías.

■ Siempre es preferible que algún amigo o familiar le recomiende una compañía o un agente de seguros; las experiencias de una persona confiable pueden evitarle muchas complicaciones.

■ Asegúrese de que el seguro cumple con todos los requisitos legales y los de la compañía de hipotecas.

■ Confirme que la póliza le cubra los gastos del **reemplazo de su propiedad** (**REPLACEMENT COSTS**). De acuerdo con la terminología que la industria de los Seguros reconoce, "reemplazar" es equivalente a "restaurar" su propiedad a la condición antes de que los daños se produjeran.

■ Compruebe que su nuevo seguro comience la cobertura en el mismo momento en que termine la póliza anterior.

LOS SEGUROS DE VIDA

Si usted es el proveedor principal de su familia, es muy importante que mantenga vigente una póliza de seguro de vida. En caso de que se encuentre incapacitado, o si fallece prematuramente, su familia se vería en apuros económicos si no cuenta con un seguro que les facilite los momentos siempre difíciles de la transición. La industria de los Seguros ha desarrollado una variedad de formas para satisfacer las necesidades de las familias en diversas condiciones. Por ejemplo, considere las siguientes alternativas:

■ **Protección por un período de tiempo (TERM INSURANCE).** Este seguro de vida paga el valor de la póliza al beneficiario, en el momento en que el asegurado fallece... siempre que sea durante el período de tiempo que el contrato especifica.

■ **Seguro de vida total o global (WHOLE LIFE IN-**

SURANCE). La póliza se mantiene vigente durante la vida del asegurado mientras que las primas se continúen pagando con la regularidad estipulada, como especifica el contrato. El *seguro de vida total* también ofrece la ventaja del **interés acumulado (CASH VALUE)** debido al pago constante de las primas antes del fallecimiento del asegurado. El asegurado puede utilizar el *interés acumulado* como apoyo colateral para obtener un préstamo, y puede recobrar parte de la suma si cancela la póliza antes de tiempo o si deja de pagar las primas estipuladas.

Para beneficiarse de los ahorros acumulados, el asegurado debe mantener la póliza por un mínimo de 15 años; de lo contrario la transacción no justifica su costo.

■ **Seguro de vida universal (UNIVERSAL LIFE IN-SURANCE).** El *seguro de vida universal* es un instrumento más complejo y requiere un análisis más profundo. La póliza incluye elementos de los seguros de vida y de una cuenta de ahorros; asimismo, refleja las estadísticas de mortalidad que describen al asegurado, el nivel de inversión que se desea alcanzar, y los gastos de administración. De acuerdo con esos factores, la compañía de seguros establece el nivel de la prima, y el asegurado puede ajustar ese nivel con ciertas restricciones.

Para beneficiarse de los ahorros acumulados, el asegurado debe mantener la póliza por un mínimo de 15 años; de lo contrario la transacción no se justifica en términos económicos. El *interés acumulado* se puede retirar o usar como apoyo colateral para obtener un préstamo.

RECOMENDACIONES GENERALES PARA LA VIDA COTIDIANA

LAS TARJETAS DE CREDITO

Como hemos considerado en el capítulo correspondiente a las tarjetas de crédito (página XXX), éstas le ofrecen flexibilidad al administrar sus ingresos. Es decir, estas tarjetas –que muchos llaman **dinero plástico (PLASTIC MONEY)**– le permiten pagar por sus compras y servicios sin necesidad de transportar un exceso de dinero en efectivo. Al finalizar el mes, los portadores de estas tarjetas reciben una **factura** (**MONTHLY BILL**) en la que se detallan todas las compras realizadas durante el mes, y puede cancelar la factura recibida mediante un cheque o giro postal por la suma total, expedido siempre a nombre de la institución que generó la tarjeta. Por este servicio, por lo general no hay un sobrecargo, siempre que usted pague sus obligaciones dentro del término estipulado en el contrato inicial que usted firmó al solicitar la tarjeta de crédito.

La tarjeta de crédito es, también, un instrumento que le permite mantener una **línea de crédito** (**CREDIT LINE**). El banco o compañía que expida la tarjeta le limita la suma que puede utilizar: considere que la tasa de interés es elevada. Por ejemplo:

■ Cuando recibe la factura mensual, usted tiene la opción de pagar una porción de la suma total (la institución de crédito siempre exige un pago mínimo), y el balance de la cuenta se acumula con los gastos del mes siguiente.

■ No obstante, la institución que le otorgó el crédito le cobrará intereses por ese balance.

Por esa razón, el uso de las tarjetas de crédito puede ser un arma de doble filo, y requiere gran disciplina por parte del consumidor. Es muy fácil pagar solamente el mínimo que la factura requiere, pero el balance acumulado irá aumentando rápidamente con los cobros de los intereses… y existe la posibilidad de que la deuda aumente todos los meses.

No obstante, el pago periódico y constante de las cuentas mediante la tarjeta de crédito es una forma excelente de establecer un historial que demuestre la buena administración de sus ingresos. Si usted satisface sus deudas regularmente, su historial de crédito le puede facilitar –en otro momento– la oportunidad de obtener una línea de crédito más amplia (por ejemplo, en el momento de comprar una casa o un nuevo automóvil).

Considere las recomendaciones a continuación para obtener los mejores beneficios de su tarjeta de crédito:

■ La mejor manera de usar su tarjeta consiste en pagar el balance completo de los gastos cargados en el mismo momento en que reciba la factura mensual. Si paga inmediatamente, no habrán cargos por la comodidad de haber podido usar su tarjeta de crédito. Ahora bien, si paga después de la fecha establecida, los intereses serán aplicados... y estos interesos no solamente son altos, sino que se acumulan rápidamente. **MUY IMPORTANTE:** "pagar" no significa la fecha en que usted expida el cheque o giro postal, sino la fecha en que su pago sea recibido en las oficinas de la compañía de crédito.

■ Muchas instituciones compiten intensamente para incorporar nuevos clientes. Antes de llenar un **formulario** (**APPLICATION**) para obtener una tarjeta de crédito, compare la tasa de interés que diferentes instituciones le imponen.

Al mismo tiempo, considere:

■ Muchas tarjetas no requieren el pago de un recargo annual. Aproveche esta ventaja.

■ No preste atención a las tarjetas que le ofrecen "beneficios adicionales" por el costo inicial al obtener su tarjeta (como ayuda al hacer planes de viaje), ya que en la mayoría de los casos, los beneficios no lo ameritan.

■ El gobierno federal norteamericano limita las obligaciones de los portadores de tarjetas de crédito en caso de que pierdan o le roben la tarjeta (U.S.$50) y la usen para obtener servicios en su nombre. No obstante, usted tiene la responsabilidad de notificar al banco –inmediatamente– en caso de que pierda o de que le roben la tarjeta. Por ello, es una medida de seguridad muy apropiada el que usted anote el número de todas sus tarjetas de crédito, de manera que pueda identificarlas ante la firma que la expidió en caso de pérdida o robo.

EL PRESTAMO PARA
COMPRAR UN AUTOMOVIL

■ No hay duda de que usted puede ahorrar una gran proporción de los montos de interés si paga en efectivo parte (o todo) del precio del automóvil.

■ Consulte con varios bancos e **organizaciones de crédito** (**CREDIT UNIONS**) para obtener la tasa más baja de interés. Siempre el interés puede ser negociable... téngalo presente.

■ Si usted es propietario de una casa, considere la posibilidad de obtener una **línea de crédito basada en su propiedad**

¡AHORRE SU DINERO!

(HOME EQUITY LOAN o **HOME EQUITY CREDIT LINE).** El interés que usted pague sobre un préstamo de este tipo se puede deducir al preparar su reporte anual sobre sus ingresos e impuestos al *Internal Revenue Service (IRS)*.

LA CUENTA POR SERVICIO ELECTRICO

■ Muchas compañías que proveen el servicio eléctrico también ofrecen una inspección gratis (o por una suma muy módica) de su hogar o departamento, y le pueden preparar un informe con numerosas sugerencias para reducir su consumo de electricidad. Llame por teléfono a la compañía en la ciudad donde viva, y pregunte si ofrece este servicio. Si es así, haga una cita para que un inspector profesional de la compañía visite el lugar donde viva y haga sus recomendaciones. ¡Sígalas!

■ Algunas compañías de servicio eléctrico le ofrecen la posibilidad de reducir la factura mensual si usted les permite controlar el uso del acondicionador de aire o del calentador de agua por dos (o más) horas en los días en que el consumo de la comunidad es excesivo. Este sistema se realiza por control remoto (nadie toca a la puerta de su casa para apagar los aparatos que pudieren estar encendidos), y su factura puede reflejar un descuento de varios dólares mensuales.

■ Algunas compañías ofrecen tarifas reducidas si usted tiene la flexibilidad de concentrar el uso de la electricidad en las **horas de menos consumo** en su comunidad (**OFF-PEAK HOURS**).

■ Por ley del gobierno federal de los Estados Unidos, los aparatos electro-domésticos deben indicar –en una etiqueta fijada al aparato en cuestión– cuál es la **eficiencia** (**EFFICIENCY**) con la que utilizan la electricidad. Compare los diferentes modelos para identificar los más eficientes… ¡una forma sencilla de ahorrar en su consumo de electricidad!

EL SERVICIO DE TELEFONO LOCAL

Hasta hace poco, el servicio de teléfono local era suministrado por una sola empresa, la cual era contratada por la comunidad (un monopolio). Los cambios tecnológicos están haciendo posible la proliferación de alternativas: desde competidores directos que ofrecen el servicio tradicional, hasta las empresas que mercadean el uso de los teléfonos celulares. La competencia –todavía en estado de evolución– representa una gran oportunidad para el consumidor, pero en este momento aún resulta difícil prever cuáles son las mejores alternativas. Mientras tanto, considere las siguientes sugerencias para reducir el costo de su servicio telefónico:

■ Consulte con la compañía de teléfono para determinar –de acuerdo con sus necesidades– el plan que mejor se ajuste a su situación personal. Por ejemplo:

1. Algunas compañías ofrecen un servicio limitado de llamadas telefónicas que sólo permite cierto número de llamadas exclusivamente locales cada mes, y le cobran un cargo adicional por las llamadas adicionales.

2. Otras le cobran por el tiempo que utiliza la línea telefónica.

3. También es posible restringir la zona en la comunidad que la compañía define como *área local,* o de ampliarla para incluir las áreas más cercanas.

■ Por mucho tiempo, las compañías de teléfono le cobraban mensualmente al cliente por el uso del aparato telefónico. La tecnología ha cambiado los patrones tradicionales, y hoy es más económico comprar los teléfonos en uno de los tantos establecimientos que los venden.

■ Considere –cuidadosamente– los servicios adicionales que la compañía le ofrece. Estos servicios incluyen la posibilidad de establecer conferencias telefónicas, al igual que la capacidad de interrumpir una conversación telefónica para aceptar otra llamada. Estos servicios pueden ser costosos, y usted debe decidir si el precio amerita contratarlos.

■ El mantenimiento de los alambres telefónicos en su casa es su responsabilidad (hace unos años, la compañía de teléfono era la responsable por ese servicio, y no se cargaba costo alguno por cualquier reparación). La compañía ahora tratará de venderle un contrato por ese mantenimiento, pero la realidad es que rara vez usted utilizará ese servicio. Es preferible pagarle a la compañía solamente en el caso que se le presente un problema dentro de su casa (generalmente el problema reside en el teléfono en sí, o en las instalaciones de la propia compañía).

¡AHORRE SU DINERO!

EL SERVICIO TELEFONICO
DE LARGA DISTANCIA

Desde hace varios años, el servicio telefónico de larga distancia ha evolucionado hacia una industria muy competitiva en los Estados Unidos. Existen numerosas compañías que ofrecen el servicio, y todas compiten intensamente por los mismos clientes, lo que representa una gran oportunidad para que el consumidor pueda reducir sus gastos en las llamadas de larga distancia.

Además de las reducciones en los precios que la competencia ha provocado, la agencia que regula las comunicaciones en los Estados Unidos (**FCC - Federal Communications Commission**) ha eliminado –paulatinamente– el subsidio que las llamadas de larga distancia le ofrecían al servicio telefónico local.

Esto significa que aunque la competencia continúa cambiando el mercado de larga distancia, usted puede reducir sus costos siguiendo las recomendaciones ofrecidas a continuación:

■ Analice el uso que usted hace de las llamadas telefónicas de larga distancia. Por ejemplo: ¿Llama con frecuencia a otro país? ¿Tiene flexibilidad en sus hábitos para restringir las llamadas a ciertas horas del día?

■ Consulte con tres compañías telefónicas diferentes y negocie la mejor oferta que se ajuste a sus patrones y sus necesidades. Considere la posibilidad de participar en un plan de llamadas (**CALLING PLAN**) que –aunque pague una pequeña mensualidad– le reduzca el costo de su factura mensual. Muchas compañías ofrecen planes que ofrecen descuentos especiales en el costo de las llamadas hechas a un país específico.

■ Siempre que sea posible, haga sus llamadas directamente. La mayoría de las compañías imponen un recargo cuando se utiliza el servicio de operadoras o de tarjetas telefónicas.

■ Considere comprar las **tarjetas telefónicas pre-pagadas**, las cuales se venden en muchos lugares y que ofrecen ofertas especiales para llamar a determinados países. También puede utilizar números especiales para dirigir su llamada de larga distancia, de manera que la tarifa sea más económica (después de un número determinado de minutos). Estas empresas se anuncian constantemente en la televisión y en la prensa diaria.

LA COMPRA DE LOS ALIMENTOS

■ Considere hacer sus compras en los diferentes *clubs* de alimentos que venden a bajo precio. Estos establecimientos funcionan como un mercado normal, pero usted tiene que incorporarse como miembro, y para ello debe pagar una suma anual (generalmente unos $20). El beneficio de estos **clubs** es que los precios de los alimentos (y otros artículos) en estos establecimientos son más bajos que en otros lugares, debido a que los servicios que le ofrecen al consumidor son más limitados.

■ Evite hacer sus compras en las **pequeñas tiendas** (**CONVE-NIENCE STORES**), como las que comparten su espacio con las gasolineras; los precios en estos pequeños comercios (que por lo general se mantienen abiertos todo el día o hasta altas horas de la noche) son mucho más altos que en los supermercados.

■ Prepare una lista de los productos que usted necesita antes de salir de compras al supermercado. Evite comprar artículos que no haya incluido previamente en la lista. Tenga presente que los atractivos para el consumidor en los Estados Unidos es muy grande, y que se basa en amplios estudios de mercado hechos por las empresas manufactureras para que los consumidores cada vez compren más. Si usted limita sus compras a sus necesidades reales, anotadas en su lista, reducirá el costo total de la factura.

■ Aprovéchese de los numerosos cupones de descuento que se publican en los periódicos y en muchas revistas. Recórtelos y manténgalos siempre a mano, para utilizarlos en el momento que vaya al supermercado.

■ Las leyes federales norteamericanas requieren que los supermercados publiquen el **costo por unidad** (**COST PER UNIT**) de los productos que se exhiben en los estantes del establecimiento. Estas leyes facilitan la comparación inmediata de las alternativas que el mercado le ofrece al comprar un producto determinado. Por ejemplo: la variedad de aceites de comer es extensa, pero el precio (por onza) varía notablemente de acuerdo con la marca.

■ Muchos supermercados ofrecen sus propias marcas de aquellos productos de mayor consumo, y sus precios son más bajos, ya que no necesitan absorber los elevados costos de mercadeo. Generalmente la calidad de estos productos es equivalente a la de las marcas mejor conocidas debido a las campañas publicitarias que acompañan su distribución en el mercado.

LOS MEDICAMENTOS

■ Consulte con su médico para que le recete, mientras sea posible, medicamentos genéricos; éstos son mucho más económicos que los que se venden bajo una marca comercial, y la efectividad es la misma.

■ Compare los precios de un medicamento en diferentes farmacias; es posible que la variación sea notable (excepto cuando su costo sea cubierto por un seguro médico).

■ Considere la posibilidad de comprar sus medicamentos mediante el uso del servicio postal (**DIRECT MAIL**) e inclusive a través del **INTERNET**. En muchos casos, una misma farmacia le ofrece esta opción y los precios son más económicos.

CAPITULO 12

¿COMO PROTEGERSE (USTED Y SUS BIENES) EN U.S.A.

COMO PROTEGER SU CASA

La inmensa mayoría de las personas consideran que el lugar donde residen –ya sea casa o apartamento– es una especie de castillo, un refugio, un lugar para escapar de la dinámica diaria y mantenerse a salvo de la agresividad y la violencia que existe en la calle. Sin embargo, no siempre es posible lograr esa paz y tranquilidad en el hogar pues las estadísticas muestran que es precisamente en los Estados Unidos donde mayor es el índice de allanamiento de hogares. Los ladrones (BURGLARS) constituyen un peligro muy real, los departamentos de seguridad pública no siempre pueden controlar esta situación... y su hogar pudiera no ser tan seguro como usted piensa.

Es difícil reconocer al ladrón típico. Aunque cuando se habla del ladrón del vecindario con frecuencia se piensa en uno de los adolescentes que viven en la misma cuadra donde tuvo lugar el robo, o a sólo uno o dos kilómetros de distancia, la realidad es que no siempre sucede así.

Ciertamente, el ladrón que allana casas y apartamentos suele ser un oportunista, un aficionado; pero eso no significa que no pueda ingeniárselas para penetrar a su casa con éxito. Evidentemente, trata por todos los medios de seleccionar las casas en las que puede introducirse tranquila y calladamente, y salir con un mínimo de riesgos de ser detectado. Y los estudios que los Departamentos de Policía de varias de las grandes ciudades norteamericanas (Nueva York y Los Angeles, entre ellas) demuestran que, en efecto, la mayoría de los hogares en el país son más vulnerables de lo que se pensaría.

■ Se estima que más de 6.5 millones de robos son cometidos en casas y apartamentos en un período de un año. Esto significa que 1 de cada 12 casas han sido allanadas por malhechores.

■ En el término de una hora se cometen –aproximadamente– 720 robos de residencias; es decir, 1 robo cada 5 segundos.

■ Un reciente estudio nacional estimó que las pérdidas reportadas a partir de los robos de viviendas superan los 1,500 millones de dólares al año, un promedio de $526 por cada robo.

■ Los robos residenciales reportados han experimentado un incremento de un 43% durante los últimos ocho años, aun cuando los Departamentos de Policía de algunas ciudades insisten en que "la incidencia del crimen ha disminuido". La realidad es que el nivel de allanamientos de casas y apartamentos continúa incrementándose (especialmente en las grandes ciudades), sin que los suburbios y las áreas rurales escapen a este tipo de crimen. Peor aún: todo parece indicar que el problema continuará, a menos que se tome una acción efectiva que permita controlar la situación.

En este sentido, también las personas que residen en los Estados Unidos pueden observar una serie de medidas para controlar –en lo posible– esta ola de robos que siembra ansiedad, terror e ira entre la comunidad honesta y trabajadora.

¿QUE PUEDE HACER USTED PARA PROTEGERSE?

Para frustrar a un ladrón (o, al menos, para reducir las oportunidades de que entre a su casa), basta poner en práctica algunas técnicas de prevención del crimen, muy simples y prácticas. En ese sentido, es fundamental examinar todos los puntos por donde el ladrón pudiera tener acceso a su hogar. Entre ellos:

PUERTAS:

■ Todas las puertas exteriores deben ser sólidas o estar revestidas de metal. Las puertas frágiles son fácilmente pateadas o derribadas.

■ Todos los marcos de las puertas también deben ser de construcción sólida y estar firmemente unidos a la estructura de la casa.

■ Si cualquiera de las puertas exteriores tiene bisagras que se ven desde el exterior, éstas deberán ser reemplazadas por bisagras fijas que no pueden zafarse (están disponibles en todas las ferreterías).

■ Todas las puertas exteriores deben tener cerrojos de seguridad o protectores para el pestillo de la cerradura, que es la pieza que se proyecta hacia el exterior. Un cerrojo de seguridad –con un pestillo que sobresalga 2.5 cm (1 pulgada)– es difícil de forzar o abrir con un hierro (pata de cabra). Asimismo, un intruso puede romper cualquier cristal que se encuentre a unos 100 cm (unas 40 pulgadas) del cerrojo, meter la mano y abrir fácilmente la cerradura. Un *cerrojo de seguridad de doble cilindro* podría prevenir esto. Si las leyes de la localidad donde usted reside prohiben los *cerrojos de doble cilindro* y la puerta de su casa tiene cristales, entonces será preciso reemplazar esos cristales frágiles por cristales irrompibles (especialmente aquéllos que se encuentren a unos 100 cm de distancia del cerrojo).

■ Una mirilla de ángulo ancho es fácil de instalar en la puerta de la calle y le permitirá ver a los visitantes que toquen a su puerta sin necesidad de abrir. **MUY IMPORTANTE:** ¡Nunca confíe en un cierre de cadena como mecanismo de seguridad!

PUERTAS CORREDIZAS:

Las puertas corredizas de cristal exigen una atención especial:

■ Evite que ambos paneles puedan ser levantados y sacados de los carriles por donde se desliza la puerta. Asegure el panel que permanece fijo atornillándolo –desde el interior– contra el marco de la puerta. El carril superior debe tener pequeños tornillos sobresalientes de forma que la puerta casi los toque.

■ Cuando estén cerradas las puertas corredizas, cálcelas con una varilla metálica que deberá permanecer fija en un solo extremo de la puerta (para evitar que ésta pueda abrirse aun cuando el cerrojo sea roto o forzado). Otra opción, aunque menos deseable, podría ser calzarla con una barra de madera (un palo de escoba, por ejemplo) en el carril inferior.

VENTANAS:

■ Las ventanas con doble panel horizontal (el tipo más común de ventana en los Estados Unidos) son forzadas con facilidad. Para evitar que un ladrón entre a su casa por una de ellas, barrene un agujero inclinado hacia abajo a través de la parte superior del panel inferior, el cual –sin traspasarlo– debe continuar hasta la parte inferior del panel superior. Inserte un pasador o un clavo en ese agujero para evitar que cualquiera de los dos paneles pueda abrirse.

■ Asegure las ventanas corredizas de la misma manera recomendada para las puertas corredizas.

■ Las ventanas cuya hoja (u hojas) se abren por medio de bisagras usualmente tienen cerrojos seguros. No obstante, asegúrese de que éstos sean fuertes y estén bien apretados. Las cerraduras disponibles en las tiendas para este tipo de ventana usualmente ofrecen una protección adicional.

■ Las ventanas con persianas o cristales decorativos no son muy seguras porque usualmente los paneles individuales son fáciles de forzar o romper. Usted puede instalar rejillas de metal en el interior de estas ventanas o reemplazarlas completamente por otro tipo más seguro.

Recuerde siempre que un requerimiento esencial para evitar muertes en caso de un incendio o cualquier otro accidente serio es que sea fácil salir por cualquiera de las entradas a su hogar. Es decir, no por asegurar su residencia contra los ladrones ponga en peligro su vida, en el caso de que se presente un incendio.

ALARMAS:

Si usted está considerando instalar un sistema de alarma en su hogar, sea cuidadoso a la hora de seleccionar a la empresa que se la vaya a instalar; de esta forma usted podrá asegurarse de que obtendrá la protección que realmente necesita. Tampoco elija un sistema que sea mucho más costoso o sofisticado de lo que usted en realidad requiere. A la hora de elegir, tenga en cuenta estos puntos esenciales:

■ Obtenga (por escrito) estimados del costo del sistema de varias empresas diferentes; compare éstos e investigue sobre la reputación de las compañías elegidas inicialmente.

■ Tenga en mente que un sistema de alarma efectivo deberá proteger todos los puntos de acceso a su hogar.

■ Considere que el precio no es una garantía de la calidad. El Departamento de Policía de su localidad pudiera ayudarle a determinar cuál es el mejor sistema de alarma para sus necesidades.

EL EXTERIOR DE SU RESIDENCIA:

Una vez que usted haya protegido su hogar internamente, examine los alrededores. Recuerde: el ladrón siempre está buscando una oportunidad fácil para allanar una residencia. Para evitarlo:

■ Si reside en una casa, pode todos los árboles, arbustos o plantas que puedan ofrecerle escondite a un ladrón.

■ Instale luces exteriores para eliminar las áreas oscuras alrededor de las puertas y ventanas de su casa.

■ Antes de ausentarse de su hogar por un período de tiempo prolongado, pídale a alguien (un vecino, un familiar) que vigile la casa, recoja el correo y el periódico, y mantenga el jardín. De esta forma, su casa parecerá habitada, aun cuando no lo esté. De esta forma evita que los ladrones la consideren un blanco fácil.

■ Si reside en un apartamento, compruebe que las puertas de acceso al mismo sean sólidas y que tengan los pestillos y cerraduras especiales adecuadas.

■ Si el apartamento tiene portero (una oficina de administración), informe que se va a ausentar de la residencia por un número determinado de días. De esta forma el portero podrá ejercer una vigilancia más intensa sobre el apartamento.

■ Asimismo, pídale a un familiar o amigo que recoja el correo diariamente. También puede notificar a la oficina de correos de su localidad que mantenga toda la correspondencia que usted reciba hasta la fecha en que ocupará nuevamente su residencia.

Una vez que usted haya seguido todas estas recomendaciones, podrá sentirse razonablemente seguro. Aunque ninguna residencia está completamente a prueba de ladrones, usted sí puede reducir las posibilidades al mínimo. Su inversión de tiempo, energía y recursos valdrá la pena. Tenga presente que las estadísticas de las agencias de seguridad de los Estados Unidos revelan que cada 5 segundos, una persona se lamenta de no haber tomado medidas para prevenir un crimen.

SU RESIDENCIA: ¿ES SEGURA?
¡EVALUE SU NIVEL DE SEGURIDAD!

Aun cuando usted haya puesto en práctica todas las recomendaciones que le ofrecemos, su casa no estará a prueba de robo. Pero como la mayoría de los ladrones son oportunistas que buscan un blanco fácil, una casa con

MITOS SOBRE LAS ENCUESTAS DE SEGURIDAD

■ **La encuesta de seguridad es un concepto nuevo y extraño.** FALSO. La encuesta de seguridad puede ser un concepto nuevo para usted, pero hay personas en su área que saben todo acerca de ellas, incluyendo a cientos de ladrones.

■ **Tengo que pagarle a un experto caro para saber si mi casa es suficientemente segura.** FALSO. Su oficial de la Policía puede ayudarlo gratuitamente; simplemente pregúntele.

■ **Tengo que leer muchos libros para determinar la seguridad de mi casa.** FALSO. Este capítulo –conjuntamente con las recomendaciones que pueda darle la Policía– es todo lo que usted necesita para comprobar el nivel de seguridad de su residencia.

■ **Tengo que comprar un equipo caro de alarma.** FALSO. La seguridad de una residencia está basada en técnicas simples y no costosas que le permiten proteger su hogar de ser penetrado por cualquier intruso. Estas técnicas pueden o no incluir sistemas de alarmas, dependiendo de su preferencia.

mayor seguridad les resultará menos atractiva que otra en la misma calle que no esté debidamente protegida.

Para determinar si su casa es suficientemente segura, puede realizar lo que se conoce como una **encuesta de seguridad**. Para ello, vea su residencia desde el mismo punto de vista en que la vería un ladrón. Comience desde el exterior. Pregúntese:

■ ¿Hay ventanas o puertas parcialmente (o totalmente) ocultas por árboles o matorrales?

■ ¿Hay lugares de acceso a la casa que no están debidamente iluminadas?

■ Si reside en un apartamento, ¿la entrada al mismo se encuentra en un pasillo que no está debidamente iluminado?

■ ¿Hay algún tipo de abertura en la estructura de la residencia (como tragaluces o respiradores) que no tienen protección?

■ ¿Existe alguna entrada sin cerrojo, incluyendo las puertas exteriores del garaje o la puerta interior del garaje?

Si usted respondió afirmativamente a cualquiera de estas preguntas, no hay duda de que necesita hacer ajustes que garanticen la seguridad del lugar donde usted reside. Ahora vamos a examinar su residencia desde el interior. Responda:

■ ¿Están todas las puertas exteriores aseguradas con un cerrojo cuyo pestillo tiene un mínimo de 2.5 cm (1 pulgada) de largo?

■ ¿La puerta del sótano (si existiera en su residencia) tiene alguna protección adicional (un candado, por ejemplo)?

■ La puerta exterior del garaje, ¿tiene cerradura?

■ La entrada interior del garaje hacia la casa, ¿tiene un cerrojo con un pestillo de 2.5 cm de largo como mínimo?

■ ¿Son todas las puertas exteriores lo suficientemente fuertes como para resistir una fuerza violenta?

■ ¿Están las puertas y ventanas corredizas aseguradas de manera que no puedan ser forzadas o sacadas de sus marcos?

■ ¿Todas las bisagras de puertas y ventanas tienen pasadores para prevenir que sean zafadas o abiertas?

■ ¿Existe una mirilla de ángulo ancho (180 grados) en la puerta principal?

■ ¿Están las ventanas de doble panel horizontal aseguradas con un pasador o un cierre adicional para evitar que puedan ser forzadas?

■ ¿Están los paneles de las ventanas de persianas bien sujetos a sus enganches metálicos?

■ ¿Los cierres de las ventanas de bisagra funcionan debidamente?

Si usted respondió negativamente a cualquiera de estas preguntas, la seguridad de su hogar es relativa. Para proteger aún más sus pertenencias y ayudar a la Policía a recuperar los artículos que pudieran ser robados, siga estas instrucciones adicionales:

■ Marque claramente sus objetos valiosos con un número de identificación. La Policía de su localidad puede ayudarlo a obtener un grabador y determinar el número apropiado para usar.

■ Si le es posible, tome fotografías de sus joyas y pertenencias más valiosas.

■ Los papeles importantes (certificados de nacimiento, boda, testamento, pólizas de seguros, etc.) deben ser mantenidos preferiblemente en una caja de seguridad en el banco (el costo anual es módico). Si prefiere mantenerlos en su casa o apartamento, adquiera una caja de seguridad pequeña, a prueba de fuego.

■ Destine un clóset de seguridad dentro de su casa para guardar los objetos de mayor valor; también puede adquirir una caja de seguridad portátil para mantener dentro de ese clóset especial. La puerta del clóset debe ser tan segura como las puertas exteriores de su residencia, con un cerrojo con pestillo largo, bisagras con pasadores, y una puerta de madera sólida.

■ En el exterior de la casa, coloque el número en un lugar donde pueda ser visto con facilidad; manténgalo bien iluminado por la noche. Esto ayudará a la Policía a responder más rápidamente a cualquier situación de emergencia que se le pueda presentar.

■ Sea un buen vecino. Esté al tanto de cualquier actividad sospechosa que se desarrolle en su barrio, y llame a la Policía para pedir ayuda tan pronto como la detecte.

Ahora que usted sabe en qué fijarse para asegurar su casa, tome las medidas necesarias. Recuerde: ninguna casa está a prueba de ladrones, pero la experiencia muestra que usted puede limitar sustancialmentes las posibilidades de ser víctima de un robo si reduce las oportunidades fáciles.

COMO PROTEGER EL VECINDARIO DONDE RESIDE

El concepto del *buen vecino* sigue siendo el factor esencial para resolver todos los problemas de una comunidad, incluyendo el crimen. Por tanto, el recurso más efectivo para lograr reducir el crimen en un área determinada de la ciudad es organizar una asociación de vecinos que se ayuden los unos a los otros a prevenir el crimen. Pero aun en el caso de que en su vecindario no existan problemas mayores de crímenes, no se confíe:

■ Se estima que en todos los Estados Unidos 1 de cada 12 residencias son allanadas todos los años... y las estadísticas continúan ascendiendo todos los años.

Evidentemente, usted puede tomar medidas para hacer de su vecindario un lugar más seguro donde vivir. Sólo deberá mostrar su interés y ofrecer cooperación a grupos de vecinos que ya estén organizados. Definitivamente, ésta es una inversión que vale la pena.

■ Conozca a sus vecinos y familiarícese con sus rutinas. Ustedes van a ser una especie de socios en lo que respecta a la vigilancia de las actividades de su comunidad.

■ Sea suspicaz, en todo momento. Reporte a la Policía cualquier comportamiento sospechoso que detecte en el área donde reside. Anote las descripciones de las personas involucradas en el acto sospechoso, así como los números de las placas de los vehículos que conducen.

■ Establezca un lugar y programa de reuniones convenientes para todos los vecinos que pertenezcan al grupo organizado.

■ Intercambie con sus vecinos: nombres, números de teléfonos de la casa y centro de trabajo. Un mapa o diagrama de la calle donde usted vive –trazado a mano, donde estén representadas todas y cada una de las viviendas del vecindario y donde se escriban además todos los datos de los residentes de éstas, incluyendo sus números de teléfonos– puede ser muy útil. El número de emergencias del Departamento de Policía también debe ser adecuadamente anotado en ese mapa o diagrama.

Una vez que la red de vigilancia de su comunidad haya sido establecida, cada uno de los vecinos deberá observar las siguientes reglas:

■ Mantenga informado a un vecino de confianza acerca de si su casa permanecerá desocupada por un período de tiempo largo. Es importante que ese vecino tenga una forma de comunicarse con usted en caso de que se presente cualquier tipo de emergencia.

■ Vigile la casa de su vecino cuando éste no se encuentre en ella; pídale a él que haga lo mismo con la suya. Esta vigilancia implica recoger el correo, los periódicos y otros envíos que lleguen, de manera que los ladrones no puedan sospechar que la vivienda está desocupada.

■ Establezca y asista a reuniones periódicas con los vecinos en la que sería también muy conveniente que participara el oficial encargado de la prevención del crimen en la zona.

■ Investigue sobre los tipos de crímenes más comunes en la localidad donde usted vive y qué puede hacerse para evitarlos.

■ Existe una amplia información disponible sobre la prevención del crimen. Utilícela y compártala con sus vecinos. Su vecindario puede prevenir el crimen en muchas oportunidades, pero sólo si los vecinos se preocupan lo suficiente y están dispuestos a ayudarse los unos a los otros.

COMO PROTEGER SU AUTOMOVIL

De nuevo las estadísticas muestran que:

■ Cada 33 segundos, un automóvil es robado en los Estados Unidos.

■ Se estima que más de 1 millón de automóviles son robados anualmente en este país.

¿Qué puede hacer para evitar que el suyo se convierta en una estadística más? Observe las siguientes medidas de protección:

■ Siempre póngales los seguros a las puertas del vehículo. Las estadísticas muestran que el 40% de los autos robados tenían las llaves al alcance del ladrón; el 80% no tenían activados los pestillos de seguridad.

■ Nunca deje las ventanas abiertas.

■ Instale seguros cuyos botones sean cónicos, de manera que no puedan abrirse con un gancho desde el exterior.

■ Estaciónese en áreas con mucho público, siempre con los pestillos de seguridad activados.

■ Grabe un número de identificación en un lugar escondido del automóvil y en cualquier componente de valor, para ayudar a la Policía a identificar las propiedades robadas que se recuperen.

■ En el interior del vehículo, no deje nada de valor a la vista.

■ No esconda llaves adicionales en el exterior del automóvil. Los ladrones están conscientes de esta rutina, ¡y sí pueden encontrarlas!

COMO PROTEGERSE EN U.S.A.

■ Nunca piense que a usted no le pueden robar su automóvil. Actúe antes, no después del crimen. Considere que en el tiempo que ha dedicado a leer este párrafo, 10 automóviles han sido robados en todo el país... y han sido robados es porque la oportunidad (un descuido) estaba presente. Si usted toma estas medidas de protección, puede disminuir las posibilidades de que alguien robe su automóvil. El ladrón preferirá elegir otro vehículo para llevar a cabo su fechoría.

Pero su automóvil no es lo único que está en peligro. Mientras que usted lo conduce, también está corriendo riesgos: el riesgo de sufrir un accidente, el riesgo de enfrentarse a una situación de peligro, ser asaltado, etc. Hasta el más cuidadoso de todos los conductores puede enfrentarse a una situación de emergencia. Ante ella, use su sentido común y siga estas recomendaciones para protegerse a sí mismo del peligro:

■ Si su auto se descompone y usted no se encuentra cerca de algún lugar seguro, siga estos pasos:
(1) Apártese de la carretera, permanezca fuera del camino por donde transitan los demás automóviles, incluso si para hacerlo usted tiene que conducir con una llanta sin aire (considere que la llanta puede ser reemplazada).
(2) Encienda las luces intermitentes de emergencia. Si usted tiene luces de emergencia para la carretera (luces de bengala) en el maletero de su automóvil, colóquelas de forma visible.
(3) Levante la tapa del motor de su auto y amarre un pañuelo a la antena del radio o a la manigueta de la puerta del vehículo.
(4) Si hay cerca un teléfono de asistencia en la carretera, úselo. De lo contrario, siéntese en su automóvil, con todos los pestillos de seguridad debidamente activados, y espere por la ayuda de la Policía.
(5) Si un automovilista se detiene para ofrecerle asistencia, es mejor quedarse en el automóvil y limitarse a pedirle que obtenga la ayuda de la Policía. (Si es usted quien ve a un automovilista desamparado en la vía, es mejor que no se detenga a asistirlo; notifíqueselo a la Policía).
■ Si usted cree que lo están siguiendo, no conduzca directamente hacia la casa o edificio de apartamentos donde viva; de hacerlo, le estará informando al que lo sigue dónde vive.
(1) Manténgase calmado. Mientras usted pueda pensar claramente estará en control de la situación.

(2) Encienda y apague las luces de su automóvil, y toque el claxon por bastante tiempo para atraer la atención hacia usted y –consecuentemente– hacia la persona que lo está siguiendo.

(3) Conduzca hacia un lugar que usted identifique como seguro... siempre tocando el claxon y manteniendo activadas las luces intermitentes. No se vaya de ese lugar hasta asegurarse de que la persona que lo seguía ya se ha marchado.

COMO PROTEGERSE A SI MISMO

Tenga presente que, en los Estados Unidos, usted es siempre su mejor protector... el más efectivo. Su propio sentido común lo ayudará a mantenerse alejado de las situaciones peligrosas; pero, además, observe los siguientes pasos al conducir su automóvil o vehículo motorizado:

■ Siempre conduzca su automóvil con todos los seguros de las puertas puestos, y mantenga las ventanas cerradas (o lo más altas posible), para evitar que alguien pueda meter la mano por una de ellas.

■ En las **señales de parada** (**STOPS**) y en los semáforos, mantenga el automóvil listo para acelerar si detecta alguna situación de peligro (un individuo que se le aproxima, por ejemplo). Manténgase debidamente alerta.

■ Conduzca preferiblemente por calles transitadas e iluminadas. Evite las calles solitarias.

■ Mantenga su bolso (o cualquier otro objeto de valor) fuera del alcance de la vista, aun cuando conduza el automóvil con todos los pestillos de seguridad debidamente activados.

■ Estaciónese solamente en áreas seguras, muy iluminadas, y próximas al lugar al que se dirige.

■ Siempre active los pestillos de seguridad de su automóvil, aunque sólo vaya a bajarse de él por unos pocos minutos. Y antes de abrir la puerta para subirse al automóvil nuevamente, rápidamente examine los alrededores y el interior del vehículo para asegurarse de que nadie está escondido... esperándolo.

■ Jamás recoja a una persona que está pidiendo que lo lleven en la carretera. Hasta el extraño que pudiera parecer más inocente puede ser peligroso. ¡No trate de averiguarlo!

¿QUE ES LA ORDEN DE PROTECCION (PROTECTIVE ORDER)?

No hay duda de que la violencia es un elemento frecuente en los Estados Unidos, y aunque el índice de criminalidad ha disminuido –a nivel nacional– en los últimos años, los actos criminales continúan siendo frecuentes. Un recurso para protegerse de individuos que continuamente están acosando a otros (los cuales llegan a sentirse físicamente amenazados) es la llamada **orden de protección** (**PROTECTIVE ORDER**), utilizada muchas veces por personas (hombres y mujeres por igual, según las estadísticas) que se sienten atemorizados ante el asedio de otros. La *orden de protección* tiene como finalidad evitar el acoso. Consiste en una orden de restricción de la Policía local, –expedida contra aquella persona que otra considera que constituye un peligro– mediante la cual le prohíbe cualquier tipo de contacto con ésta. Así:

■ Establece que la persona que ejerce algún tipo de acoso debe mantenerse alejada de aquella que ha establecido la demanda, no sólo físicamente de ella, sino del lugar de su residencia y de su centro de trabajo.

■ Si ese individuo continúa ejerciendo el acoso, puede ser procesada por cometer una violación criminal.

¿Son efectivas las *órdenes de protección?* Sólo en algunos casos... ésa es la realidad. Los estudios realizados al respecto en los Estados Unidos demuestran que, en muchas situaciones, las órdenes de protección resultan efectivas solamente durante las primeras semanas de ser expedidas. Después, el acoso vuelve a ser ejercido... y la persona asediada no tiene otra alternativa que iniciar nuevamente el proceso para evitar el contacto personal con la persona ante la cual se siente en peligro.

■ Una vez que llegue a su casa o apartamento, mantenga las luces de su auto encendidas hasta que pueda entrar el vehículo al garaje. Si la puerta del garaje es activàda por control remoto, esto le proporcionará mayor seguridad: le permitirá permanecer en el automóvil con los pestillos de seguridad activados hasta que esté dentro de su garaje cerrado.

■ Si debe estacionar el vehículo en la calle (porque el edificio donde resida no incluya un garaje), hágalo en áreas iluminadas y transitadas.

■ Examine las rutas diarias por las que usted viaja e identifique lugares que considere seguros (gasolineras que están abiertas las 24 horas, mercados, y estaciones de Policía o Bomberos). Si se le presentara algún problema en el automóvil, conduzca el vehículo directamente a uno de esos lugares... no trate de llegar a su casa.

COMO REPORTAR UNA ACTIVIDAD SOSPECHOSA

Estar preparado para reportar cualquier actividad sospechosa es una manera de proteger su residencia, su vecindario, sus pertenencias... y a usted mismo. Por eso:

■ Siempre mantenga el número de teléfono de la Policía anotado cerca de su teléfono.

■ También es muy importante que mantenga la calma y evite incurrir en riesgos innecesarios si se debe enfrentar a una situación de peligro (presenciar un asalto a mano armada, por ejemplo). Limítese a llamar a la **Policía** o al número nacional de emergencia: **911**.

■ Manténgase alejado de la escena del crimen.

Al llamar a la **Policía** o al **911** para reportar alguna actividad sospechosa, le preguntarán:

■ Su nombre.
■ Su dirección.
■ El número de su teléfono.

Esta información es requerida en caso de que se necesite establecer algún contacto adicional con usted. No obstante, usted puede mantenerse en el anonimato si así lo prefiere.

Lo siguiente constituye la información más importante que usted deberá ofrecerle a la Policía:

- ¿Qué pasó?
- Lugar y hora.
- ¿Alguien ha resultado lesionado?
- Descripción del sujeto sospechoso.
- Descripción del vehículo que era conducido.
- El número de la placa del vehículo.
- Tiempo y dirección hacia la que se escapó el sospechoso.
- Detalles y circunstancias adicionales.

Manténgase en el teléfono hasta que usted esté seguro de que la Policía o el operador del número de emergencia 911 tiene toda la información necesaria. Además, recuerde que con su ayuda al reportar actividades sospechosas, la Policía puede proteger los derechos de los residentes de una ciudad de una manera más efectiva.

A continuación, algunas de las circunstancias que valdría la pena reportar y el posible crimen que podría haber tras ellas:

- Un grupo de personas que está yendo de puerta en puerta en un área residencial, especialmente si una o más de esas personas se dirigen a la parte trasera de las residencias. **Posible crimen:** Quizás sean ladrones en busca de un blanco para sus fechorías.
- Un individuo que espera delante de una casa que no está ocupada o de un negocio que está cerrado. **Posible crimen:** Planificando un robo.
- Un individuo que está tratando de forzar la puerta de una casa o edificio de apartamentos, o penetra en la casa de su vecino mientras ésta no se encuentra ocupada. **Posible crimen:** Ladrones.
- Una persona corriendo, especialmente si lleva consigo algún objeto de valor. **Posible crimen:** Tal vez se trate de un ladrón que huye de la escena del robo.
- Mucho tráfico de personas que van y vienen hacia determinada residencia, sobre todo si el tráfico es diario. **Posible crimen:** Una operación de drogas o algún tipo de negocio ilícito.

- Una persona que grita. **Posible crimen:** Robo o asalto.

- Una persona que deambula sin dirección entre los automóviles estacionados, o que mira hacia el interior de los vehículos para comprobar qué hay en ellos. **Posible crimen:** Robo de automóviles o de las pertenencias que hay dentro de éstos.

- Persona que deambula alrededor de las escuelas, parques, o áreas solitarias. **Posible crimen:** Posible violador o abusador sexual, o traficante de drogas.

- Persona que ofrece objetos para vender a muy bajo precio. **Posible crimen:** Tratando de vender propiedad robada.

- Extraños que deambulan o conducen repetidamente su automóvil alrededor del vecindario. **Posible crimen:** Ladrones o vándalos.

- Un vehículo que se mueve lentamente con las luces apagadas, o siguiendo un curso sin rumbo. Esto es sospechoso en cualquier sitio, incluyendo las calles residenciales, las escuelas, o las áreas de juego de niños. **Posible crimen:** Ladrones, vendedores de drogas o abusadores sexuales.

- Un vehículo estacionado por largo tiempo con una o más personas en el interior; especialmente significativo si es observado a una hora poco usual. **Posible crimen:** Vigilando para un asalto o robo.

- Vehículos que están siendo cargados con objetos valiosos, sobre todo si se encuentran estacionados cerca de un negocio o una residencia desocupada. **Posible crimen:** Robo en progreso.

- Vehículo abandonado, estacionado en la cuadra de su casa. **Posible crimen:** Auto robado y abandonado.

- Vehículo que contiene armas. **Posible crimen:** El dueño o conductor puede estar involucrado en alguna actividad criminal.

- Vehículo en el cual alguien está siendo forzado a entrar, especialmente si es una mujer o un joven. **Posible crimen:** Asalto, secuestro, violación o abuso sexual.

- Vehículo en el cual una transacción de negocio está siendo llevada a cabo, sobre todo si ésta ocurre cerca de un parque o escuela. **Posible crimen:** Venta de artículos robados o drogas.

- Vehículo cerrado al cual alguien está tratando de entrar por la fuerza, especialmente en un estacionamiento. **Posible crimen:** Robo de automóvil o su contenido.

- Personas que desarman partes mecánicas o accesorios de un vehículo determinado. **Posible crimen:** Robo o vandalismo.

- Objetos que son lanzados de un vehículo en marcha. **Posible**

crimen: Desecho de objetos o evidencias de un acto criminal.

■ Las mercancías almacenadas en casas, garajes u otros lugares poco comunes son sospechosas si son numerosas y nuevas. **Posible crimen:** Artículos robados.

■ Mercancía que usualmente no se deja en el interior de un vehículo (como televisores, estéreos, piezas de autos), especialmente si son vistas a horas no usuales. **Posible crimen:** Artículos robados.

■ Mercancías que están siendo extraídas o cargadas en un vehículo o edificio a una hora poco usual, o en un negocio que está cerrado, o en una residencia desocupada. **Posible crimen:** Robo en progreso.

OTRAS ACTIVIDADES SOSPECHOSAS

■ Continuas operaciones de reparación en una zona que no es de negocios. Son grandes las posibilidades de que se trate de mercancía robada que está siendo alterada para impedir su identificación.

■ Puertas y ventanas abiertas o rotas en un negocio cerrado o una residencia desocupada. Posible robo en progreso o robo finalizado; vandalismo.

■ Ruidos poco usuales, como disparos, gritos, o perros que continuamente ladran. Posible robo, asalto, violación, maltrato físico, etc.

■ Ruido de cristales rotos. Posible robo o situación de vandalismo.

■ Persona que muestra síntomas mentales o físicos poco usuales. La persona puede haber sufrido un accidente, estar bajo la influencia de drogas, o necesita atención médica urgente. Llame a la Policía o al 911; no trate de solucionar la situación por sí mismo.

COMO IDENTIFICAR
A UN ESTAFADOR

EL ESTAFADOR: El astuto estafador es un buen actor que desarma a sus víctimas con unos modales afables y la apariencia de una persona decente... pero detrás de ese amistoso interior hay un manipulador astuto que puede identificar a sus víctimas en potencia y destruir cualquier resistencia que éstas pongan a sus proposiciones. Cada conquista es parte de un juego en el cual él tiene que ser mejor que los demás.

El típico estafador es amoral, pero rara vez violento; tiene un excelente sentido de la oportunidad. El sinceramente cree que sus víctimas se merecen su destino y, si es capturado y procesado, las estadísticas muestran que probablemente volverá a hacer lo mismo más adelante.

LA VICTIMA: Cualquier persona puede ser una víctima, incluso aquélla que se considere a sí misma como demasiado inteligente para poder ser estafada. Muchas víctimas comparten ciertas características; por ejemplo: a menudo –aunque no siempre– son personas mayores, mujeres o individuos que viven solos; son personas que depositan su confianza en otros (incluso en extraños), y que pueden necesitar o desear ingresos adicionales. La soledad, la disposición para ayudar a los demás, y el amplio sentido de la caridad son características que un estafador hábil explotará para obtener la cooperación de sus víctimas. El estafador finalmente se apropiará de parte de las pertenencias de sus víctimas, incluyendo los beneficios de seguros de vida, pensiones, el valor acumulado por sus casas, o cualquier otra propiedad tangible. Peor aún: usualmente lo hará con la cooperación voluntaria de sus víctimas que han quedado enredadas en sus planes de estafa.

FRASES CLAVES QUE UTILIZA EL ESTAFADOR:
Es difícil poder detectar a un estafador por su aparienciaa, pero a menudo es posible distinguirlo por sus palabras y expresiones. Estas son las más frecuentes, de acuerdo con los investigadores:

- **Pague en efectivo solamente.** ¿Por qué es únicamente necesario el efectivo para esa transacción? ¿Por qué no un cheque o giro postal?
- **Planes secretos.** ¿Por qué le piden a usted que no se lo diga a nadie?
- **Enriquecerse rápidamente.** Cualquier proyecto que proponga un rápido enriquecimiento debe ser investigado cuidadosamente.
- **Algo por nada.** No hay duda de que los Estados Unidos es el país de las oportunidades, pero todo tiene un precio. ¡No lo olvide!
- **Concursos.** Cerciórese de que no se trata de una excusa para incluirlo en un plan en el que seguramente va a perder su dinero.
- **Rapidez.** Sospeche de cualquier presión que le hagan para que tome decisiones o actúe inmediatamente. ¡Todo toma su tiempo!
- **Solamente hoy.** Si hay algo que vale la pena hoy, es muy proba-

ble que también esté disponible mañana.

■ **Demasiado bueno para ser verdad.** De nuevo considere que, en los Estados Unidos (lo mismo que en cualquier otra parte del mundo) todo el mundo quiere beneficiarse de cualquier transacción que se realice.

■ **Ultima oportunidad.** Si es una oportunidad que vale la pena, ¿por qué es ofrecida con tan corto aviso?

■ **Material desechado.** Esos materiales desechados pueden también ser materiales robados o defectuosos.

LAS ESTAFAS MAS FRECUENTES

La lista de estafas posibles sería interminable, pero algunas de las más frecuentes son las siguientes:

■ **Mejoras para la casa.** Le proponen hacer reparaciones o mejoras a su casa; le aseguran que se trata de una alteración para cumplir con un requisito de la ciudad donde viva, o medidas para controlar plagas de insectos y roedores.

■ **Estafas relacionadas con el banco.** Es el caso de la persona que se ofrece a examinar la cuenta de su banco para recomendarle inversiones más provechosas.

■ **Inversiones.** Franquicias, fraudes de tierra, registros de inventos, inversiones en la Bolsa y trabajos que pueden ser realizados desde la casa.

■ **Fraudes postales.** Cartas en cadena, suscripciones de revistas, mercancías no ordenadas, cursos por correspondencia.

■ **Otros:**
(**1**) El precio de la oferta no corresponde con el precio real.
(**2**) Fraudes perpetrados por supuestas instituciones de caridad.
(**3**) Búsqueda de parejas afines por medio de computadoras.
(**4**) Contratos y licencias para realizar diferentes actividades.
(**5**) Planes para comprar comidas congeladas a precios reducidos.
(**6**) Supuestas instituciones de salud.
(**7**) Supuestas agencias de empleos.
(**8**) Falsas herencias.
(**9**) Pirámides.
(**10**) Venta de terrenos en cementerios.

(11) Venta de lotes de terrenos en áreas de desarrollo rápido (especialmente en playas y centros de vacaciones).

REGLAS GENERALES PARA EVITAR ESTAFAS

■ Siempre investigue antes de invertir su dinero o firmar un contrato.

■ Sospeche de cualquier promesa que considere demasiado buena, o que le proporcione ganancias elevadas (o poco usuales), o el ofrecimiento de gangas contra las que nadie puede competir.

■ No comente su estado financiero personal o le entregue dinero en efectivo a extraños.

■ No sienta vergüenza en reportar a la Policía que usted ha sido víctima de una estafa. Ofrezca la mayor información posible al respecto para que el individuo pueda ser arrestado.

■ Testifique ante los tribunales, si fuera necesario, sobre la estafa de la cual ha sido víctima.

LA ESTRATEGIA DE LAS ESTAFAS: Las estafas más exitosas son –por lo general– las más antiguas y comunes, actualizadas según las circunstancias:

■ La vieja estratagema de la mina de oro en la que se muestra sólo el primer metro de ella todavía se practica. Usted quizás haya oído hablar de aquellos inescrupulosos dueños de minas de oro ya agotadas, que para venderlas colocaban unas cuantas pepitas de oro en el tramo inicial de la mina, haciéndoles creer a los compradores que la mina sí tenía oro. En una reciente versión de esta vieja estafa, un estafador compró seis televisores a precio regular en una tienda y se los vendió (todavía dentro de sus cajas), a seis personas prominentes de una localidad, por sólo un quinto de su precio original. Más tarde, contrató a varios estudiantes de secundaria como vendedores telefónicos para vender numerosos televisores nuevos que, según ellos decían, se le habían comprado a tiendas en bancarrotas. Cuando los clientes potenciales dudaban, el estafador usaba como referencia a los seis compradores originales que habían sido empleados como carnada. Antes de que la Policía fuera alertada de la estafa, el estafador había logrado reunir unos U.S.$60,000.

■ De la misma forma, la vieja estafa del examinador del banco todavía se mantiene vigente y funciona bien, particularmente entre viudas de edad avanzada. El estafador, haciéndose pasar por un examinador de banco, le pide a la víctima que lo ayude a comprobar la honestidad de sus empleados bancarios por medio del retiro de una suma sustancial de fondos. Cuando los fondos retirados son entregados al estafador para que los examine, él le entrega a la víctima un recibo que, aunque parece oficial, no tiene valor alguno... y desaparece. Muchos estafadores inclusive imprimen identificaciones aparentemente oficiales de la institución bancaria que han elegido.

■ Las autoridades postales les advierten a los ciudadanos que se mantengan particularmente atentos a las estafas de órdenes por correos, entre las que se incluyen los falsos trabajos desde la casa, los cuales requieren depósitos en efectivo o pagos.

Entre todas las áreas de actividad de estafa, éstas son probablemente las más activas y productivas para un estafador.

¿REQUIERE ATENCION MEDICA DE EMERGENCIA?

Los **centros de emergencias de los hospitales** (**EMERGENCY DEPARTMENTS**) ofrecen servicio a pacientes críticamente enfermos o seriamente lesionados. Considere las siguientes situaciones y procesos para obtener el tratamiento necesario:

■ Para las emergencias menores existen las **salas de emergencia de servicio rápido** (**FAST TRACK**). Cuando usted llega a una de estas salas de emergencias, un miembro del equipo médico evaluará su condición y le hará saber en qué área del hospital será atendido. La *sala de emergencias de servicio rápido* está específicamente diseñada para tratar pacientes con dolencias menores, cortaduras, fracturas, lesiones que no amenazan la vida.

Para facilitar la atención de los pacientes, algunas áreas especiales han sido creadas dentro de los departamentos de rayos X y los laboratorios, para así poder ofrecer los resultados de los análisis con mayor rapidez. La *sala de emergencias de servicio rápido* permanece abierta los siete días de la semana, de 11 de la mañana a 11 de la noche.

■ **Un equipo de especialistas profesionales.** El equipo de emergencia está compuesto por enfermeras, médicos y especialistas en laboratorio y radiografías. Este equipo trabaja 24 horas al día, los siete días de la semana. Antes de que un paciente que llega a la sala de emergencias reciba tratamiento, es necesario registrarlo y ubicarlo. El proceso de registro y ubicación son requeridos para que el tratamiento del paciente sea óptimo. La ubicación, por ejemplo, es un sistema de priorización de necesidades médicas, que asegura que aquellos pacientes que requieren atención inmediata sean los primeros en recibirla.

■ **¿Qué información necesita un paciente para registrarse?** El registro al ingresar a la sala de emergencias es imprescindible; su propósito es crear un documento de confirmación de su visita. Se le pedirá información acerca de su persona, su familia, su médico, su empleo y su seguro de salud. Si usted ha sido un paciente anterior de ese hospital, se necesitará revisar la información que aparezca en la computadora para comprobar que esté actualizada. También se le pedirá que firme un modelo de autorización para su atención (la autorización de un padre o de la persona con la custodia legal es requerida en el caso de los niños).

■ **La rapidez es una prioridad, pero la paciencia es imprescindible.** A pesar de todos los esfuerzos que se hacen en las salas de emergencias de todos los hospitales para ofrecerles una atención rápida a los pacientes, existen numerosas razones por las cuales usted puede tener que esperar. Otros pacientes pueden ser atendidos antes que usted porque presentan condiciones más serias. También puede tomar tiempo obtener los resultados de algunos procedimientos necesarios, como radiografías o análisis de sangre. Su cooperación y paciencia son imprescindibles. Siéntase en libertad de hablar con la enfermera de la recepción acerca de cualquier preocupación o cambio en su estado físico.

■ **Dónde deben esperar los familiares y amigos.** Los miembros de la familia y amigos que acompañen al paciente al hospital deben permanecer en el área de espera donde; para su conveniencia, hay teléfonos y baños disponibles. Es importante que el paciente trate de mantener un número limitado de visitantes en el área de tratamiento de emergencia. Esto le ofrece a los miembros del equipo de emergencia suficiente espacio para realizar sus actividades con la debida eficiencia. De esta forma, las necesidades del paciente pueden ser satisfechas apropiadamente y se puede mantener la privacidad de éste.

■ **¿Habrá alguna consulta posterior?** Cuando usted se marche del hospital, recibirá instrucciones para continuar su cuidado médico. Es muy importante que comprenda debidamente esas instrucciones... y que las siga. Si no las entiende, pídale al médico o a la enfermera que se las explique. Usted es responsable de su propio cuidado una vez que es dado de alta del centro de emergencias, y es responsable también de realizar las citas posteriores tal y como se indica en sus instrucciones.

■ **Cuentas a pagar.** Las instrucciones de pago serán realizadas en el momento del tratamiento. Más adelante, usted recibirá una cuenta del hospital por el uso de sus facilidades, por la atención provista por las enfermeras y otros miembros del plantel, así como por las pruebas y materiales que fueron usados durante su tratamiento. Considere que:

(1) Los médicos en el centro de emergencias son practicantes independientes. Ellos le cobrarán separadamente por el tratamiento que le han ofrecido.

(2) Si se tomaron radiografías, recibirá una cuenta de un radiólogo independiente que estudió e interpretó ese procedimiento.

(3) Un patólogo le enviará la cuenta por la interpretación de sus análisis de laboratorio.

(4) Si su médico personal se encontró con usted en la sala de emergencias o llamaron a un especialista para tratarlo, ellos también le pasarán su cuenta por separado.

Estas cuentas se generan en las oficinas de los médicos y cualquier pregunta acerca de los cargos deberá ser dirigida a los teléfonos que aparecen impresos en las cuentas.

CAPITULO 13

MUJERES MALTRATADAS: ¿QUE PUEDEN HACER?

Cuando en los Estados Unidos se menciona el término **violencia doméstica**, la gran mayoría de las veces se refiere a mujeres que son maltratadas por un hombre, casi siempre el cónyuge. Se trata de un problema serio, con graves consecuencias –no solamente para la mujer en cuestión, sino para toda la familia, especialmente los niños– y la mujer que vive en este país debe conocer todo lo referente al mismo para aprender a defenderse y evitar males mayores.

De acuerdo con los muchos estudios que se han realizado sobre la violencia doméstica en los últimos años, ese maltrato de que con frecuencia es víctima la mujer no es característico de determinados grupos. Es decir, el nivel económico, la edad, el lugar, la raza, la religión y las preferencias sexuales no son factores que contribuyan a tal conducta violenta. Es más, se considera que:

■ Según las estadísticas más recientes, en los Estados Unidos **1 de cada 2 mujeres** –sin importar su condición– será víctima del maltrato físico por parte de su pareja.

■ Los estudios indican que sobre el 95% de los casos de maltrato, el hombre es el agresor; la mujer es la víctima.

Por ello, la información que ofrecemos en este capítulo se refieren a la mujer (ella) como la víctima; al hombre (él) como el agresor. No obstante, es un hecho asimismo comprobado que en las relaciones íntimas hay mujeres que maltratan al hombre, mujeres que agreden a mujeres y hombres que maltratan a hombres. En otras palabras: el espectro de la violencia doméstica es amplio, y comprende diferentes situaciones dentro de una familia.

¿Quiénes son víctimas de la violencia doméstica? Considere las siguientes situaciones:

■ Está casada legalmente con el hombre que la maltrata.
■ Mantiene una relación homosexual con una persona que la maltrata.
■ Si usted ha terminado –formal o legalmente– la relación, vive en el mismo domicilio pero su ex pareja continúa maltratándola.

■ Si usted ya no vive con su pareja, pero ésta continúa maltratándola.

■ Su pareja maltrata a algún miembro de la familia, a sus padres, o a un niño.

Usted debe considerarse víctima del maltrato aunque le parezca que la conducta de su pareja no es tan violenta como lo que probablemente haya visto en la televisión o lo que le hayan contado otras mujeres. Considere que:

■ El respeto a su persona es un derecho fundamental en todo ser humano, y usted debe esgrimirlo en todo momento.

¿ES USTED VICTIMA DEL MALTRATO?

Es posible que usted tenga dudas con respecto al tipo de agresión de la que es víctima, y tal vez no considere que es tan seria como para considerarse una víctima de la *violencia doméstica.* ¿Cómo puede aclarar sus dudas? Mirándose en el espejo. Si observa rasguños o alguna inflamación en el cuerpo, consecuencia del trato de su pareja, se dará cuenta inmediatamente de que ha sido maltratada. Para considerarse víctima de *violencia doméstica,* muchas veces sólo se presta atención a la agresión física; sin embargo, existen otras formas de maltrato que no son visibles. ¿Cómo saberlo? Hágase usted misma las siguientes preguntas y las respuestas le indicarán cuál es la situación.

■ ¿Usted siente como si estuviese caminando por una cuerda floja para mantener la paz en el hogar?

■ ¿Se siente encerrada en su casa... como si fuese una prisionera?

■ ¿Su pareja la sigue constantemente para saber qué hace, cuánto tiempo ha pasado realizando determinada actividad, y le pide cuenta de cada minuto de su tiempo?

■ ¿Su pareja la sigue, se aparece en su trabajo, en el colegio, o en casa de los amigos que usted pueda visitar?

■ ¿Se ve forzada a hacer el amor cuando no lo desea?

■ ¿Su pareja se niega a proteger su relación sexual exponiéndola así a contraer enfermedades trasmitidas por el sexo? Es decir: ¿se niega a practicar el sexo seguro, y no utiliza un preservativo (o condón)?

■ ¿Su pareja la amenaza verbalmente o la insulta con palabras y gestos ofensivos?

■ ¿Su pareja se muestra violento con los niños, con las mascotas en el hogar, e inclusive con los objetos que tiene a su alrededor...?

■ ¿Usted se siente incapaz de expresar sus gustos, sus opiniones?

■ ¿No puede entrar y salir de su casa cuando quiere... porque su pareja no se lo permite?

■ ¿Su pareja es quien administra el dinero, no le da participación alguna en la forma en que se invierte el presupuesto de la familia? ¿Le exige cuentas hasta del último centavo que le entrega?

■ ¿Su pareja la humilla con acciones o palabras, en privado o delante de otras personas?

■ ¿Su pareja la acusa frecuentemente de tener relaciones con otros hombres?

Si su respuesta es afirmativa a alguna de estas preguntas, es posible que usted se halle ante una situación de maltrato por parte de su pareja. Si es así, no es de extrañar que se sienta terriblemente sola y desconcertada ante la experiencia por la cual está atravesando. Considere que:

■ El maltrato y los golpes son los medios de que se vale una persona para controlar las acciones y los sentimientos de otra persona con la cual está relacionada.

Ese tipo de comportamiento puede considerarse como tácticas y acciones pensadas y planificadas. Es decir, su agresor en realidad no está dando rienda suelta a su descontrol, sino que está tratando de controlarla a usted... por los medios que considere que son los más efectivos (la amenaza, el chantaje sexual... y la agresión física, desde luego).

El maltrato físico y sexual no son únicamente tácticas para controlarla, son también la fuerza que mueve otras tácticas:

■ Si usted vive con el temor constante a ser víctima de la agresión física, teme por su vida, entonces a su pareja le será fácil controlarla.

■ Si su pareja le ha hecho daño anteriormente (o usted está consciente de que es capaz de maltratarla físicamente), entonces todas las demás tácticas que utilice en un momento dado le resultarán efectivas para manipularla, aunque usted no sea víctima de una agresión física o sexual en ese momento.

Es evidente que una vez que alguien la haya tratado violentamente, aumenta el impacto de las amenazas, de la soledad, y de las humillaciones que pueda recibir. Si él la golpeó una sola vez hace tiempo, eso no significa que ahora usted no esté expuesta al maltrato si la amenaza o la aísla para controlarla. Si usted siente temor (en distintos niveles de intensidad) y está controlada por sus amenazas (por medio de gritos, gestos, o lanzamiento de objetos), o la amenaza con llevarse a los niños, usted está siendo víctima de la *violencia doméstica.* De hecho, es posible que su pareja no la agreda físicamente en determinadas ocasiones, sino que utilice otras tácticas más fuertes que a él le resultan efectivas para controlarla de acuerdo con sus gustos y deseos.

¡NO TODAS LAS MUJERES VEN CON CLARIDAD LA SITUACION DE VIOLENCIA DOMESTICA EN QUE SE ENCUENTRAN!

Debido a las emociones humanas, la violencia doméstica no siempre es aceptada por las mujeres que son víctimas de su cónyuge. No solamente es posible que usted no se percate de la situación en que se encuentra, sino que también llegue a convencerse usted misma de que no existe. Es frecuente que la mujer maltratada encuentre excusas para la conducta del hombre y que llegue hasta sentirse culpable de su comportamiento. Al reaccionar de esta manera, en realidad lo que usted está tratando es de sobrevivir ante una situación muy dolorosa, además de que se siente confundida ante el hecho de que el hombre que usted probablemente ama abuse de usted. El maltrato distorsiona la realidad y –como vive angustiada y temerosa– no es capaz de analizar su situación con la objetividad necesaria. En algunos casos, las víctimas del maltrato por parte de sus cónyuges llegan a refugiarse en el alcohol y las drogas, buscando escapar de una situación que les resulta intolerable.

Para complicar aún más este tipo de situación, la conducta de su pareja la confundirá. En ocasiones le negará que es culpable de la violencia doméstica, y le asegurará que es usted quien lo provoca (por cualquier motivo). Además, habrá períodos de calma y de arrepentimiento por su parte... y usted le dará otra oportunidad, confiando en que se producirá el cambio que espera. También él pudiera recurrir al halago y a hacerle regalos... pero la experiencia demuestra que todas estas estrategias no son más que tácticas para continuar manipulándola.

No hay duda de que en la situación que se encuentra la mujer víctima de la *violencia doméstica,* le tomará tiempo para que se pueda enfrentar a la realidad. Llegar a considerarse víctima del maltrato de un hombre es un paso difícil, pero es el primero para llegar a librarse de las tácticas de manipulación y control de su pareja. Es ese instante de consciencia con respecto a la situación en que se halla involucrada que comenzará a tomar las medidas necesarias para cambiar su estilo de vida, prestándole atención a sus verdaderos sentimientos.

¿PERMANECER... O ABANDONAR LA CASA?

Es muy probable que usted haya pensado en escapar de la relación violenta que está viviendo. Quizá lo haga y regrese... es el patrón de conducta de muchas mujeres que son víctimas de la violencia doméstica. Y es natural que así sea, aunque no lógico: son muchos sentimientos encontrados los que contribuyen a que la mujer encuentre una justificación para regresar junto al hombre que la maltrata.

Si usted huyó del hogar y regresa junto a su cónyuge, basándose en las promesas que éste haya podido hacerle, y al poco tiempo comprueba que la reconciliación ha fracasado, no se desespere. Es parte del proceso para que escape de una vez y por todas de la situación en que se halla atrapada... y así tendrá más comprobaciones de que todo tipo de ajuste será imposible. La realidad es que nadie cambia, y mucho menos los hombres que se vuelven agresores de sus cónyuges.

Por supuesto, mientras mantiene contacto con su agresor, protéjase. Para ello, mantenga siempre con usted los números de teléfonos de amigos y de la Policía. Asimismo, piense en posibles opciones cuando se presente una crisis; es decir, qué va a hacer llegado el caso. Tener definida esta actitud ante la manifestación de violencia, ya es un paso en la dirección correcta que usted habrá dado.

HA DECIDIDO ABANDONAR EL HOGAR, PERO... ¿SABE COMO HACERLO?

Ya usted ha decidido irse. Lo primero es tomar medidas que sean las menos peligrosa para usted. Si tiene tiempo para hacer maletas y llevarse sus objetos más personales, magnífico. Pero si esto no fuera posible, abandone su hogar (con los niños, si los hubiera)... ¡y nada más! Es posible que después pueda regresar –acompañada por la Policía– para recoger sus pertenencias.

En todo caso, trate de llevarse todos los documentos personales importantes que pueda. La siguiente lista le ayudará llegado el momento:

■ Sus identificaciones, certificado de matrimonio, licencia de conducir, certificados de nacimiento, tarjetas de crédito, título de propiedad del automóvil, los papeles de los seguros, la libretas de la cuenta de ahorros y la de cheques, los objetos de más valor, las llaves de la casa y del automóvil, medicamentos, el dinero en efectivo que tenga, sellos de alimentos si los tiene, tarjetas de seguros médicos, las tarjetas del seguro social, certificado de divorcio y de fallos en los tribunales.

■ Si usted tiene una cuenta en conjunto con su pareja, retire los fondos del banco. También llévese cualquier contrato de crédito o compras a nombre de los dos; piense que todos estos son elementos que él puede utilizar en el futuro para controlar o influir en sus decisiones. No deje atrás tarjetas de crédito ni otros documentos que estén sólo a nombre suyo.

■ Si considera que los niños no corren peligro de maltrato y usted sí, considere dejarlos e irse sola. Esto pudiera dificultar recobrarlos legalmente en una etapa posterior, y por ello es preferible que todos (juntos) abandonen el hogar.

■ Ante un incidente de violencia física, es importante que acuda al médico para que la examine y compruebe el maltrato físico que ha experimentado. Esta información debe constar en su hoja clínica... un documento que puede ser muy valioso más tarde.

■ Saber dónde ir es muy importante pues usted y los niños necesitan estar a salvo, en un lugar seguro donde se encuentren protegidos. Si decidió abandonar su hogar, esta medida es la primera que debe considerar y averiguar con anticipación cuáles y dónde están los refugios de emergencia para situaciones de este tipo que funcionan en la ciudad donde usted reside. Usted y sus hijos pueden permanecer en esos centros por un período hasta de ocho semanas mientras se define la situación en que se halla.

■ Es cierto que los familiares y amigos le pueden ayudar en esta crisis pero, una vez que ni usted ni sus hijos corran peligro, necesita rehacer su vida y valerse por sí misma. Al tomar su decisión debe tener presente que habrá un reajuste al cual no le será fácil enfrentarse. Aunque usted trabaje o tenga otros ingresos, siempre tendrá que cambiar su estilo de vida, y es posible que por un tiempo hasta tenga que solicitar **ayuda social (WELFARE BENEFITS)**. En esta etapa es importante tener presente que esta nueva situación no va a ser permanente para usted. Una vez que se sienta segura renacerá la esperanza de encontrar alternativas para continuar adelante con su vida.

■ Una vez que llegue el momento de buscar dónde vivir, no mencione la situación en que se encuentra, pues habrá quien no le alquile a personas que corren el riesgo de ser víctimas de la violencia. Sin embargo, también habrá quien la mire con simpatía si conoce su problema y que la ayude. Lo más importante es la seguridad del lugar a donde se mude: debe tener puertas y ventanas que cierren bien, y un teléfono activo (de ser posible). También es conveniente conocer a los nuevos vecinos y alertarlos sobre la situación en que se encuentra.

En dondequiera que viva en los Estados Unidos, siempre encontrará ayuda de la **agencia de bienestar social (WELFARE)**. Puede recurrir al departamento que ofrece **ayuda temporal a las familias (TEMPORARY ASSISTANCE TO NEEDY FAMILIES** o **TANF)**, donde atienden casos de mujeres solas. Los gobiernos estatales también tienen **departamentos de niños y familias (DEPARTMENT OF CHILDREN AND FAMILIES)** que ofrecen entrenamiento para trabajos y otros servicios que contribuyen a que la mujer víctima de la violencia conyugal normalice su vida. Si tiene más de 65 años puede ser elegible para recibir la **ayuda suplementaria del Seguro Social (SUPPLEMENTARY SECURITY INCOME)** y el **MEDICAID**. Esta gestión debe ser hecha, personalmente, en las oficinas del Seguro Social de la ciudad donde usted resida. Para solicitar cualquier forma de asistencia necesita presentar documentos y pruebas: certificados de nacimiento, tarjeta del Social Security, prueba de su residencia legal en el país, etc.

En caso de tener que buscar trabajo, también hay lugares que ofrecen entrenamiento y la orientan con respecto a las oportunidades de trabajo. Existen igualmente agencias estatales, las cuales encontrará en el directorio telefónico bajo el epígrafe **JOB SERVICES**. Y según sea la situación en que se encuentre, pudiera acudir a alguno de los centros de educación para adultos que brinda el sistema escolar norteamericano. Son cursos cortos de capacitación y constituyen una excelente ayuda para conseguir trabajo.

Es importante que no se desanime ante la decisión que ha tomado. Acepte que el nuevo camino que ha elegido es difícil, que requerirá tiempo y energía reconstruir su vida... pero su caso no es el único, y muchos la ayudarán a salir adelante en el proceso. Ha dado los primeros pasos que son necesarios para sentirse independiente y libre de la *violencia doméstica*. Además, considere que usted no es culpable. Usted no está sola. Las leyes de los Estados Unidos la amparan.

¡LAS LEYES LA PROTEGEN!

Las leyes de los Estados Unidos constituyen el mejor medio para obtener protección, para usted y para sus hijos. No obstante, aunque las conozca, existen algunas circunstancias que pudieran influir en su decición de llamar a la Policía o acudir a los tribunales. Las siguientes consideraciones la ayudarán a decidir:

- Si el maltrato al que usted está siendo sometida no tiene serias consecuencias para el hombre (con la Policía o legales, por ejemplo), no hay duda de que el nivel de violencia será cada vez mayor.
- Los tribunales pudieran tomar medidas contra el agresor: enviarlo a consejeros, a la cárcel, restringir sus actividades, etc. Esta es una forma de que usted obtenga la protección que necesita.
- La *violencia doméstica* es un crimen y las posibilidades de que su agresor sea arrestado son grandes. Por medio de los tribunales se presentarán cargos contra el hombre en cuestión, y él será el responsable de poner fin al maltrato al que usted está sometida, o deberá enfrentarse a las consecuencias de violar la ley.
- Si el maltrato continúa, la respuesta de la ley será inmediata.

Las leyes sobre arrestos y penalidades impuestas por los tribunales en caso de maltrato no son las mismas en todos los Estados en cuanto a ciertos detalles. No obstante, por lo general usted tiene dos opciones para pedir protección: **(1)** llamar a la Policía cuando ocurre la agresión o, **(2)** presentar su caso ante los tribunales (generalmente el llamado **tribunal de familia** o **FAMILY COURT**).

- Usted debe llamar a la Policía cuando su pareja la amenaza o la maltrata, aunque sea en su propio hogar. La Policía lo arrestará si comprueba un acto de *violencia doméstica,* o si considera que existe una causa probable. El arresto conlleva una penalidad porque el maltrato es un crimen condenado por la ley.

▄ Usted acude a los tribunales en busca de ayuda para ponerle fin al maltrato de que es víctima. En la decisión de presentar su caso ante los tribunales intervienen los lazos emocionales con el agresor, quien probablemente la coaccionará con promesas para evitar el peso de la ley. Como se trata de un crimen, usted es la testigo, pero los tribunales pueden obviar el trámite de que sea usted quien inicie el caso. Esto significa que será el Estado –y no usted– quien presente los cargos contra su agresor.

AL PRESENTAR EL CASO
ANTE LOS TRIBUNALES...

Tenga presente que cuando su pareja sepa que se enfrenta cargos legales en su contra, reacionará con promesas de "nunca más sucederá esto", con intimidaciones y presiones, o también puede escalar el nivel de violencia. Seguirá la estrategia que le haya dado mejor resultado anteriormente. Es posible que con el tiempo usted vacile y no quiera seguir adelante con el caso, presionada por promesas del hombre, por los familiares (por lo general no creen que la situación tenga características de crisis), o por cualquier otro motivo. Por eso, una vez que usted decida presentar su caso ante los tribunales, debe acudir a los servicios que se ofrecen en los centros de ayuda para la *violencia doméstica* o a las oficinas del **Fiscal del Estado** (**DISTRICT ATTORNEY**) donde hay consejeros que la apoyarán durante el proceso.

En los **procesos por arresto** (**ARREST**) cuando usted ha llamado a la Policía se cumplen diversos requisitos que exige la ley: citaciones por escrito e informes sobre el incidente, por ejemplo. Usted siempre debe obtener copia y el número del Policia que intervino en la situación (como referencia futura). En caso de arresto, el agresor irá a la cárcel hasta que el juez resuelva el procedimiento a seguir (fianza, libertad pendiente de juicio, etc.). Si el Fiscal del Estado tiene pruebas suficientes para encausar a su agresor por un acto criminal, dará órdenes para que comparezca ante el juez.

Las penas impuestas al agresor dependerán de la seriedad del caso, tomando en consideración si no tiene antecedentes de *violencia domésti-*

ca, y si se declara culpable o no culpable. Si el caso llega a juicio, éste será ante un juez o un jurado (de acuerdo con las regulaciones del Estado donde usted resida). Y si el agresor es declarado culpable, es muy probable que usted pueda involucrarse en el proceso, comunicándole al juez el tipo de sentencia que usted considera que merece. El juez considerará sus recomendaciones cuando dicte sentencia.

¡OBTENGA PROTECCION LEGAL CONTRA SU AGRESOR!

Existen también los requerimientos judiciales que son una forma de obtener protección legal, aunque usted nunca haya llamado a la Policía ni presentado el caso ante los tribunales. Son **órdenes restrictivas** (**RESTRAINING ORDERS**) para una emergencia cuando usted, como **solicitante** (**PETITIONER**), prueba que tiene motivos para temer ser víctima del maltrato de su cónyuge (**RESPONDENT**), y ese temor está basado en amenazas serias o violencia anterior. Si el hombre viola la orden es muy posible que sea arrestado.

Los jueces son los que preparan los requerimientos judiciales con medidas restrictivas que pueden ser la prohibición de aproximarse físicamente a usted, que abandone la casa inmediatamente, que no visite su casa ni el lugar donde usted trabaja, vigilancia para los hijos de ambos (durante un período de tiempo determinado), y cualquier otra medida restrictiva que estime conveniente.

¿NECESITA UN ABOGADO PARA PROTEGER SUS DERECHOS?

Usted no necesita un abogado para obtener una *orden de restricción* y los requisitos para solicitarla varían según el Estado donde usted resida. Para ser elegible, sin embargo, es necesario probar cuáles son los lazos familiares entre usted y el agresor: esposo, ex esposo, amante, un familiar de su misma sangre o por matrimonio, cualquiera que viva o haya vivido en su casa como familiar, o cualquier hombre con quien usted haya tenido un hijo, hayan vivido juntos bajo el mismo techo o no.

Se consideran que son casos de **violencia doméstica (DOMES-TIC VIOLENCE)** cuando ha habido maltrato, violencia física, asalto sexual, secuestro... cualquier situación en que la mujer haya sido maltratada físicamente. Es decir, la violencia doméstica implica que se produzca un asalto, pero éste puede ser –también– la amenaza contra su integridad física, aunque ésta no llegue a ser afectada.

Las solicitudes para **requerimientos judiciales (INJUC-TIONS FOR PROTECTION)** se obtienen en las oficinas del Departamento de Justicia estatal y en los tribunales estatales. Para presentar una **solicitud temporal (TEMPORARY INJUNC-TION)** es preciso rellenar la solicitud con la información que le pida el funcionario de la corte donde la obtuvo, quien le explicará el proceso a seguir, además de que le ayudará a prepararla:

- Si usted reúne los requisitos necesarios, es posible que obtenga una *orden de restricción* en el momento.

- Si no es así, entonces puede solicitar una comparecencia ante el juez para solicitar una orden de **restricción permanente (PER-MANENT INJUNCTION)**, a la cual deben comparecer usted y el agresor.

Las *órdenes restrictivas* entran en vigor en el momento en que el agresor las recibe. Es importante que usted mantenga una copia siempre a mano y estar dispuesta a llamar a la Policía si el agresor viola las *medidas de restricción* que le han sido impuestas.

OTRA ALTERNATIVA A CONSIDERAR: EL DIVORCIO

La posibilidad de divorciarse de un hombre que practique la violencia doméstica, y obtener la custodia de los hijos, es otra alternativa que puede ser considerada por la mujer que es víctima de un agresor.

- Si usted está casada legalmente y decide divorciarse, puede hacerlo mediante el proceso llamado **pro se**, sin ir a un abogado (únicamente cuando el divorcio es *simple)*. Se considera *simple* si es de mutuo acuerdo, no existen hijos menores de edad, y no está embarazada. La petición –de ambos en este caso– se presenta ante el tribunal del Condado donde usted resida, o en el ayuntamiento. De todos modos, ya sea de mutuo acuerdo o no, usted puede comprar en la corte el llamado **equipo de divorcio (DIVORCE KIT)** que incluye todos los formularios e instrucciones para presentar su solicitud de divorcio. Estos equipos también suelen ser vendidos en las **papelerías (STATIONERY STORES)**.

■ En caso de requerir un abogado para obtener su divorcio, antes de comprometerse con uno indague sobre su experiencia y prestigio, honorarios y si está debidamente acreditado. También puede obtener los servicios de **ayuda legal (LEGAL AID)**; vea el capítulo sobre este servicio; página xxx.

LA CUSTODIA DE LOS HIJOS

■ Cuando usted se separa del hombre que la maltrata, le preocupará la custodia de los hijos de ambos. Si no existen fallos de los tribunales y si el agresor es el padre natural o adoptivo de sus hijos, o comparte la custodia legal en alguna forma, entonces ambos tienen el mismo derecho a la custodia de los hijos. Esto quiere decir –en el peor de los casos– que puede irse con ellos en cualquier momento.

■ Si uno de los dos cónyuges presenta demanda de divorcio ante los tribunales, puede haber una comparecencia ante el juez antes del divorcio para determinar una custodia temporal.

■ Si usted no está legalmente casada, cualquiera de los dos puede solicitar la custodia de los hijos y entonces el juez decidirá.

En todo momento el juez tratará de decidir lo mejor para los niños:

■ Existe la llamada **custodia conjunta (SHARED PARENTAL RIGHTS AND RESPONSIBILITIES)** que es un arreglo mediante el cual los padres separados tienen los mismos derechos sobre el cuidado de los hijos. En este caso, se establecen los **derechos de visita (VISITATION RIGHTS)**; es decir, las regulaciones necesarias sobre dónde van a vivir los niños, las visitas, las vacaciones, etc. (con iguales derechos para los dos). Esta decisión tiene la desventaja de que se verá obligada a seguir manteniendo contacto con su agresor debido al bienestar de los niños.

■ Por otra parte, el juez puede otorgar la **custodia única (SOLE PARENTAL RESPONSIBILITY)**. Esta concede la custodia de los niños a uno de los dos cónyuges, quien es el único que tiene derecho a tomar decisiones que afecten a los pequeños.

Cualquier variación en las circunstancias anteriores a la decisión sobre la custodia de los niños deberá hacerse a través de los tribunales. Esto significa que si usted considera que las condiciones que la llevaron a tomar acción contra la *violencia doméstica* han variado, tiene todo el derecho a reclamar un cambio en el dictamen del tribunal.

¿ES ESTE EL FIN DE LA SITUACION?

Probablemente no. La experiencia demuestra que su agresor tratará de controlarla a usted por todos los medios posibles, inclusive utilizando a los hijos. Protestará de las condiciones que le han sido impuestas por los tribunales, e inclusive será capaz de amenazarla y agredirla (a usted y a los hijos). Todas estas situaciones son realidades a las que deberá enfrentarse la mujer que finalmente decide poner fin al maltrato del cual es víctima para hacer valer sus derechos. Es evidente que usted necesitará todo el apoyo posible –de familiares, amigos, y agencias gubernamentales– para que le ayuden a soportar esta situación sin darse por vencida. No piense en los conflictos del pasado, sino preocúpese por la acción que esté tomando en el presente, y considere el estilo de vida más positivo que podrá adoptar en un futuro muy cercano.

CAPITULO **14**

IMPUESTO FEDERAL SOBRE SUS INGRESOS (INCOME TAX)

Apenas usted llegue a los Estados Unidos como residente, empezará a darse cuenta de la importancia que tienen los impuestos para todas las personas que residen en este país. El que más preocupa y el más importante es el **impuesto federal sobre sus ingresos**, el llamado **INCOME TAX**. Todo lo referente a este impuesto –que deben pagar millones de personas y que recauda miles de millones de dólares– está en manos del **INTERNAL REVENUE SERVICE** (o **IRS**), un departamento de la Secretaría del Tesoro del Gobierno de los Estados Unidos, cuya sigla **IRS** se ha generalizado al punto de que es la forma que se usa comúnmente para referirse a este departamento.

Es importante aclarar que cuando se mencionan **impuestos federales (FEDERAL TAXES)**, éstos los impone el gobierno de los Estados Unidos y es una contribución obligatoria que debe cumplir todo el que reside en los Estados Unidos, sea ciudadano o residente legal.

Según las disposiciones del **IRS** sobre el *income tax,* todos los años usted –cualquiera que sea su condición como residente en el país– está obligado a presentar al gobierno federal una declaración sobre sus ingre-

sos personales, en las planillas oficiales o formularios que son suministradas por el **IRS** (comúnmente llamadas **FORMS** o **FORMAS**), con la información y documentos que le piden. Con esta declaración deberá enviar un cheque o giro postal por la cantidad que –según los datos que aparecen en la misma– usted debe pagar al **IRS** por concepto del impuesto sobre sus ingresos. En otras palabras, pagar su *income tax* al **IRS**.

Para cumplir con esta obligación ineludible de todas las personas residentes en los Estados Unidos usted necesita información –detallada, oficial y actualizada– sobre:

■ Cuáles son los **formularios** (**FORMS**) que debe usar para su declaración de impuestos, lo cual depende de su estado civil y de los requisitos que permiten usar un formulario u otro.
■ Cuándo, dónde, y cómo presentar su declaración.
■ El número de su seguro social, como identificación.
■ Factores que pudieran afectar su declaración de impuestos.

¿QUIEN DEBE PRESENTAR UNA DECLARACION AL INTERNAL REVENUE SERVICE?

■ En primer lugar, las personas que deben recibir una devolución de dinero por concepto de sobrepago de impuestos. Los casos son los siguientes:

(**1**) Si le retuvieron impuestos federales sobre su salario.

(**2**) Si usted tiene derecho a reclamar un crédito por ingresos del trabajo (según se explica más adelante).

(**3**) Si usted tiene derecho a reclamar el crédito tributario por los hijos.

■ Personas que trabajan por cuenta propia.

Usted está obligado a presentar la declaración y el **ANEXO SE** (**Forma 1040**) si recibió $400 (o más) de ingreso neto por el trabajo realizado por su cuenta durante el año (excluyendo el ingreso como empleado de una iglesia). Si la suma percibida fue inferior a $400, usted está exento del impuesto sobre el trabajo realizado por cuenta propia (a menos que haya recibido $108.28 ó más durante el año, por trabajo como empleado de una iglesia).

■ **EXTRANJEROS.**

(**1**) **Los extranjeros que son residentes legales de los Estados Unidos.** Si usted es extranjero residente durante todo el año, está obligado a presentar una declaración de impuestos, siguiendo las mismas reglas que se aplican a los ciudadanos norteamericanos.

(**2**) **Los extranjeros que no son residentes.** Si éste es su caso, las regulaciones y las *formas* que deberá usar son diferentes a las de los ciudadanos y residentes legales de los Estados Unidos. Las instrucciones para este caso aparecen en la **Publicación 519 del IRS** (en inglés), o –si lo prefiere– solicite la orientación que pueda necesitar en la oficina del **IRS** del lugar donde vive.

(**3**) **Contribuyentes con doble residencia.** Estos son las personas que residen en los Estados Unidos una parte del año tributario, y que no son residentes durante el resto del año (regresan a su país de origen, por ejemplo). Las reglas que son aplicables en situaciones de este tipo son diferentes para la porción del año en que la persona fue residente en los Estados Unidos y los meses del año en que fue extranjero no residente. Si éste es su caso, encontrará más información al respecto en la **Publicación 519** mencionada anteriormente.

¿QUE FORMULARIOS DEBERA USAR PARA SU DECLARACION DE IMPUESTOS?

Los formularios (o *formas,* como comúnmente se les llama) para presentar su declaración de impuestos dependerán de su estado civil y de si usted cumple con los requisitos que exige **IRS** para usar cada una de ellas. Tiene tres; escoja la que más se ajuste a su situación específica:

■ La **Forma 1040EZ**,
■ la **Forma 1040A**, y
■ la **Forma 1040**.

FORMA 1040 EZ

Es la más sencilla que usted puede usar, únicamente si en su caso se cumplen las siguientes condiciones:

(1) Estado civil soltero(a), o casado(a) quienes presentan una declaración conjunta.

(2) Usted y su cónyuge (si es casado y presentan una declaración conjunta) tenían menos de 65 años el primero de enero del año y su visión no estaba incapacitada al finalizar el año anterior.

(3) No reclama exenciones por **personas que dependan directamente de usted** (**DEPENDANTS**).

(4) Su ingreso es de menos de $50,000.

(5) Su ingreso es exclusivamnete de salarios, sueldos, propinas, compensación por desempleo, becas, e intereses tributables que no excedan $400.

(6) Usted no recibió pagos adelantados del crédito por ingreso de trabajo.

(7) Si era extranjero no residente en cualquier momento durante el año, su estado civil es casado(a) que presentan la declaración conjunta.

(8) Usted no debe ningún impuesto por concepto de salarios o sueldos a un empleado doméstico.

FORMA 1040A

Las condiciones para el uso de esta forma son las siguientes y usted puede usarla, únicamente, si le aplican estas condiciones.

(1) Sus ingresos provienen –exclusivamente– de salarios, sueldos, propinas, pensiones, anualidades, beneficios tributables del seguro social, becas ordinarias y de ampliación de estudios que son tributables, intereses, dividendos y compensación por desempleo.

(2) Si su ingreso tributable es menos de $50,000.

(3) Sus únicos ajustes son la deducción por ciertas aportaciones a un plan personal de jubilación (vea **IRA** en la página 226) y la deducción de intereses por préstamos a estudiantes.

(4) No detalla cuáles son sus deducciones.

(5) Sus únicos impuestos son: la cantidad que aparece en la tabla de impuestos; b) el impuesto mínimo alternativo, y c) pagos adelantados del crédito por ingreso del trabajo (si recibió alguno).

(6) Reclama únicamente los siguientes créditos: **a)** Por gasto de cuidado de menores y personas dependientes; **b)** para ancianos o para personas incapacitadas; **c)** por ingreso del trabajo, el crédito tributario por hijos y los créditos tributarios por enseñanza superior; y **d)** el crédito por adopción.

FORMA 1040

Si usted no puede usar ninguna de las dos *formas* anteriores, puede emplear entonces la **FORMA 1040** para informar todo tipo de ingresos, deducciones y créditos que haya percibido, incluso los que no puede incluir en los otros dos formularios. Usted pudiera pagar menos impuestos si presenta la *Forma 1040,* ya que en la misma puede reclamar deducciones detalladas, hacerle ajustes al ingreso percibido, y reclamar ciertos créditos que no pueden reclamarse mediante los otros formularios.

Deberá usar la **forma 1040** si, entre otros renglones:

(1) Su ingreso tributable es $50,000 (ó más).

(2) Detalla sus deduccioncs.

(3) Recibió o pagó intereses –devengados o vencidos– de valores transferidos entre las fechas de pago de los intereses.

(4) Recibió dividendos no tributables o reparticiones de ganancias · de capital.

(5) Usted tiene que llenar la **Parte III del Anexo B (Forma 1040)** cuando: **a)** Recibió una contribución de un fideicomiso extranjero, o **b)** usted tuvo una cuenta bancaria, de valores u otra cuenta financiera en el extranjero en cualquier momento del año.

(6) Recibió ingresos que no se pueden informar en las dos formas anteriores.

(7) Usted vendió o canjeó bienes de capital o propiedad comercial.

(8) Reclama ajustes de ingreso bruto por diversos conceptos que no se pueden informar en las otras dos formas.

(9) Recibió $20 ó más en propinas y no las informó en su totalidad a su empleador.

(10) Tiene que pagar impuestos sobre el ingreso del trabajo por cuenta propia.

(11) Tiene que pagar sobre el empleo de empleados domésticos.

(12) Reclama créditos sobre su impuesto.

CUANDO, COMO Y DONDE PRESENTAR SU DECLARACION DE IMPUESTOS

Usted está obligado a calcular sus ingresos a base de un año tributable. Este año es un período contable que se usa para mantener sus registros, así como para declarar sus ingresos y gastos. Usted es responsable de justificar sus ingresos y deducciones de manera que la declaración indique –claramente– su ingreso tributable; es decir, ingresos sujetos al pago del impuesto.

■ Si su año tributable en la declaración corresponde al año calendario (1ro de enero a 31 de diciembre), la fecha límite para la presentación de la declaración es el **15 de abril del año siguiente**.

Los formularios para la declaración se obtienen en las oficinas del **IRS** o puede solicitarlas por teléfono (al **número 1-800-829-3676**, gratis). También están disponibles en las oficinas de correos, en las bibliotecas públicas, y en algunos bancos y comercios.

Si usted es empleado, deberá recibir un **formulario W-2** de su empleador pues necesitará la información que aparece en la misma para preparar su declaración de impuestos.

■ Debe recibir este formulario el **primero de febrero del año siguiente**, y es preciso que la reclame si no la recibe para esa fecha.

En caso de que necesite ayuda para obtener los formularios que requiera, diríjase a la oficina del **IRS** del área donde viva. Si usted recibió determinados tipos de ingresos deberá recibir la forma de la **serie 1099** de la empresa o persona que le hizo los pagos, también para el **primero de febrero**.

Copia de cada una de estas dos formas (la W-2 y la de la serie 1099) deberán ser anexadas a su declaración de impuestos, así como cualquier otro formulario adicional o documento que exija su declaración (de acuerdo con el formulario utilizado para declarar sus impuestos).

■ Después que termine de llenar su declaración de impuestos, deberá enviarla al **IRS**.

MUY IMPORTANTE: Si usted ya es contribuyente y recibió un sobre y los formularios enviados por el **IRS**, utilice ese sobre para enviar su declaración por correos a la dirección que ya aparece impresa en el mismo. Si no tiene ese sobre (o durante el año estableció su residencia en otro lugar), entonces envíe su declaración al **IRS** del área donde usted reside en la actualidad.

EL NUMERO DEL SEGURO SOCIAL COMO IDENTIFICACION

Nunca se dirá bastante sobre la trascendencia que tiene anotar su número de seguro social en los espacios previstos en su declaración de impuestos y el sobre donde envía la declaración.

- Asegúrese de que el número de seguro social que aparece en su declaración de impuestos es el mismo que aparece en su tarjeta de seguro social.
- Si usted está casado, escriba los números de seguro social (suyo y de su cónyuge), tanto si presenta la declaración de impuestos conjunta como separada.
- Si la declaración de impuestos es conjunta, escriba estos números en el mismo orden en que aparecen los nombres. Es muy importante que observe ese mismo orden en todos los formularios que envíe al **IRS**.

Si su nombre cambió durante el año (debido a matrimonio, divorcio, etc.), asegúrese de notificarlo inmediatamente a la oficina correspondiente de la **Administración del Seguro Social** para que el nombre que aparezca en la declaración de impuestos sea el mismo que se encuentra en los registros del Seguro Social.

Considere, además:

- **Número de seguro social de la persona que depende de usted.** Usted deberá anotar en su declaración de impuestos el número de seguro social de cada *dependant*. Este requisito es aplicable a todas las personas dependientes *(dependants)* que usted reclame, no sólo a los hijos. Si un hijo o hija murió durante el año tributable y no tenía número de seguro social, en su lugar usted puede adjuntar una copia del certificado de nacimiento y mencionar que falleció (**DIED** o **DECEASED**) en el lugar correspondiente.
- **Sin número de seguro social.** Si usted (o su persona dependiente) no tiene un número de seguro social local, obtenga en la **Administración del Seguro Social** local la **FORMA SS-5**, rellénela, y preséntela en esas oficinas. Tendrá que esperar unas dos semanas para recibirla.
- Si usted (o su persona dependiente) no tiene derecho a obtener el número de seguro social, vea más adelante las instrucciones sobre el **número de identificación de contribuyente para extranjeros (ITIN)**.

Si su *persona dependiente* no tiene el número de seguro social en el momento en que usted debe presentar la declaración de impuestos, puede solicitar una prórroga para presentarla. Cualquier error en el número de seguro social, u omitirlo en la declaración, pudiera incrementar el monto de los impuestos a pagar, así como a reducir el reembolso al que pudiera tener derecho.

Además, si usted no incluye su número de seguro social (o el número del seguro social de su cónyuge, o el de su persona dependiente), cuando está obligado a hacerlo, es muy posible que tenga que pagar una multa. Una regla sobre el número de seguro social que no debe olvidar:

■ Incluya siempre este número de identificación, como referencia, en toda correspondencia que pueda mantener con el **IRS** en relación con su pago de impuestos.

Es el número que se utiliza para identificar correctamente su cuenta y ayuda a que se procese la correspodencia con mayor rapidez.

■ **Número de identificación para extranjeros.** El **número de identificación de contribuyente individual para extranjeros** (**ITIN**) es el que el **IRS** le asignará si usted es extranjero residente (o no residente de los Estados Unidos), que no tiene derecho a obtener un número de seguro social. Si necesita solicitar un **ITIN** solicite la **Forma W-7** (rellénela debidamente) y preséntela ante el **IRS** del área donde usted reside (recibirá el número en aproximadamente treinta días). Si este número no es incluido, o aparece equivocado en la declaración de impuestos, pudiera incrementar el monto de sus impuestos (o reducir el reembolso pendiente, si ese fuera el caso).

■ **Cónyuge extranjero no residente.** Si su cónyuge es un extranjero no residente de los Estados Unidos, y usted presenta una declaración de impuestos (conjunta o separada), su cónyuge deberá tener un número de seguro social o un número de identificación de contribuyente individual para extranjeros (**ITIN**), en caso de que no tenga derecho a obtener un número de seguro social.

■ **Persona dependiente en el extranjero.** Si su persona dependiente es un extranjero (residente o no residente), que no posee ni tiene derecho a obtener un número de seguro social, deberá solicitar un **ITIN** (en la forma indicada anteriormente).

MUY IMPORTANTE: El **ITIN** solamente debe ser utilizado en asuntos relacionados con los impuestos. El mismo no le otorga –ni a usted ni a su persona dependiente– el derecho a recibir beneficios del Seguro Social o a modificar su estado en el país en cuanto a empleo, o inmigración (bajo las leyes de los Estados Unidos).

FACTORES QUE AFECTAN SU DECLARACIÓN DE IMPUESTOS

Existen determinados factores y datos que aparecen en su declaración de impuestos que afectan la cantidad que usted debe pagar como *income tax*. Básicamente, éstos son:

(**1**) el estado civil;

(**2**) las exenciones personales y por personas dependientes que usted reclame;

(**3**) sus ingresos;

(**4**) las deducciones por gastos incurridos (que sean aceptables por el IRS); y

(**5**) créditos a los que tiene derecho definidos por el **IRS**.

1
EL ESTADO CIVIL

El estado civil afecta su declaración de impuestos porque le permite varias maneras de presentar ingresos, deducciones, etc. Legalmente existen cinco estados civiles reconocidos, y el que corresponda a usted debe ser indicado en la casilla correspondiente que aparece en su declaración de impuestos.

Este dato se refiere a detalles en su declaración de impuestos sobre los ingresos que pueden favorecerle. Los estados civiles son:

■ Soltero(a)

■ Casado(a) que presenta una declaración conjunta.

■ Casado(a) que presenta una declaración separada.

■ Cabeza de familia.

■ Viudo(a) calificado(a) con hijo(hija) dependiente.

Elija entre estas clasificaciones la que considere que defina su situación actual. Si cumple con los requisitos de más de uno de los mencionados anteriormente, elija el que le permita pagar menos impuestos.

Las leyes estatales son las que rigen para determinar si usted está casado, divorciado, o legalmente separado por una sentencia de divorcio o de manutención por separación judicial.

■ **Soltero.** A usted se le considera soltero(a) si el último día del año tributario usted es considerado soltero y usted no reúne los requisitos exigidos para otro estado civil.

■ **Casados.** Por casados que presentan una *declaración conjunta* se entiende si las personas están casadas, según las leyes del Estado donde residan. En este caso, tanto usted como su cónyuge acuerdan presentar una *declaración conjunta*. En esa declaración usted incluye el ingreso combinado de ambos, y deduce los gastos combinados permitidos. La declaración puede ser *conjunta* aunque uno de los dos no tenga ingresos o pueda reclamar deducciones. En todo caso, para decidir la forma más ventajosa para usted –por separado o conjunta– es aconsejable hacer los cálculos en ambas maneras para poder usar la que más convenga. Tanto usted como su cónyuge pueden ser responsables –individual o conjuntamente– del impuesto y de cualquier interés o multa adeudado en su *declaración conjunta*. Ambos están obligados a firmarla; si uno no la firma, la declaración será considerada por separado.

■ **En el caso de que uno de los cónyuges sea extranjero no residente o extranjero con doble residencia,** por lo general no se pueden presentar *declaraciones conjuntas* si cualquiera de los dos era extranjero no residente durante alguna parte del año tributario. Pero si estaba casado con un ciudadano o residente de los Estados Unidos al finalizar el año, ambos podrán optar por presentar una *declaración conjunta*.

■ **Las personas casadas** pueden presentar *declaraciones separadas* si les es beneficioso porque la tasa del impuesto es mayor para las personas casadas. Si usted es casado y presenta su declaración de impuestos por separado, deberá declarar únicamente su propio ingreso, exenciomes, créditos, y deducciones en su declaración individual. Si su cónyuge no recibió ingresos durante el año tributario, puede reclamar una exención por su cónyuge (no así en el caso de que sí haya recibido ingresos).

MUY IMPORTANTE: En las *declaraciones separadas* de personas casadas existen ciertas reglas especiales y las leyes estatales varían con respecto a bienes gananciales y con respecto a deducciones, créditos, y determinados ingresos. Usted debe asesorarse sobre este particular en las oficinas del **IRS** del área donde resida antes de decidirse a preparar *declaraciones separadas.*

De todos modos, las personas casadas pueden cambiar de tipo de declaración –de *separada* a *conjunta*– en cualquier momento dentro de un término de tres años (contados a partir de la fecha de vencimiento para presentar las *declaraciones separadas).* Por otra parte, usted no podrá presentar una *declaración separada* una vez que haya presentado una *declaración conjunta* para ese año.

■ **Cónyuge fallecido durante el año.** Si su cónyuge falleció durante el año, a usted se le considera casado(a) todo el año para los efectos de una *declaración conjunta.* Si usted se ha vuelto a casar antes de terminar el año tributario, podrá presentar una *delaración conjunta* con su nuevo cónyuge,

■ **Casados que viven aparte.** Si vive aparte de su cónyuge –y existen ciertos requisitos– se le puede considerar soltero(a) y podrá presentar la declaración como cabeza de familia, aunque usted no esté divorciado(a) o legalmente separado(a).

■ **Divorciados.** Si el último día del año tributario usted está divorciado (de acuerdo a una sentencia definitiva de los tribunales), se le considera soltero durante todo el año y no podrá presentar su declaración como casado que presenta una declaración conjunta. Usted pudiera ser responsable –individual y conjuntamente– de cualquier impuesto, interés, y multas adeudadas al **IRS** en una *declaración conjunta* que haya sido presentada antes del divorcio.

■ **Divorcio y segundo matrimonio.** Si obtiene el divorcio en el año tributario, y usted y su cónyuge se vuelven a casar en el año tributario siguiente, usted y su cónyuge están obligados a presentar la declaración como casados.

■ **Anulación del matrimonio.** Si obtiene de un tribunal una sentencia de anulación de matrimonio, estableciendo que no existió nunca un matrimonio válido, a usted se le considerará como soltero en ese año tributario, aunque hubiese presentado *declaraciones conjuntas* en años anteriores.

■ **Cabeza de familia.** Uisted puede presentar su declaración como *cabeza de familia* si estaba casado(a) o si estaba considerado(a) soltero(a) en el último día del año tributario. Además, tuvo que haber pagado más de la mitad del costo de mantener el hogar durante el año. Si cumple con estos requisitos, su tasa de impuestos generalmente es menor de las tasas para solteros o casados que presenten *declaraciones separadas.* También recibirá –como beneficio– una deducción promedio mayor que la de los solteros o de casados que presentan *declaraciones separadas.*

El **IRS** considera como **personas calificadas para presentar declaración como cabeza de familia** a miembros de la familia inmediata: padres, madres, abuelos, hermanos, madrastas, padrastos, suegros, medios hermanos, cuñados, yernos y nueras, tíos y tías, sobrinos, e hijos adoptivos.

■ **En el caso de un cónyuge extranjero que no es residente,** a usted se le considera soltero para los efectos de reclamar el estado civil de *cabeza de familia* si su cónyuge fue extranjero no residente durante cualquier parte del año, y usted no opta por tratar a su cónyuge no residente como extranjero residente. A su cónyuge no se le considera familiar suyo.

Existe una regla especial que es aplicable a sus padres, la cual le permite reclamar el estado civil de *cabeza de familia* aunque su padre o su madre dependientes de usted no vivan con usted (o si viven en un asilo o residencia para ancianos).

■ **Viudo o viuda con hijos dependientes.** Si su cónyuge falleció durante el año tributario, puede declarar su estado civil como casado que presenta una *declaración conjunta,* siempre que cumpla con los demás requisitos establecidos por el **IRS**. Si usted no se ha vuelto a casar, puede presentar la **declaración como viudo o viuda con hijos dependientes** durante los dos años siguientes al año del fallecimiento de su cónyuge. En este caso deberá usar la

Forma 1040A o la **1040**, indicando su estado civil e incorporando el año en que falleció su cónyuge (en el espacio previsto en la línea 5). Para calcular el impuesto utilice la columna correspondiente a *casados que presentan declaración conjunta,* la cual aparece en la **Tabla de Impuestos** (puede obtenerla en cualquier oficina de correos, o en las oficinas del **IRS**).

2
EXENCIONES PERSONALES
Y POR PERSONAS DEPENDIENTES

Estas exenciones disminuyen el ingreso tributable. Por lo general usted puede deducir U.S.$2,700 por cada exención que reclame, pero éste es un dato que se debe rectificar todos los años porque la cantidad suele variar. Aunque son iguales en cuanto a la cantidad, las reglas aplicables a cada tipo son diferentes:

■ Las exenciones personales las determina el estado civil y el tipo de declaración *(personal* o *conjunta* para los casados).

■ Para las exenciones por dependencia usted tiene derecho a reclamar una por cada persona que tenga derecho a reclamar como tal (de acuerdo con las cinco pruebas de dependencia requeridas por el **IRS**):
   (1) Prueba de ser miembro de la unidad familiar.
   (2) Prueba de ciudadanía.
   (3) Prueba de la declaración conjunta.
   (4) Prueba del ingreso bruto.
   (5) Prueba de sostenimiento.

En cuanto a los datos necesarios o documentos que respalden estas pruebas, si usted necesita presentarlas para reclamar a las personas que dependen de usted, acuda a la oficina del **IRS** de la zona donde usted reside y solicite información completa sobre cómo presentar estas pruebas.

Considere que:
■ Si su dependiente presenta una declaración de impuestos, éste no puede reclamar su propia exención.

INFORMACION ADICIONAL

Usted puede ordenar –gratis– publicaciones y formularios, hacer preguntas relacionadas con los impuestos, y obtener más información directamente del **IRS** de varias maneras.

1
Por teléfono

Llame a los números siguientes:

■ Para ordenar formas, instrucciones y publicaciones:
Número **1-800-829-3676**

■ Para preguntas relacionadas con los impuestos:
Número **1-800-829-1040**

■ Para escuchar mensajes pre-grabados que abarcan varios temas relacionados con los impuestos:
Número **1-800-829-4477**

2
Visitas en persona

Usted puede solicitar formularios, instrucciones y publicaciones en muchas oficinas de correos, bibliotecas públicas, y oficinas del

■ El número de seguro social de las personas dependientes es un requisito indispensable. Debe aparecer en la casilla correspondiente de su **Forma 1040** o de la **1040A**. Si no aparece (o el número fuera incorrecto), no se le concederá la exención. En el caso de que su persona dependiente no tenga número de seguro social (ni tenga derecho a obtenerlo), obtenga el **ITIN** (vea la página 206).

IRS que tienen una amplia colección de documentos impresos, todos relacionados con los impuestos federales.

3
Por correspondencia

Para solicitar formularios, instrucciones y publicaciones, envíe una lista al centro de distribución (DISTRIBUTION CENTER) correspondiente a la zona del país de la ciudad donde resida; recibirá respuesta entre los siete a quince días laborables siguientes al recibo de su solicitud. En la lista siguiente, determine la dirección que le corresponda.

■ **Occidente de los Estados Unidos**
Western Area Distribution Center
Rancho Cordova, CA 95743-0001

■ **Centro de los Estados Unidos**
Central Area Distribution Center
P. O. Box 8903
Bloomington, IL 61702-8903

■ **Este de los Estados Unidos**
y direcciones en el extranjero
Eastern Area Distribution Center
P. O. Box 85074
Richmond, VA 23261-5074

MUY IMPORTANTE: Usted puede reclamar exención por hijos que residan en México o Canadá (países fronterizos con los Estados Unidos). Para ello, anote el total de éstos en la línea titulada **DEPENDENTS ON 6C NOT ENTERED ABOVE (Personas dependientes en la línea 6C que no fueron mencionados en la parte superior)**.

3
INGRESOS

Usted está obligado a incluir en su **ingreso bruto** (**GROSS INCOME**) (total antes de las deducciones) todo lo que reciba por concepto de salarios, sueldos, y en pago por servicios personales prestados, así como otros ingresos por comisiones, propinas, y honorarios. Además, el dinero recibido por prestaciones suplementarias y opciones de compra de acciones. Usted debe declarar los ingresos que reciba en forma de bienes o servicios al precio normal en el mercado de los mismos. Además, está obligado a mantener un registro exacto de todos sus ingresos que no están sujetos a la retención del impuesto en su centro de trabajo o en otras fuentes del ingreso.

Las **propinas** (**TIPS**) son ingresos sujetos al pago del impuesto y quien las recibe (camareros, taxistas, etc.) están obligados a mantener un registro diario con respecto a las propinas recibidas y a informarle el total a su empleador.

■ El total –al terminar el año tributable– es el que debe aparecer como ingreso en la declaración de impuestos.

■ Si usted no informa a su empleador sobre el monto de las propinas recibidas pudiera estar sujeto a que le impongan una multa, la cual asciende al 50% de las contribuciones al Seguro Social y al Medicare. Esta multa se impone además de las contribuciones que usted adeude.

En resumen –además de las situaciones mencionadas anteriormente– usted está en la obligación de declarar como ingreso cualquier cantidad de dinero recibida en pago de intereses en cuentas de ahorros, acciones, como regalías de cualquier tipo, premios, ventas de la vivienda propia, etc.

■ **Retención del impuesto.** Las cantidades que se descuentan periódicamente de su sueldo por concepto de impuestos sobre sus ingresos, contribuciones al Seguro Social, contribuciones al seguro Medicare, o bonos de ahorro, se consideran que han sido recibidas por usted. Lo mismo sucede con las cantidades que se le descuentan por concepto de prestaciones suplementarias tributables, pensiones, seguros, cuotas sindicales, etc. Todas éstas están incluidas en la **Forma W-2** que usted debe recibir de su empleador a fin de año (siempre antes del primero de febrero del año siguiente; de lo contrario, debe reclamarla).

4
AJUSTES Y DEDUCCIONES AL INGRESO

Hay dos tipos principales que usted puede reclamar en su declaración de impuestos: las que se utilizan para calcular el **ingreso bruto ajustado** y las que se restan del **ingreso bruto ajustado** para calcular el **ingreso tributable**.

■ Las **deducciones promedio** (**STANDARD DEDUCTIONS**) son las que le permiten al contribuyente deducir una cantidad de dinero que reduce el monto del ingreso sobre el cual se deben pagar impuestos, sin tener que detallar sus **deducciones personales** (**PERSONAL DEDUCTIONS**), tales como gastos médicos, donaciones, etc.

■ Las **deducciones detalladas** (**ITEMIZED DEDUCTIONS**) cubren varias clases de gastos personales que se deducen en el **Anexo A** de la **Forma 1040**.

5
CREDITOS

Usted tiene derecho a créditos que reducen la cantidad de los impuestos que deberá pagar al gobierno federal, tales como el crédito por hijos que cumplan con determinados requisitos establecidos por el **IRA**, crédito por el cuidado de menores y personas dependientes, etc. Para declarar estos beneficios por créditos es necesario presentar pruebas sobre la calificación de quienes reclaman el crédito y cumplir con una serie de requisitos claramente especificados por el **IRS**. Asimismo, la cantidad a deducir por cada crédito está igualmente limitada por el **IRS**.

Las pruebas para reclamar los créditos se refieren al tipo de cuidado prestado, prueba de quiénes son las personas que dan derecho al crédito, prueba de mantener el hogar, y prueba de todos los gastos relacionados con el trabajo y de los pagos realizados, así como otros documentos que dependen del tipo del crédito en cuestión. En la oficina del **IRS** del área donde usted resida le suministrarán la información completa necesaria para preparar la documentación que respalde el crédito que solicite, y le informarán cómo calcularlo.

SUGERENCIAS FINALES

Todas las normas y regulaciones que se refieren al pago del impuesto sobre los ingresos (income tax) está definido por el **IRS**, así como los requisitos para obtener ajustes que reduzcan legalmente la suma total de los impuestos que deba pagar (siempre que estos requisitos sean debidamente justificados).

Para evitar errores y poder reclamar exenciones y los beneficios de ajuste a que tiene derecho, es fundamental que:

■ Guarde todos los recibos, comprobantes y cheques cobrados por artículos y servicios pagados relacionados con exenciones y ajustes.

■ Asimismo, debe llevar un registro de ingresos recibidos durante el año (cualquiera que sea su fuente).

■ Tambien le evitará demoras tener disponibles documentos de identificación necesarios para justificar su estado civil y el de los miembros de su familia.

¿Debe usted rellenar personalmente los formularios de su declaración de ingresos personales?

No hay duda que las normas y regulaciones establecidas por el **IRS** son en extremo complicadas, por lo que muchas veces resulta difícil preparar el ineludible *income tax* anual. Por ello:

■ Usted puede recurrir a profesionales dedicados a la preparación de la declaración del impuesto federal sobre ingresos para que le preparen su declaración (el costo establecido es más o menos similar entre todos los contadores). Ya sean firmas o particulares que presten ese servicio, es muy importante que éstos firmen la declaración en el lugar correspondiente del formulario, incluyendo asimismo los datos adicionales requeridos en esa parte de la forma. La mayoría de las personas o firmas que hacen este trabajo utilizan computadoras con programas diseñados especialmente para la preparación de la declaración de impuestos sobre los ingresos percibidos. Desde luego, estos programas también se encuentran a la venta en los establecimientos especializados en la Informática, y pueden ser utilizados por las personas familiarizadas con el uso de las computadoras.

■ También existen organizaciones comunitarias que brindan asesoría gratis para la preparación de la declaración de impuestos sobre los ingresos, y entre las mismas se encuentran algunas bibliotecas públicas y bancos.

■ En el caso de que usted decida llenar la llamada **Forma corta** (**SHORT FORM**), es posible que el proceso no resulte tan complejo y que pueda hacerlo siguiendo las instrucciones del **IRS**, publicadas en un folleto que es distribuido cada año (incluyendo distintos formularios), el cual especifica las modificaciones que se hayan producido durante el año tributable en las normas establecidas para el pago de los impuestos y reclamación de deducciones.

■ Si decidiera recurrir a firmas y particulares que cobran por el servicio de preparar los papeles y formularios del *income tax,* determine cuáles gozan de prestigio en la comunidad y pregunte a familiares y amigos que las usan cuál ha sido su experiencia.

Si el IRS hace un áudito de sus impuestos por ingresos percibidos...

No es probable que esta situación se presente, pero el **IRS** tiene el derecho legal de revisar sus declaraciones de impuestos por varios años. En estos casos, usted recibirá una carta en la cual le especifican una fecha y hora determinada en la que deberá presentarse a la oficina del **IRS** (del área donde resida) para examinar su declaración de impuestos de determinado año (y tal vez años subsiguientes). En muchos casos los oficiales del **IRS** están interesados en reconsiderar los créditos reclamados y exigir pruebas de que los mismos son válidos. Por ello, mantenga en todo momento sus recibos y comprobantes (durante cinco años) y téngalos debidamente organizados para cualquier situación de áudito.

A la cita con el **IRS** puede ir por sí solo, o acompañado por un contador profesional (un costo adicional, desde luego). La recomendación es que si sus ingresos son promedio, no incurra en más gastos. Si en su declaraciones reclama diferentes créditos, devaluación de propiedades y equipos, etc., entonces es preferible contar con orientación profesional.

CAPITULO 15

BONOS DE AHORRO DE LOS ESTADOS UNIDOS: ¡INVIERTA HOY PARA DISFRUTAR MAÑANA!

Una vez establecido como residente de los Estados Unidos, comprobará que la inmensa mayoría de los norteamericanos se preocupan no sólo por ahorrar una parte proporcional de sus ingresos, sino también por el hecho de que por sus ahorros reciban el interés más alto posible. A ese grupo integrado por millones de personas que trabajan y pueden disponer de unos cientos de dólares para invertir en ahorros es que van dirigidos los planes de inversiones que diariamente verá en los periódicos, en la televisión, e inclusive en las ofertas por correos que recibirá frecuentemente.

Entre todas estas inversiones, una de las más seguras es la compra de los llamados **bonos de ahorro de los Estados Unidos (U.S. SAVINGS BONDS)**. ¿Por qué? La respuesta es sencilla:

■ No hace falta que usted se convierta en un experto sobre los valores de la Bolsa para aprovechar las ventajas que ofrece la **Serie EE** de este tipo de bonos, ni tampoco disponer de una considerable suma de dinero para invertir en los mismos. Es posible comprarlos periódicamente, según sean sus posibilidades.

Considere que usted ahora reside en un país que le brinda excelentes oportunidades de trabajo y un sistema económico eficiente que le permitirán ahorrar hoy para disfrutar mañana el fruto de sus esfuerzos. Lo fundamental, desde luego, es fijarse una meta (con respecto al ahorro que se desea hacer mensualmente) y –a medida que transcurran los meses y compruebe cómo funciona el presupuesto que se haya establecido– calcular si está ahorrando una suma adecuada a sus ingresos, o si debe hacer cualquier tipo de ajuste para que sus ahorros se ajusten más a su estilo de vida y posibilidades.

Los **U.S. SAVINGS BONDS** de la **Serie EE** constituyen una gran inversión para que sus ahorros produzcan altos dividendos que le ayuden a lograr las metas que se haya podido establecer, cualesquiera que las mismas sean. En otras palabras:

■ Para multiplicar sus ahorros, progresivamente, lo único que necesita es conocer los detalles sobre cómo hacerlo... y la compra de bonos de los Estados Unidos constituye un excelente punto de partida.

VALOR Y BENEFICIOS
DE LOS BONOS DE AHORROS

Con los bonos de ahorro de los Estados Unidos usted tendrá la seguridad de que no está arriesgando su dinero en el siempre inseguro mercado de la Bolsa. Las siguientes condiciones y características de la **Serie EE** de los **U.S. SAVINGS BONDS** le permitirán evaluar las ventajas que ofrecen.

SEGURIDAD

Ofrecen una seguridad única en este tipo de inversión; es decir, son tan seguros como la propia Secretaría del Tesoro del gobierno de los Estados Unidos. Nunca tendrá que preocuparse por su inversión. Cuando haga efectivos sus bonos en la fecha de vencimiento, usted recibirá la cantidad completa de la suma principal invertida y de los intereses que le corresponden.

Si pierde los bonos, se los roban, o se destruyen –por ejemplo– recibirá unos nuevos para sustituirlos, siempre y cuando el **Buró de la Deuda Pública** (**BUREAU OF THE PUBLIC DEBT**) compruebe que no han sido cobrados. Esta es la oficina del gobierno federal que hará la investigación una vez que usted reporte el problema a la siguiente dirección:

Bureau of The Public Debt,
Parkersburg,
West Virginia 26106-1328.

Muchos bancos ofrecen el **formulario PDF 1048** que debe rellenar para solicitar la sustitución de los bonos perdidos.

Evidentemente, es sumamente importante que usted mantenga una relación de todos los bonos adquiridos, incluyendo el número del bono, la fecha en que fue extendido (el mes y el año que aparece en la esquina superior, derecha), a nombre de quién fue comprado, y el número del Seguro Social de esa persona. Guarde esta lista aparte de los bonos.

El nombre de la persona (o de las personas) a nombre de quien usted ha comprado los bonos, serán los que aparezcan en el registro oficial del gobierno como dueños legítimos y beneficiarios de estos bonos.

BONOS DE AHORRO DE LOS ESTADOS UNIDOS

Conviene aclarar que:

■ Usted puede comprar los bonos de ahorro del gobierno de los Estados Unidos a nombre de una o varias personas; por ejemplo: Juan Pérez o María Pérez.

■ En caso de que el bono sea comprado a nombre de más de una persona, las que aparecen en el mismo pueden cobrarlo sin la autorización de la otra.

■ En caso de fallecimiento de una de ellas, la otra persona queda como única dueña.

■ También puede comprar el bono a nombre de beneficiarios; cuando fallece la persona que aparece como legítima dueña del bono mientras viva, el beneficiario tiene el derecho a cobrarlo. En este caso, por ejemplo, se extendería el bono a nombre de:

Juan Pérez POD María Pérez

FACILIDAD PARA COMPRARLOS

Es difícil encontrar una forma de invertir más fácil y tan a su alcance como los **bonos de ahorro del gobierno de los Estados Unidos**. Sólo necesita planificar compras regularmente, siempre de acuerdo con sus posibilidades.

■ Se pueden adquirir a través de entidades financieras autorizadas a venderlos, quienes enviarán la orden de compra al Banco de la Reserva Federal, donde quedarán inscritos.

■ Usted recibirá por correos los bonos que compre, o los mismos se enviarán directamente a la persona y dirección que usted indique. Este proceso demora un máximo de 15 días.

El costo de los bonos es muy razonable. Por ejemplo:

■ U.S.$25.00 por un bono de U.S.$50.00.
■ También los hay de U.S.$50, $75, $100, $200, $500, $1,000, $5,000, e inclusive $10,000. Es decir, que usted paga la mitad del valor que aparece en el bono y el límite total de compra son $15,000 al año, aunque el bono esté a nombre de más de una persona.

VENTAJAS EN EL PAGO DE IMPUESTOS

Los intereses que reciba por los **bonos Serie EE** están exentos de los impuestos estales y locales sobre los ingresos percibidos por la persona. Además, podrá diferir el pago del impuesto federal sobre estos ingresos hasta el momento en que usted redima los bonos, o éstos dejen de ganar intereses (después de 30 años). Esto significa que:

■ Usted puede planificar –con anticipación– cuándo le resultará más conveniente realizar el pago del impuesto federal.

■ Como los intereses no están sujetos al pago del impuesto hasta que usted redima los bonos, sus ahorros aumentan con mayor rapidez porque el *interés compuesto* se calcula sobre el valor total del bono antes de los impuestos.

Los **bonos de ahorro de los Estados Unidos** pueden ayudarle al financiamiento de estudios universitarios de sus hijos mediante beneficios especiales sobre impuestos. Considere:

■ Cuando su inversión en bonos es considerable, usted puede ser elegible para beneficios especiales en cuanto al pago de impuestos federales. Si califica, y usted hace efectivo el bono para pagar matrículas de estudios universitarios, parte o todos los intereses que reciba de los **bonos Serie EE**, estarán exentos del pago del impuesto federal sobre sus ingresos.

Para estar bien seguro sobre las regulaciones y obtener el máximo beneficio en cuanto al pago de impuestos, solicite las siguientes publicaciones del **IRS** (**Internal Revenue Service**), las cuales están disponibles en las oficinas del distrito de **IRS** más próximo al lugar donde viva:

■ La publicación **Publication 550** (INVESTMENT INCOME AND EXPENSES).

■ El formulario **FORM 8815** (EXCLUSION OF INTEREST FROM SERIES EE –U.S. SAVINGS BONDS– ISSUED AFTER 1989).

■ El formulario **FORM 8818**, (OPTIONAL FORM TO RECORD REDEMPTION OF SERIES EE –U.S. SAVINGS BONDS– ISSUED AFTER 1989).

BONOS DE AHORRO DE LOS ESTADOS UNIDOS

También existen regulaciones sobre impuestos si usted decide comprar bonos a nombre de hijos menores o de personas que dependan de usted de acuerdo con su declaración de impuestos. Para este fin necesita utilizar formularios diferentes pues el beneficio consiste en que usted difiere el pago de los impuestos sobre intereses hasta que se redima el bono. Antes de hacer este tipo de inversión, solicite –siempre de la oficina local del **IRS**– la **publicación 929** (TAX RULES FOR CHILDREN AND DEPENDENTS), en la cual se ofrecen todos los detalles que le ayudarán a decidir si le conviene o no invertir sus ahorros en esa forma.

JUBILACION

Este tipo de bonos es excelente para acumular una suma sustancial para su retiro. La combinación de 30 años ganando intereses –más otras características de los bonos– resultan muy atractivas como inversión para ese fin.

BENEFICIOS EN EL CALCULO DE INTERESES

Las tasas de interés en los Estados Unidos están basadas en el mercado. Los **bonos de la serie EE** actualmente ganan el 90% del promedio del rendimiento sobre valores a cinco años de la Secretaría del Tesoro de los Estados Unidos. Los bonos aumentan su valor mensualmente, las tasas cambian cada seis meses, de manera que su inversión siempre obtendrá el mejor rendimiento de los valores de la Secretaría del Tesoro.

■ La fórmula de *interés compuesto* que es utilizada para determinar la ganancia sobre su inversión en bonos, incrementa sus ahorros.

Aunque la Secretaría del Tesoro no puede predecir cuánto va a ganar con su inversión en **bonos de la Serie EE**, usted sí puede tener una idea sobre los beneficios del *interés compuesto* cuando ahorra regularmente.
Por ejemplo:

Una persona que comienza hoy a invertir en bonos $100 al mes, con objeto de capitalizar para un futuro, gana un promedio de 5% de *interés compuesto* calculado cada seis meses.

■ Al cabo de 30 años, los $100 se han convertido en $81,926.

■ Si usted deseara acumular esa misma cantidad para la misma fecha, pero espera 15 años para comenzar a invertir, entonces necesitaría hacer una inversión de $310 mensuales con el mismo promedio de ganancias sobre los bonos.

Los **bonos de la Serie EE** ganan interés sobre tasas basadas en el mercado durante un período de 30 años. El valor de compra de un bono es el 50% del valor que aparece en el bono. Por ejemplo:

■ Un bono de $100 le cuesta $50.

■ El interés se agrega todos los meses al valor total del bono; es decir, si usted decide hacerlo efectivo antes de la fecha de vencimiento estipulada, recibirá el total del valor del bono más los intereses ganados hasta esa fecha. La fecha en que el bono fue extendido aparece en la esquina superior derecha, y es el mes y el año en que la entidad que lo vendió recibió el pago del mismo. Esa fecha es la que determina cuándo los bonos comienzan y terminan de ganar intereses.

El día **1ro de mayo** y el día **1ro de noviembre** –de todos los años– la Secretaría del Tesoro de los Estados Unidos anuncia la tasa de interés que ganarán los **bonos de la Serie EE**, la cual se pone en efecto inmediatamente. Como los intereses ganados se añaden al total del bono todos los meses, y se calcula el *interés compuesto* cada seis meses (cuando se anuncia la nueva tasa), el valor total de su bono siempre se reinvierte a la tasa vigente en el mercado.

LIQUIDEZ

Después de seis meses de comprados, usted puede hacer efectivo los **bonos de la Serie EE**. La mayoría de las personas hacen planes a más largo plazo (según las metas que se hayan fijado), pero en cualquier momento pueden contar con el importe de la suma invertida inicialmente en el bono, así como de los intereses ganados. Desde luego, es importante mencionar que:

■ Existe una penalidad –que asciende a 3 meses de intereses– si usted decidiera hacer efectivos los bonos antes de 5 años.

OTRA OPCION:
LOS BONOS SERIE HH

Existen los **bonos de la Serie HH** con un plan de ingresos regulares. Se extienden en cantidades de U.S.$500, $1,000, $5,000 y de $10,000. Es una opción para cambiar los **bonos de la Serie EE** por los de la **Serie HH**, cuando durante años usted ha acumulado una cantidad apreciable con los **bonos EE** y ahora prefiere recibir una cantidad de dinero regularmente.

Los **bonos de la Serie HH** también ofrecen la ventaja de diferir el pago de impuestos sobre los ingresos hasta la fecha en que reciba los pagos. Además, existen ciertas regulaciones que condicionan el cambio de unos bonos por otros. Por ejemplo:

■ Para aprovechar esta opción, de cambio de **bonos EE** por **bonos HH**, la cantidad cambiada debe ser de U.S.$500 (como mínimo), y los bonos dados en cambio deberán tener un mínimo de seis meses de comprados.

Los intereses sobre los **bonos HH** (que se pagan cada seis meses, a una tasa fija) están exentos de impuestos sobre la renta estatales y locales, pero usted sí deberá pagar el impuesto federal sobre la renta en su declaración anual al **IRS**.

La tasa de interés se fija para un período de 10 años, con la posibilidad de extenderlo por otros 10 años (en 1999, por ejemplo, pagaban 4% de interés anual durante un período de 20 años).

¿INVERTIRA HOY PARA
DISFRUTAR MAÑANA?

Tanto los **U.S. Savings Bonds, Serie EE**, como los de la **Serie HH** ofrecen las mismas condiciones de seguridad y facilidad para adquirirlos. Lo más importante es que usted decida la mejor forma de ahorrar e invertir –de una forma planificada– para lograr la meta que se haya propuesto. Una vez que haya establecido los parámetros en su caso en particular, no dude de que los **bonos de ahorro de los Estados Unidos** le facilitarán el camino, sin angustias causadas por las fluctuaciones y pérdidas en la Bolsa.

CAPITULO 16

PENSANDO EN EL FUTURO... ¡AHORROS! LOS IRA, EL 401K, EL SEP, Y EL KEOGH

Como nuevo residente de los Estados Unidos, ¿a qué edad considera usted que se debe comenzar a ahorrar dinero para lograr jubilarse sin preocupaciones? La respuesta quizás le sorprenda: ¡Lo antes posible! Mientras se es joven, la jubilación es un hecho remoto, una situación a la que todos queremos llegar, pero a la cual no le prestamos la atención debida... porque la fecha está muy lejos. Es decir, las prioridades inmediatas nos absorben, y nuestra inclinación es posponer para el futuro las decisiones de este tipo.

No obstante, la realidad es que las leyes de los Estados Unidos permiten que ciertas inversiones destinadas a complementar sus ingresos en el futuro, reciban un tratamiento preferencial en lo que se refiere al pago de impuestos. Consecuentemente, los fondos que usted invierte bajo la protección de estos programas federales –IRA, 401K, y KEOGH– pueden aumentar en valor sin necesidad de pagar impuestos, un gran beneficio para todo contribuyente. Mientras más temprano usted comience a acumular los ahorros, mayor será el capital que le permitirá jubilarse en el futuro con comodidad.

Una vez que usted deja de trabajar, los fondos ahorrados pueden complementar la pensión o el retiro del **Seguro Social (SOCIAL SECURITY)**. Además, los impuestos que debe pagar sobre el ingreso complementario es generalmente mucho más bajo, ya que la tasa de los impuestos varía de acuerdo con el nivel de la compensación total, y –en la mayoría de los casos– los ingresos durante los años de la jubilación son menores que en los años de trabajo.

Los programas que vamos a analizar en este capítulo ofrecen beneficios adicionales que merecen nuestra atención.

LOS IRA
(INDIVIDUAL RETIREMENT ACCOUNTS)

El **IRA** es un instrumento que le permite invertir hasta 2,000 dólares todos los años, o por el total de los **ingresos por el trabajo reali-**

zado (**EARNED INCOME**) si esta suma no llega a los 2,000 dólares:

■ Usted tiene la flexibilidad de invertir los 2,000 dólares de acuerdo con sus preferencias, desde un **Certificado de Depósito** (**CD**), que le ofrece un interés fijo por un período de tiempo, hasta en un **MUTUAL FUND**, o en monedas acuñadas en metales preciosos (oro y platino).

Como sucede con todas las inversiones, el nivel de riesgo varía, por lo que usted debe decidir el tipo de inversión que mejor se ajusta a su situación personal, siempre tomando en consideración que mientras mayor es la posible ganancia, más elevado es también el nivel de riesgo.

■ Los fondos se pueden retirar –de acuerdo con las regulaciones que establece la ley– cuando el individuo cumple los 59 años y medio de edad.

■ No obstante, a los 70 años y medio es necesario retirar una cantidad mínima (consulte con el administrador del programa para que le calcule el nivel de esta cantidad mínima).

El beneficio principal del **IRA** es que usted no paga impuestos sobre la inversión mientras ésta aumenta en valor. Al mismo tiempo, el **IRA** le permite vender y comprar acciones en el mercado de valores, por ejemplo, sin pagar los **impuestos sobre las ganancias** (**CAPITAL GAINS TAXES**). No obstante, el **Internal Revenue Service** (**IRS**) sí requiere que usted cumpla con ciertas regulaciones, como –por ejemplo– volver a invertir todos los fondos antes del transcurso de 60 días.

TRES TIPOS DE IRA... ¿CUAL LE CONVIENE MAS? ¡ELIJA!

La evolución de las leyes que regulan los **IRA** ha determinado la existencia de tres variedades que deben ser cuidadosamente consideradas por el inversionista... tal vez con la orientación de un contador especializado para elegir el tipo que más beneficios le ofrezca:

1
EL IRA TRADICIONAL
(TRADITIONAL IRA)

El **IRA tradicional** le permite obtener ganancias con sus inversiones sin necesidad de pagar impuestos hasta el momento en que comience a retirar el dinero. Como explicamos anteriormente:

■ La tasa de los impuestos sobre los ingresos es casi siempre menor después de la jubilación, debido a que el nivel de ingresos es más reducido.

Otro beneficio importante del *IRA tradicional* es la posibilidad de deducir –hasta 2,000 dólares, todos los años– de la declaración de los impuestos anuales. No obstante, el nivel de sus ingresos determina si es posible disfrutar de este beneficio, por lo que es necesario consultar la situación suya en particular con un contador para confirmar que podría reclamar esa deducción.

Dentro de esta misma categoría se hallan las siguientes variedades:

■ El **IRA regular** (**REGULAR IRA**), un programa que permite la participación de todos los individuos que reciben compensación laboral durante el año.

■ El **IRA conyugal** (**SPOUSAL IRA**), que le permite al cónyuge que no trabaja durante el año, abrir su propio *IRA* con un máximo de 2,000 dólares (la suma combinada de la pareja no puede exceder los 4,000 dólares).

■ El **IRA de reinversión** (**ROLLOVER** o **CONDUIT IRA**), un vehículo que se utiliza para recibir los fondos cuando se liquida un plan de retiro de una compañía laboral.

2
EL ROTH IRA (ROTH IRA)

El **Roth IRA** se diferencia del tradicional en que la inversión no se puede deducir de los impuestos. Sin embargo, después de los 59 años y medio de edad, usted sí puede retirar el dinero acumulado en la cuenta sin pagar impuestos, aun cuando el valor de la cuenta haya aumentado notablemente con el transcurso de los años. El *Roth IRA* también ofrece una mayor flexibilidad en cuanto a la posibilidad de retirar su dinero prematuramente, y no es obligatorio hacerlo a los 70 años y medio de edad (como sucede con el *IRA tradicional).*

3
EL IRA DE LA EDUCACION
(EDUCATION IRA)

El **IRA de la educación** le permite invertir hasta 500 dólares anuales, a nombre de un menor de 18 años. La inversión puede aumentar en valor sin pagar impuestos, siempre que los fondos se utilicen para cubrir los costos educacionales del menor de edad.

¿CUALES SON
LAS PREGUNTAS MAS FRECUENTES
CON RESPECTO AL IRA?

A continuación le ofrecemos una lista de las preguntas que ocurren con más frecuencia sobre el tema de los *IRA:*

■ **¿Es posible abrir más de un IRA todos los años?** Sí, pero la suma total que usted contribuye anualmente –incluyendo el IRA tradicional y el Roth IRA– no puede exceder los 2,000 dólares (para un individuo), o los 4,000 dólares (incluyendo un cónyuge, aunque éste no trabaje). La suma tampoco puede exceder el **ingreso percibido** (**EARNED INCOME**) si esta suma es menor de 2,000 dólares. La contribución a un *IRA educacional* es independiente del límite de los 2,000 dólares.

■ **¿Cuándo se debe contribuir al IRA?** Usted puede contribuir al *IRA* en cualquier momento durante el año, o antes del 15 de abril del año siguiente. Asegúrese de que su contribución se ajuste al límite del **EARNED INCOME** (o el máximo de 2,000 dólares) que señalamos anteriormente.

¿PUEDE PARTICIPAR EN UN PLAN DE AHORRO SI USTED TRABAJA INDEPENDIENTEMENTE?

Si usted mantiene su propio negocio, o si trabaja independiente-mente, la ley le permite establecer su propio programa de ahorro para el futuro, con los mismos beneficios que disfrutan los indi-viduos que trabajan para una empresa. Usted puede participar en los programas que enumeramos a continuación:

- El **SEP (SIMPLIFIED EMPLOYEE PENSION)**
- El **Plan Keogh (KEOGH PLAN)**
- El **Roth IRA (ROTH IRA)**
- El **IRA tradicional** o deducible (**DEDUCTIBLE IRA**)

■ **¿Cómo se puede determinar si es posible deducir los 2,000 dólares de la contribución al IRA en la declaración de los impuestos?** El nivel de su **ingreso total ajustado** (**ADJUSTED GROSS INCOME**) en el año en cuestión determina si puede (o no) deducir su contribución al *IRA* en la declaración de los impuestos sobre los ingresos. Considere que el **ADJUSTED GROSS INCOME** representa el total de sus ingresos menos las deducciones que la ley permite. La ley permite un aumento anual –hasta el año 2007– en el nivel del **ADJUSTED GROSS INCOME**. Debido a la complejidad de las leyes que regulan esta computación, es conveniente consultar la situación con un contador o un profesional especializado en los impuestos para determinar si puede deducir la contribución en su declaración de los impuestos.

■ **¿Debo contribuir al IRA todos los años, aun cuando**

la ley no me permite deducir la contribución en la declaración de los impuestos? El beneficio de poder invertir dinero libre de impuestos por varios años es grande. La deducción de la contribución es atractiva, pero no debe ser el factor determinante en su decisión.

■ **¿Hasta qué edad puedo contribuir al IRA?** Usted puede contribuir al *IRA tradicional* hasta (incluyendo) el año en que cumple la edad de 70 años y medio. El *Roth IRA* no impone restricciones en relación a la edad del contribuyente.

■ **¿En qué momento puedo comenzar a retirar mi dinero del IRA tradicional?** Usted puede retirar su dinero del *IRA tradicional* en cualquier momento, pero si tiene menos de 59 años y medio de edad, la ley le impone una penalidad de un 10%. Por supuesto, al retirar dinero de su *IRA,* deberá pagar los impuestos que le corresponden, independientemente de su edad.

No obstante, la ley le permite retirar dinero del *IRA tradicional* si reúne ciertas condiciones. Por ejemplo, si usted:

■ Es un minusválido.
■ Muere antes de los 59 años y medio de edad y su cuenta pasa a manos de sus beneficiarios.
■ Necesita pagar facturas médicas que exceden el 7.5% de su **ingreso total ajustado**.
■ Pierde su empleo por más de 12 semanas consecutivas y necesita el dinero para pagar el seguro médico (para usted y su familia).
■ Necesita el dinero para pagar los gastos de educación.
■ Necesita el dinero para pagar los gastos que ocasiona la compra de una vivienda.

Las regulaciones que gobiernan los *Roth IRAs* son más flexibles. Para poder retirar dinero del *Roth IRA,* usted debe tener más de 59 años y medio, y la cuenta debe haber sido abierta en un período de los cinco años anteriores (mínimo). En el caso del *IRA educacional,* usted puede retirar el dinero mientras que su uso sea para pagar los gastos de educación de cualquier persona que reclame como **dependiente (DEPENDENT)** en su declaración anual de impuestos.

EL PLAN 401K

El **Plan 401K** es un vehículo para complementar sus ingresos durante los años después de la jubilación. El beneficio principal es que:

■ El dinero que usted contribuye al plan es libre de impuestos; o sea, usted no paga impuestos sobre la contribución, y consecuentemente reduce también el nivel de su compensación anual, lo que puede reducir la tasa de los impuestos sobre los ingresos (dependiendo del nivel de su salario).

Debido a este beneficio importante, el gobierno federal norteamericano limita la cantidad de fondos que usted puede asignar al **401K** todos los años. En el año 2000, por ejemplo, la cantidad máxima que usted puede contribuir es U.S.$10,500.

■ Cualquier empresa puede administrar un **Plan 401K** para sus empleados, pero la ley no lo exige. En muchos casos –sobre todo en los planes de las empresas más importantes– la compañía complementa su contribución con sus propios fondos.

Por ejemplo: si usted decide invertir 5,000 dólares, la empresa puede contribuir 5,000 dólares adicionales como un beneficio para sus empleados. La suma que la empresa contribuye varía, por supuesto, de acuerdo con la política de la Administración. Además, la contribución total (la de usted y la de la compañía) no puede exceder el límite impuesto por el gobierno federal.

Generalmente, el **Plan 401K** le ofrece al empleado una variedad de vehículos financieros para invertir el dinero, desde acciones en la empresa hasta múltiples **MUTUAL FUNDS** con diversos objetivos y niveles de riesgo. Los fondos en el **401K** pueden aumentar en valor sin que sea necesario pagar impuestos al gobierno federal hasta que llegue el momento de retirar los fondos acumulados:

■ Al igual que sucede con el *IRA,* usted debe pagar impuestos sobre el dinero que retira del **401K**, y si esto sucede antes de los 59 años y medio de edad, el *IRS* le impone una penalidad del 10%.

■ Usted también puede recibir un préstamo del **401K**, pero debe considerar que el beneficio más importante del plan es la posibilidad de que la inversión crezca sin pagar impuestos, y el préstamo le reduciría el nivel del capital disponible.

OTROS BENEFICIOS DEL 401K

El **Plan 401K** le ofrece beneficios adicionales. Por ejemplo:

- Los vehículos para invertir el dinero son administrados por profesionales en el área de las finanzas.
- Usted puede pagar mensualmente por su contribución mediante **descuentos automáticos** que realiza la empresa (**PAYROLL DEDUCTION**).
- La mayoría de los planes **401K** le permiten acceso a los fondos en caso de que se presente una situación de emergencia.
- La empresa le ofrece información periódica sobre el rendimiento de sus inversiones.
- Cuando usted cambia de trabajo, usted puede "trasladar" sus fondos al **Plan 401K** de la nueva empresa, puede mantener balances en los dos **401K**, o puede convertir el **401K** original en un **IRA**. La decisión es suya.

Ahora bien:

- La ley exige que usted comience a retirar los fondos del **Plan 401K** –a más tardar– a los 70 años y medio de edad.
- Por supuesto, puede retirar los fondos –sin penalidad– después de los 59 años y medio.
- Al igual que sucede con el *IRA,* la ley le permite retirar los fondos antes de tiempo, sin penalidad, siempre que cumpla con los requisitos que enumeramos anteriormente.

EL SEP: SIMPLE Y FACIL

El llamado **SEP** es un plan de ahorro –muy fácil de establecer– que le permite contribuir y deducir de sus impuestos hasta el 13.04% de sus ingresos como trabajador independiente, o hasta el 15% de su salario (si usted aparece como empleado de su propia corporación). La ley impone (en el año 2000) un límite de 24,000 dólares a su contribución anual. El programa es muy fácil de establecer y de administrar, y lo puede abrir en cualquier momento durante el año en cuestión, pero antes de la fecha en que debe declarar sus impuestos (en abril 15 del año siguiente). Solamente necesita rellenar un formulario en cualquier compañía financiera, en un banco, o en una empresa de seguros. Generalmente el servicio es gratuito, aunque algunas empresas cobran entre 10 y 15 dólares anualmente para cubrir los gastos de administración.

En términos generales, el programa funciona al igual que el *IRA,* pero le permite contribuir una suma mayor todos los años (de acuerdo con sus ingresos).

EL PLAN KEOGH

El **Plan Keogh** es más difícil de establecer (probablemente necesite ayuda profesional para hacerlo, y le puede costar alrededor de 200 dólares), pero le permite contribuir anualmente una suma de dinero mayor que el *SEP.* La ley exige que el plan se establezca durante el año en cuestión, aunque usted puede depositar su contribución antes del 15 de abril del año siguiente.

El Plan Keogh ofrece dos variantes:

■ El **plan para compartir las ganancias (PROFIT SHARING PLAN),** y
■ el **plan con beneficios definidos (DEFINED BENEFIT PENSION PLAN).**

Considere:

■ El **PROFIT SHARING PLAN** le permite contribuir hasta el 20% de sus ingresos, con un límite de 30,000 dólares. La ley requiere que usted prepare un documento en el primer año de establecer el plan (probablemente necesite ayuda profesional), y todos los años debe enviar un reporte al *IRS* (es posible prepararlo sin ayuda profesional, siguiendo las instrucciones).

¿OTRAS CONTRIBUCIONES?

Además de preparar un programa de ahorros para la jubilación (ya sea **SEP** o **KEOGH**), el trabajador independiente puede contribuir todos los años a un **IRA** (**ROTH** o **TRADICIONAL**), al igual que los individuos que trabajan para una empresa. Los *IRAs* del trabajador independiente son idénticos a los que describimos anteriormente, y funcionan bajo las mismas regulaciones y restricciones.

■ El objetivo del **DEFINED BENEFIT PENSION PLAN** es proveerle con una suma anual (hasta 125,000 dólares) después de su jubilación. Todos los años, la magnitud de su contribución debe ser estimada por un actuario de seguros; la suma depende del nivel de sus ingresos, el beneficio anual que desea recibir después de la jubilación, el número de años antes de jubilarse, y el estimado de las ganancias que obtendrá con las inversiones. El trabajo del actuario le puede costar alrededor de 2,000 dólares todos los años, por lo que este tipo de plan sólo se justifica si sus ingresos son muy altos y si ha cumplido más de 50 años.

SUS OPCIONES AL JUBILARSE

Después de trabajar arduamente por muchos años, usted decide que ha llegado el momento de descansar y disfrutar de sus años de jubilación. Afortunadamente, su disciplina presupuestaria, y gracias a los pasos que tomó para participar en los planes de ahorro disponibles en los Estados Unidos, usted ha logrado acumular el capital que le complementará los ingresos de la pensión que pueda recibir, así como del **SOCIAL SECURITY**. Ahora es preciso que determine cómo retirar sus ahorros para asegurarle unos años de retiro sin preocupaciones monetarias.

■ En el caso de los **IRA**, usted puede retirar la suma acumulada –parcialmente o en su totalidad– una vez que cumpla la edad de 59 años y medio. El capital acumulado en el **IRA tradicional** es sujeto al impuesto sobre los ingresos en el momento en que se retira de la cuenta, mientras que usted puede retirar su dinero del **Roth IRA** libre de impuestos. Excepto bajo las condiciones que enumeramos anteriormente, el gobierno federal le impone una penalidad de un 10% si retira la suma contribuida antes de cumplir los 59 años y medio.

■ El **Plan 401K** –que cubre a la mayoría de los trabajadores– le ofrece tres opciones una vez que usted decide jubilarse:
(1) Puede permanecer en el plan de la empresa. Estudie detenidamente las regulaciones que el Plan le impone en este caso, ya que varían de acuerdo con la política de cada empresa. Algunas empresas requieren que usted retire su dinero en el momento en que deja de trabajar.
(2) Las leyes requieren que usted **comience a retirar los fondos cuando cumpla los 70 años y medio** (si no lo ha hecho anteriormente). El *IRS* ha establecido diferentes métodos para calcular la suma mínima que debe retirar todos los años; consulte con el administrador de su **Plan 401K** para que le indique el método que más le convenga, de acuerdo con su situación personal.
(3) Puede desplazar su capital a un ROLLOVER IRA. Esta opción le ofrece un alto grado de flexibilidad, ya que puede invertir el dinero en una amplia variedad de medios. En todo caso, es importante realizar la transacción mediante una compañía financiera, de seguros, o un banco; de esta manera evita que el gobierno le obligue a pagar impuestos sobre sus ahorros.

En términos generales, considere que usted puede retirar su dinero del *IRA* siempre que haya cumplido los 59 años y medio de edad.

MUY IMPORTANTE:
■ Con parte del dinero de su **401K**, usted puede comprar lo que se conoce con el nombre de **anualidad** (**ANNUITY**). La *anualidad* le garantiza una suma anual por el resto de su vida.
■ **También puede recibir la suma total de sus ahorros en efectivo.** Evite recibir sus ahorros en efectivo, ya que el gobierno federal le obligará a pagar impuestos sobre los ingresos, y –si la suma es alta– es posible que la tasa de impuestos sea elevada.

CAPITULO 17

COMO INVERTIR EN "MUTUAL FUNDS"

Una vez que el nuevo emigrante a los Estados Unidos se establece en este país, si logra administrar sus ingresos y sus gastos en la forma debida, lo más probable es que comience a acumular algunos ahorros. Es muy importante reservar parte de esos ahorros para hacerle frente a cualquier emergencia que se pueda presentar, y para ello hay diferentes alternativas. Entre éstas –como hemos considerado en capítulos anteriores – se hallan las cuentas bancarias, incluyendo las **money market accounts** *(cuentas de depósito de dinero),* que representan un vehículo excelente para satisfacer esa necesidad de protección económica para la familia.

Con el tiempo, el crecimiento del fondo de ahorros demanda que se consideren otros mecanismos financieros para obtener una ganancia mayor sobre ese fondo acumulado. Por supuesto, es importante tener siempre presente que:

■ Junto con la posibilidad de mayores ganancias sobre los fondos acumulados bajo el epígrafe de ahorro, las alternativas también conllevan un nivel más elevado de riesgo. Esto significa que es importante

mantener una cierta cantidad de los ahorros acumulados en cuentas bancarias, las cuales son accesibles en todo momento.

Las alternativas para invertir sus ahorros en los Estados Unidos son muchas, y existen cientos de compañías que compiten por obtener su dinero, ofreciéndole casi siempre ganancias extraordinarias. La competencia –si es positiva– resulta siempre excelente, porque asegura que cada empresa se esfuerza por ofrecer los mejores planes de inversión a sus clientes. Sin embargo:

■ Siempre existe la posibilidad de fraude, y por ello es necesario enfatizar un concepto muy arraigado en la mentalidad de los norteamericanos: "Nada en la vida es gratis". Es decir, si alguien le promete obtener riquezas en sólo semanas, debe mantener cierto grado de escepticismo.

En las últimas décadas, los llamados **mutual funds** (o sea, las

¿QUE ES UN "MUTUAL FUND"?

El mutual fund es:

■ Un instrumento financiero que recauda los ahorros de numerosos individuos, y los invierte en acciones de la bolsa, bonos gubernamentales y corporativos, y otros tipos de fondos de inversión.

Con sus ahorros, usted puede comprar una cantidad de *unidades* (**UNITS**) del fondo, mientras que el precio de cada *unidad* varia diariamente con las alzas y las bajas que experimenta el mercado. Así:

■ Si el precio de cada *unidad* es más alto cuando usted quiera liquidar su inversión (o vender unas cuantas *unidades),* usted puede obtener una ganancia.

■ Por supuesto, lo inverso también puede ocurrir; es decir, si las acciones bajan de valor, es posible que usted pierda parte o todo el dinero que haya invertido inicialmente.

Una compañía puede ofrecer una variedad de *mutual funds,* cada uno especializado en un aspecto del mercado, y representando diferentes niveles de riesgo y de posibles ganancias. Existen numerosas compañías que venden los *mutual funds,* algunas pequeñas y otras verdaderamente gigantescas. Inclusive, muchos bancos ofrecen sus propios *mutual funds.*

sociedades de inversión colectiva o **fondos de inversión colectiva**, aunque a nivel internacional son conocidas por su nombre en inglés) han adquirido gran popularidad. Debido a las muchas posibilidades de éxito que presentan. No obstante, estos *fondos* son muy diversos unos de otros, y por ello deben ser analizados independientemente; considere el nivel de riesgo (y otros factores que discutiremos más adelante), que varía notablemente entre uno y otro.

¿QUE DEBE SABER USTED SOBRE LOS MUTUAL FUNDS?

Antes de invertir sus ahorros en un *mutual fund* es fundamental obtener la mayor información posible de la empresa a la cual esté considerando para confiarle su dinero. No confíe únicamente en lo que le diga el vendedor o agente de la compañía de *mutual funds,* sino en la información oficial de la misma. Además, tenga siempre presente que:

■ Al invertir en *mutual funds,* su dinero no está garantizado, ni por el gobierno federal de los Estados Unidos, ni por la compañía que le vendió el *fondo.* Esto significa que –de acuerdo con las altas y bajas del valor de las inversiones del *mutual fund*– usted puede lograr ganancias considerables, pero también la pérdida total de sus ahorros.

■ Las cuentas bancarias –como explicamos anteriormente– están garantizadas por el gobierno federal, y aunque la institución bancaria se declarara en bancarrota, sus ahorros nunca peligran; ésta es una diferencia fundamental entre los *mutual funds* y las cuentas bancarias.

OTRA INFORMACION IMPORTANTE

■ Mientras más riesgoso sea un *mutual fund,* más altas son las posibles ganancias que puede obtener por su inversión.

■ Tenga presente que las ganancias que un *mutual fund* logró en el pasado no aseguran un rendimiento similar en el futuro.

■ Las empresas que administran los *mutual funds* incurren en gastos de administración, los cuales reducen el nivel de las ganancias.

■ Usted puede comprar los *mutual funds* directamente a través de las compañías que los administran, o por medio de los corredores de bolsa. Algunos bancos y compañías de seguros también ofrecen su propia línea de *mutual funds.*

■ Algunos *mutual funds* cobran una comisión en el momento en que usted compra o vende sus *unidades.*

■ Usted puede venderle sus *unidades* a la compañía que administra el *mutual fund* durante horas laborables, y recibirá su dinero en un término máximo de siete días. El precio de cada *unidad* es calculado diariamente (al cierre de las operaciones financieras del día).

■ El precio de las unidades de los *mutual funds* se publican diariamente en las páginas financieras de los diarios. El precio aparece en la columna encabezada por la sigla **NAV** (**NET ASSET VALUE**), que representa el valor total del *mutual fund* al final de las operaciones financieras del día, dividido por el número de *unidades* que existen en ese *fondo.*

■ Cada *mutual fund* publica un **folleto oficial** (llamado **PROSPECTUS**) que incluye información vital sobre los tipos de inversiones del *fondo,* su composición (en acciones o bonos específicos), los costos de administración y mercadeo, etc. Este folleto es un documento muy importante, el cual usted debe estudiar con detenimiento antes de invertir sus ahorros. Una llamada telefónica a la compañía que administra el *fondo* que esté bajo su consideración es todo lo que deberá hacer para que le envíen una copia inmediatamente.

■ Considere que los *"mutual funds"* contribuyen a sus ganancias en tres formas diferentes:

1. Con los dividendos que generan las acciones o los bonos del fondo. La compañía que administra el *fondo* reporta al gobierno (**IRS - Internal Revenue Service**) los **dividendos anuales** (**YEARLY DIVIDENDS**) que usted recibe, y consecuentemente, usted debe pagar los impuestos (**TAXES**; vea el capítulo 14) sobre esos ingresos obtenidos al reportar anualmente sus ingresos al *IRS.*

2. Con las ganancias de capital que obtiene el fondo al liquidar un número de acciones o bonos que han aumentado de precio notablemente. Al igual que los *dividendos,* usted debe pagar impuestos sobre las ganancias de capital (**CAPITAL GAINS**) que la compañía que administra el *mutual fund* reporta al gobierno anualmente.

3. Con las ganancias de capital que refleja el fondo debido a sus inversiones, y que mantiene en su cartera de inversiones. Como las ganancias no han sido en realidad obtenidas (el *fondo* no las ha vendido), no es necesario pagar impuestos; el aumento en la valorización del *fondo* simplemente causa un alza en el **NAV** (considerado anteriormente).

TIPOS DE MUTUAL FUNDS

Las variedades de los *mutual funds* aumentan continuamente, debido a que las compañías que los administran se esfuerzan por encontrar nuevas formas y diseñar nuevos planes para utilizar el dinero de los inversionistas obteniendo las ganancias más altas. Generalmente, el desarrollo de los *mutual funds* refleja las condiciones en el mercado financiero del país, y –por consecuencia– la popularidad relativa de un tipo de *mutual funds* puede variar de un año para otro.

En general, se puede decir que hay tres variedades de *mutual funds:*

1
LOS MONEY MARKET FUNDS
(Fondos del Mercado de Dinero)

Estos *fondos* son los menos riesgosos de todos, ya que las leyes de los Estados Unidos requieren que las inversiones sean limitadas a las obligaciones mercantiles a corto plazo de alta calidad (menos riesgo). El objetivo de los *Money Market Funds* es mantener la estabilidad del capital invertido, por lo que el **NAV** se mantiene alrededor de $1; por ello, representan una excelente alternativa para invertir dinero a corto plazo o cuando se manifiesta una situación de inestabilidad en el mercado.

- Por supuesto, el inversionista recibe dividendos periódicamente por la inversión que ha hecho, de acuerdo con el nivel de los intereses en el mercado. Estos se reflejan en el número de unidades en la cuenta.
- Al igual que todos los "mutual funds", los *Money Market Funds* son muy diferentes a las cuentas bancarias que tienen el mismo nombre, ya que el capital no está garantizado por el gobierno federal de los Estados Unidos. Esta es una consideración importante, ya que algunos bancos administran sus propios *Money Market Funds,* y es fácil confundirlos con las cuentas bancarias.

2
LOS BOND FUNDS O FIXED INCOME FUNDS
(Fondos de Bonos o de Ingresos Fijos)

El riesgo es moderado en estos *fondos,* pero es más alto que el de los

VARIEDADES DE "STOCK FUNDS"

■ Algunos *Stock Funds* asignan su capital a inversiones en grandes compañías (**LARGE CAPITALIZATION** o **LARGE CAP**); es decir, en empresas que tienen una trayectoria financiera sólida.

■ Otros enfocan sus inversiones en compañías pequeñas (**SMALL CAPITALIZATION** o **SMALL CAP**), las cuales son más especulativas y corren mayores riesgos.

■ Hay *Stock Funds* que se especializan en obtener los máximos dividendos por la inversión hecha. En fin, la variedad de *Stock Funds* es tan amplia que solamente leyendo cuidadosamente los folletos oficiales del *fondo* con respecto a sus inversiones es posible distinguir las diferencias que existen entre unos y otros (a veces muy sutiles).

De acuerdo a las investigaciones que usted pueda hacer, elija el *fondo* que mejor se ajuste a sus preferencias personales (en términos del riesgo, del plazo de tiempo que usted espera mantener la inversión, etc.).

Money Market Funds. Consecuentemente, las posibles ganancias también son más altas. Los administradores de los *Bond Funds* invierten el capital acumulado de los inversionistas que tienen como clientes en obligaciones mercantiles más riesgosas.

■ Debido a que los bonos y las obligaciones financieras varían en valor de acuerdo con el nivel de interés en el mercado, los *Bond Funds* reflejan el riesgo de perder parte de su valor si la tasa de interés sube. Como los bonos se caracterizan también por su plazo de maduración (**MATURITY DATE**), los *fondos* que invierten gran parte de su capital en los bonos a largo plazo (**LONG-TERM FUNDS**) son más vulnerables a los efectos de las oscilaciones en la tasa de interés.

3
LOS STOCK FUNDS O EQUITY FUNDS
(Fondos de Acciones)

Los *Stock Funds* manifiestan el nivel más alto de riesgo, pero también representan la mejor oportunidad que tiene el inversionista de obtener ganancias mayores a largo plazo. De acuerdo con las estadísticas, el mercado de valores ofrece las mayores ganancias (superiores a las que se podrían obtener con otro tipo de inversiones) cuando el individuo invierte sus ahorros por un período mayor de diez años.

■ Si usted puede resistir la tentación de liquidar las unidades de un *mutual fund* cuando el mercado desciende precipitadamente (por temor a perder todo –o parte– del dinero que haya invertido), las estadísticas demuestran que con el transcurso del tiempo, las acciones logran aumentar en un promedio de más del 8% anualmente.

■ Existe una gran variedad de *Stock Funds,* y –como explicamos anteriormente– diferentes versiones emergen de acuerdo con las necesidades del mercado financiero del país en el momento. Por ejemplo, el formidable crecimiento del INTERNET en los últimos años en los Estados Unidos, ha estimulado la creación de numerosos *Stock Funds* que se concentran en hacer sus inversiones en las compañías que participan en esta industria naciente.

■ Es precisamente esta flexibilidad lo que favorece a los *Stock Funds* como una forma de inversión atractiva, ya que le permiten invertir en un sector específico de la economía (como, por ejemplo, la industria petrolera, o la industria del acero), sin el riesgo que incurriría comprometiendo el dinero en una sola empresa. Los *fondos* invierten el dinero de sus clientes en un grupo de compañías, las cuales representan el rendimiento de la industria en general. De este modo, si una empresa en particular sufre una catástrofe, el impacto en el **NAV** del *mutual fund* es moderado gracias a la diversidad de las inversiones.

COMO ANALIZAR UN FONDO, ANTES DE INVERTIR EN EL

Para poder analizar un *fondo,* compararlo con muchos otros similares, y decidir si representa la mejor forma de invertir sus ahorros, el primer paso consiste en obtener una copia del *folleto oficial* (**PROSPECTUS**) que muestra las inversiones de cada uno. Este folleto es un documento preparado de acuerdo con las regulaciones de las agencias del gobierno federal norteamericano, y le permite comparar el verdadero rendimiento de un *fondo* con alternativas similares. El documento profundiza en los cuatro factores que hemos identificado para facilitarle el análisis:

1
FILOSOFIA DE INVERSION
(Investment Philosophy)

Los primeros *mutual funds* se crearon en la década de los años sesenta, y representaron un nuevo vehículo que le permitía al individuo con escasos recursos, participar en la actividad del mercado de valores. Los primeros *fondos* invertían el dinero de sus clientes en un grupo de acciones que representaba –en forma general– el valor del mercado. La situación hoy en día es mucho más compleja, y la especialización comienza con la llamada **definición de la filosofía de inversión** de cada *fondo*.

Como mencionamos anteriormente, un *fondo* puede invertir fuertemente en la tecnología biológica, mientras que otro se puede especializar en la industria de los metales. En este sentido las posibilidades son numerosas, y usted debe decidir –como primer paso– la *filosofía* que mejor se ajuste a su situación personal. El nivel de riesgo depende en gran parte de el objetivo de cada *fondo,* y el *folleto oficial* que le entreguen contiene una amplia información al respecto.

2
TRAYECTORIA HISTORICA DEL RENDIMIENTO FINANCIERO
(Past Performance)

Las campañas de publicidad de los distintos *fondos* son muy intensas, y los anuncios enfatizan los llamados **RATINGS** y **RANKINGS** (la posición relativa de los fondos en términos de rendimiento anual) de los fondos. La realidad es que un *fondo* que se consideró el "mejor" en un año determinado, puede ser clasificado como "pobre" al final de este año.

El *folleto oficial* del *fondo* le presenta el historial de diez años del **rendimiento total (TOTAL RETURN)** que refleja las altas y bajas de las inversiones después de restar los costos de administración del fondo. La medida más importante que usted debe considerar es la fluctuación del *total return* de un año para otro:

■ Si el *fondo* mantiene un nivel alto todos los años, esto significa que es un *fondo* sólido que probablemente continuará en la misma trayectoria.

■ Sin embargo, una fluctuación notable de un año para otro señala que el rendimiento del *fondo* es volátil, y –por lo tanto– representa un nivel de riesgo más alto de lo normal.

3
LOS COSTOS DE COMPRA Y VENTA
(Sales loads)

Es otro factor importante que debe ser considerado al decidir por el *fondo* en el que va a invertir sus ahorros:

■ Algunas compañías que administran *mutual funds* no le cobran una comisión al cliente al comprar o vender *unidades* del *fondo,* o al intercambiar las *unidades* de un *fondo* por otro de la misma compañía. Estos *fondos* se conocen con el nombre de **NO-LOAD FUNDS**.

■ Otras compañías, sin embargo, cobran una comisión cuando el cliente compra *unidades* en un *fondo:* generalmente un porcentaje de la cantidad de dinero que se invierte, aunque no cobran comisión al vender o intercambiar las *unidades*. Esta comisión se conoce con el nombre de **FRONT-END LOAD**.

■ Finalmente, algunas compañías cobran una comisión al vender o intercambiar las *unidades* del *fondo*. Generalmente esta comisión consiste en un porcentaje de la inversión, el cual disminuye todos los años hasta desaparecer completamente. Es decir: si usted mantiene en su posesión de las *unidades* durante un número de años (de 6 a 8, en la mayoría de los casos), no tendrá que pagar la comisión, la cual en este caso se conoce como **BACK-END LOAD**.

Las estadísticas demuestran que los *fondos* que cobran comisión de compra y venta, en promedio, no logran mantener una ventaja en su rendimiento financiero. Toda esta información, por supuesto, debe aparecer en forma detallada en el *prospectus* del *fondo* que usted esté considerando para invertir sus ahorros.

4
LOS COSTOS DE OPERACION
(Ongoing o Operating Expenses)

Los *costos de operación* representan los gastos de la administración del *fondo,* e incluyen desde el costo de compra y venta de las acciones que forman parte del *fondo,* los gastos de publicidad y mercadeo, los gastos de la investigación financiera que es realizada por los expertos analistas, y la administración general del *fondo.* Invariablemente, todos los *fondos* incurren estos gastos, pero el nivel varía de una empresa a otra. En este sentido es preciso tener presente que:

■ Un alto *costo de operación* no garantiza un mejor rendimiento del *fondo,* pero algunos *fondos* –debido a la complejidad de su enfoque– requieren una empleomanía especializada y con salarios elevados (como por ejemplo sucede con algunos *fondos* en acciones de compañías internacionales), y –debido a ello– justifican un *costo de operación* más alto del que pudiera considerarse promedio.

Los *costos de operación* también se explican detalladamente en el folleto oficial de cada fondo. Analícelo debidamente.

CONCLUSION

Invertir en *mutual funds,* y –sobre todo– escoger entre los cientos de *fondos* que compiten para que usted deposite sus ahorros en una empresa determinada, es una decisión muy personal:

■ Primeramente, es necesario de que antes de invertir en acciones o *mutual funds,* usted establezca las cuentas bancarias necesarias y que mantenga una reserva de dinero en esos instrumentos para poder enfrentarse a cualquier contingencia que se le pudiera presentar.

MUTUAL FUNDS

■ Una vez que cuente con ahorros adicionales, las inversiones (los *mutual funds* constituyen una excelente alternativa) son necesarias para lograr el crecimiento necesario del capital y mejorar su promedio de vida con el transcurso de los años.

Utilice la información ofrecida en este capítulo para analizar con detenimiento los factores necesarios para comparar los diferentes vehículos en el complejo mundo de los *mutual funds*.

CAPITULO 18

COMO COMPRAR UN AUTOMOVIL EN U.S.A. (NUEVO Y DE USO)

Antes de comprar su primer automóvil en los Estados Unidos –no importa si se trata de un auto nuevo o de uso– es imprescindible que realice algunas investigaciones; considere que el tiempo que usted dedique a esta tarea previa le permitirá ahorrar dinero y muchos problemas:

■ Lo primero que usted debe hacer es determinar qué tipo de automóvil es el que realmente necesita (o desea) y con qué presupuesto cuenta para comprarlo. No se limite a considerar el precio del automóvil en sí, sino también su mantenimiento (gasolina, reparaciones, etc.).

■ Considere cuál es el uso real que le va a dar al automóvil, teniendo presente que en algunas ciudades de los Estados Unidos, los problemas de estacionamiento son difíciles... además de que las congestiones de tráfico pueden ser grandes. Es decir: ¿va a utilizar el automóvil para ir al trabajo, para su negocio, o para utilizarlo únicamente durante los fines de semana, con su familia?

■ Tenga presente, también, dónde va a estacionar su automóvil una vez que regrese a su casa o apartamento. En algunas ciudades (en Nueva

York, por ejemplo), estacionar el automóvil en la calle, en las noches, puede ser complicado debido a las regulaciones establecidas para la limpieza de las calles en las mañanas.

■ Seguidamente, infórmese sobre los modelos de automóviles, las opciones, y los precios. Para ello, lea los diarios, llame y visite las agencias de venta de automóviles, e inclusive busque información a través de la **red cibernética (INTERNET)**.

A partir de esta información, determine si lo que en realidad le conviene es comprar un automóvil nuevo o de uso.

¿UN AUTOMOVIL NUEVO?

La compra de un automóvil nuevo ocupa el segundo lugar (después de una casa) entre las adquisiciones más caras que la mayoría de las personas hace en los Estados Unidos. De acuerdo con la **Asociación Nacional de Agencias de Automóviles de los Estados Unidos**, el costo promedio de un automóvil nuevo es mayor de U.S.$22,000. Por este motivo, es muy importante saber cómo comprar un automóvil... ¡se trata de una inversión en extremo importante!

La operación no es tan fácil como pudiera parecer, y esto se debe a que los precios que las agencias de ventas asignan a sus nuevos modelos no es siempre el que esperan obtener, sino el precio que les es sugerido por el fabricante (casi siempre superior a su precio real). Es decir: comprar un automóvil no es lo mismo que adquirir un nuevo televisor, al cual probablemente ya se le ha asignado un precio de fábrica fijo, invariable. En el caso del automóvil nuevo (lo mismo que sucede con el de uso), el precio de venta es variable... y el comprador debe negociar con el vendedor para obtener el mejor precio (y ventajas) posible. Es más, el precio muchas veces puede variar según las existencias del modelo que sea de su interés, e inclusive en la fecha del año (mientras más próxima sea la fecha de distribución de los nuevos modelos, más bajo será el precio de venta de los modelos del año anterior).

Al comprar un automóvil nuevo, lo primero que usted deberá considerar es qué modelo de automóvil prefiere, qué opciones desea, y cuál es su presupuesto real. Si usted hace investigaciones antes de tomar una decisión, no hay duda de que tendrá más probabilidades de negociar debidamente con el vendedor una vez que se encuentre en la agencia de ventas.

Para realizar debidamente estas investigaciones previas a la compra de su automóvil nuevo, considere los siguientes puntos:

- Lea las publicaciones que analizan las opciones, equipos y precios de los automóviles nuevos (la revista **Consumer's Report**, por ejemplo). Estas también pueden brindarle información sobre el costo al por mayor de autos y algunas opciones específicas.
- Visite diferentes agencias de ventas de automóviles y compare varios modelos para obtener el mejor precio. Usted también puede ponerse en contacto con los servicios de compras de automóviles por medio de la INTERNET.
- Esté dispuesto a negociar el precio. Las agencias de ventas de automóviles están preparadas para reducir su margen de ganancias entre el 10% y el 20%. Usualmente ésta es la diferencia entre el precio sugerido por el fabricante y el precio que muestra la factura.

COMO COMPRAR UN AUTOMOVIL EN U.S.A.

■ Considere pedir su automóvil nuevo si la agencia no tiene en existencia el modelo y color que usted desea. Esto puede causar una demora adicional, pero los automóviles disponibles en la agencia pueden tener una serie de *opciones* ya instaladas que usted no desea y que pueden aumentar el precio... a veces considerablemente.

■ Aprenda el vocabulario para negociar el precio de su automóvil. A continuación, algunos términos que usted puede oír mientras que esté negociando con el vendedor:

(1) El **precio de factura**. Es el cargo inicial de la agencia. Este es usualmente más alto que el costo final porque las agencias reciben descuentos e incentivos de los fabricantes. El *precio de factura* siempre incluye el flete (también llamado *costo de destino* y *envío*). Si usted está negociando para reducir el *precio de factura,* cerciórese de que el flete no sea incluido en el contrato de venta.

(2) El **precio base** es el costo del automóvil, sin *opciones* adicionales. No obstante, incluye el equipo promedio y la garantía del fabricante. Este precio está impreso en la llamada *calcomanía Monroney* (pegada a la ventanilla del auto y requerida por ley federal de los Estados Unidos; sólo puede ser despegada por el comprador).

(3) El precio de la **calcomanía Monroney** muestra el *precio base,* las *opciones* instaladas por el fabricante (con el precio sugerido por éste), el flete y las millas que el automóvil hace por galón de gasolina.

(4) La **calcomanía con el precio de la agencia**, usualmente también pegada a la ventanilla, es el precio de la *calcomanía Monroney* con la adición de las *opciones* que la agencia ha instalado, incluyendo ganancias adicionales por parte de la agencia, preparación del automóvil para la entrega al comprador, y –probablemente– el barniz de protección para el chasis.

¿COMO FINANCIAR UN AUTOMOVIL NUEVO?

Tome en cuenta las siguientes consideraciones:

■ Si usted decide financiar su automóvil nuevo, compare la tasa de interés que la agencia le ofrece contra la tasa ofrecida por bancos, uniones de crédito, instituciones de ahorro y préstamos, y otras compañías de préstamos. Como las tasas de interés varían mucho, considere siempre la mejor proposición, comparando la tasa de interés anual.

■ Algunas veces las agencias de ventas de automóviles le ofrecen tasas de intereses muy bajas sobre modelos específicos, pero no están dispuestas a negociar el precio de estos autos. Para poder obtener este interés especial, es muy posible que el vendedor le exija un alto pago de entrada. Bajo estas condiciones, usted puede considerar qué situación resulta más beneficiosa para usted: si pagar un interés más alto por un automóvil más económico, o adquirir uno que represente una suma de entrada más baja.

■ Algunas agencias pueden pedirle que compre un seguro de crédito en caso de muerte o incapacidad. Antes de añadir este costo, considere los beneficios que usted puede tener con las pólizas existentes. Adquirir este seguro no es necesario para obtener el préstamo.

■ Hable sobre la posibilidad de entregar su automóvil actual sólo después de que haya finalizado la negociación del precio del modelo nuevo bajo consideración y usted haya investigado previamente el valor del automóvil que va a reemplazar. Para obtener esta información, visite la biblioteca e investigue el valor aceptable del auto que usted tiene en libros de referencia o en revistas especializadas. Esta información puede ayudarle a conseguir un mejor precio en la agencia al hacer sus negociaciones. A pesar de que puede tomar más tiempo, vender su automóvil actual por su propia cuenta, generalmente le permitirá obtener más dinero por él que si usted lo entrega en la agencia como parte de la transacción al adquirir el modelo nuevo.

¿DEBE ADQUIRIR UN "CONTRATO DE SERVICIO"?

Los llamados **contratos de servicio** que usted pudiera comprar al adquirir su automóvil nuevo cubren la reparación de ciertos componentes o la solución de determinados problemas que se pudieran presentar. Estos contratos son ofrecidos por los fabricantes, las agencias de ventas, o las compañías independientes... y pueden estar en vigor conjuntamente con la garantía original que siempre ofrece el fabricante. Tenga en cuenta que la garantía está incluida en el precio del automóvil mientras que un *contrato de servicio* representa una inversión adicional.

Antes de llegar a una decisión sobre la compra de un *contrato de servicio,* léalo cuidadosamente y considere estos puntos:

- ¿El *contrato de servicio* duplica la cobertura de la garantía u ofrece protección que comienza una vez que la garantía termine?
- ¿Se extiende más allá del tiempo que usted espera poseer el automóvil? Si es así, ¿es transferible o existe un *contrato de servicio* más corto?
- ¿Cuál es la diferencia entre la cobertura bajo la garantía inicial que ofrece el fabricante y la cobertura bajo el *contrato de servicio?*
- ¿Qué tipo de reparaciones están cubiertas bajo el *contrato de servicio?*
- ¿Quién paga por la mano de obra y las piezas que sean requeridas para realizar una reparación?
- ¿Quién realiza las reparaciones? ¿Se pueden realizar reparaciones en otro lugar que no sea la agencia donde el automóvil fue comprado?
- ¿Cuáles son los requisitos para cancelar el *contrato de servicio* y la política con respecto a la devolución del importe del mismo?

SI VA A COMPRAR UN AUTOMOVIL DE USO...

Los automóviles usados pueden adquirirse en diferentes formas:

- Comprándolos en las agencias independientes.
- En las compañías de alquiler.
- En supertiendas de autos usados.
- Comprándoselos a un particular.
- Usted también puede comprar un automóvil usado por medio de la INTERNET.

Pídale recomendaciones a amigos, familiares y compañeros de trabajo en el momento en que decida comprar un automóvil de uso; también puede llamar en busca de información y orientación sobre firmas responsables a la **agencia de protección al consumidor** (**CONSUMER PROTECTION AGENCY**) de su localidad, a la oficina del **Fiscal General del Estado** (**DISTRICT ATTORNEY**), y al **Buró para Mejores Negocios** (**BETTER BUSINESS**

BUREAU).

En la actualidad, algunas agencias estimulan a los clientes para la compra de automóviles de uso ofreciéndoles precios fijos (es decir, que no deben ser negociados con el vendedor), automóviles usados cuya condición está certificada por la fábrica y que ofrecen mejores garantías. Antes de sentirse tentado por cualquiera de estas ofertas, considere la reputación de la agencia en cuestión. Además, tenga en cuenta que:

■ La ley de los Estados Unidos no les exige a las agencias ofrecerles a los compradores de automóviles usados el derecho a cancelar la venta a los tres días. Es decir, ese derecho a devolver el automóvil en unos cuantos días y poder recuperar su dinero sólo existe si la agencia otorga (por escrito) ese privilegio a los compradores.

Las agencias de ventas pueden describir este derecho a cancelar la compra como un "período para recapacitar", "una garantía de devolución de dinero", o "una política de devolución sin preguntar por qué". Antes de que usted se comprometa a adquirir un automóvil de uso en una agencia determinada, indague acerca de la política de devolución que ésta mantiene. Es más, obtenga una copia escrita al respecto... y léala detenidamente.

LA GUIA DEL COMPRADOR:
UN ELEMENTO CLAVE AL COMPRAR
UN AUTOMOVIL DE USO

La **Comisión Federal de Comercio de los Estados Unidos** les exige a las agencias de ventas de automóviles usados, anexarle la **guía del comprador** a cada automóvil de uso ofrecido en venta (incluyendo camionetas, camiones pequeños, vehículos usados en demostraciones, los automóviles programados, etc.; la *guía del comprador,* sin embargo, no tienen que ser anexadas a las motocicletas ni a la mayoría de los vehículos de recreo).

Familiarícese con los siguientes términos:

■ Los *vehículos de demostración* son automóviles nuevos que no han sido vendidos o alquilados pero que han sido conducidos por el personal de la agencia.

■ Los *automóviles programados* son vehículos del año, con pocas millas recorridas, que han sido devueltos a la agencia.

La *guía del comprador* debe informarle:

- Si el vehículo en cuestión está siendo vendido "tal y como está" (**AS IS**) o con una garantía.
- Qué por ciento del costo de las reparaciones la agencia pagará bajo la garantía.
- Debe aclararle que las promesas verbales son difíciles de mantener y que usted debe obtener por escrito todas las promesas que le hagan en la agencia durante los trámites de la transacción de compra.
- Que usted debe guardar la *guía del comprador* como referencia después de consumada la venta.
- Debe explicarle cuáles son los sistemas mecánicos y eléctricos más importantes del automóvil, incluyendo varios de los principales problemas de los que usted debe mantenerse al tanto.
- Debe sugerirle que usted haga que su automóvil sea inspeccionado por un mecánico independiente antes de comprarlo.

Si usted decide comprar un automóvil usado en una agencia, obtenga la *guía del comprador* original que estaba pegada al vehículo o una copia de ésta. Esta guía debe reflejar cualquier cambio que haya sido negociado con respecto a la cobertura de la garantía. La *guía del comprador* se vuelve parte de su contrato de venta y anula cualquier cláusula contraria. Por ejemplo:

- Si la *guía del comprador* dice que el automóvil se vende con una garantía y el contrato dice que el automóvil está siendo vendido "tal y como está", la agencia tiene que entregarle al comprador la garantía que aparece descrita en la guía.

TAL Y COMO ESTA - SIN GARANTIA

- Cuando la agencia le ofrece un vehículo de uso **tal y como está**, el cuadradito que aparece al lado de la frase **AS IS - NO WARRANTY** tiene que estar marcada. Si el cuadradito está marcado, pero el vendedor le promete reparar el vehículo o cancelar la venta si usted no está satisfecho con su funcionamiento, cerciórese de que esa promesa aparece escrita en la *guía del comprador;* de lo contrario, no hay duda de que usted puede tener dificultades haciendo que la agencia cumpla con su promesa.

■ Algunos Estados (incluyendo Connecticut, Kansas, Maine, Maryland, Massachusetts, Minnesota, Mississippi, New Jersey, New York, Rhode Island, Vermont, West Virginia y el Distrito de Columbia) no permiten las ventas *tal y como está* en muchos vehículos de uso. Otros tres Estados (Louisiana, New Hampshire, y Washington) requieren declaraciones diferentes a aquéllas que aparecen en la *guía del comprador.* Para saber qué declaraciones se requieren en el Estado donde usted resida para las ventas de un automóvil de uso *tal y como está,* póngase en contacto con la **Oficina del Fiscal General (DISTRICT ATTORNEY'S OFFICE).**

LAS GARANTIAS IMPLICITAS DE UN AUTOMOVIL DE USO

Las leyes estatales obligan a las agencias de ventas de automóviles usados a asumir la responsabilidad si los autos que venden no cumplen con una serie de requisitos de calidad razonables. Estas obligaciones se llaman **garantías implícitas** y son como promesas que el vendedor le hace al comprador aun cuando no las escriba ni las pronuncie verbalmente. Sin embargo, en la mayoría de los Estados, las agencias también pueden usar el término *tal y como está* o *con todos los defectos* en una nota escrita a los compradores para eliminar estas *garantías implícitas.*

No existe un período de tiempo específico para el vencimiento de las garantías implícitas; éstas incluyen:

■ **Garantía de mercadeo.** Es el tipo más común de *garantía implícita.* El vendedor promete que el producto ofrecido en venta hará lo que se supone que debe hacer. Que el automóvil funcione es ya un ejemplo de su garantía de mercadeo; es decir, de su garantía de que es vendible. La *garantía de mercadeo* de un automóvil de uso se aplica a las funciones básicas del auto, y no cubre todo lo que puede romperse.

Las roturas y otros problemas que se presenten después de la venta no prueban que el vendedor violó la *garantía de mercadeo.* Una violación de ésta sólo ocurre en el caso de que el comprador pueda probar que el defecto ya existía en el momento en que se produjo la venta. Un problema que ocurra después de la venta podría o no ser el resultado de un defecto que existía en el momento de la adquisición del vehículo. Como resultado, las obligaciones de la agencia son juzgadas caso por caso.

■ **Garantía de que el automóvil es adecuado para un propósito en particular.** Esta garantía se aplica cuando usted compra un vehículo basado en la recomendación del vendedor de que es adecuado para un uso en particular. Por ejemplo: un vendedor que le sugiere que usted compre un vehículo específico para tirar de una casa-remolque está en efecto prometiéndole que el vehículo será apropiado para ese propósito.

Si usted tiene una *garantía escrita* que no cubre los problemas que pudiera presentar el automóvil de uso que ha comprado, pudiera obtener cobertura a través de estas *garantías implícitas;* esto es así porque cuando una agencia vende un vehículo con una *garantía escrita* o con un *contrato de servicio,* las *garantías implícitas* están incluidas automáticamente. El vendedor no puede borrar este tipo de protección. Cualquier límite de tiempo sobre una *garantía implícita* tiene que ser incluido en la garantía escrita.

GARANTIAS TOTALES
O PARCIALES

Las agencias que ofrecen una *garantía escrita* deberán completar la sección de garantías en la *guía del comprador.* Como los términos y condiciones de las garantías varían, pudiera ser muy útil comparar y negociar la cobertura que ofrecen.

Los vendedores pueden proponer la adquisición de una **garantía total o limitada** en las piezas y algunos de los componentes y sistemas del vehículo. La mayoría de las garantías de automóviles de uso son limitadas y sus coberturas varían. Una *garantía total* incluye los siguientes términos y condiciones:

■ Cualquier persona que posea el vehículo durante el período de la garantía tiene derecho al servicio especificado en la garantía en cuestión.

■ Se ofrecerá el servicio de garantía sin cargo alguno, incluyendo costos tales como quitar o reinstalar un sistema que se halla cubierto por la garantía.

■ El comprador puede elegir entre el reemplazo o un reembolso total si después de un número razonable de intentos, el vendedor no puede reparar el vehículo o el sistema cubierto por la garantía.

■ El comprador sólo tiene que comunicarle al vendedor que el servicio de garantía es necesario para obtenerlo, a no ser que el vendedor pueda probar que es razonable exigirle a usted hacer algo más.

■ La *garantía implícita* no tiene límite de tiempo.

Además, considere:

■ Si alguna de estas cláusulas no son consideradas, entonces la garantía es **limitada**.

■ Una **garantía total** o **limitada** no tiene que cubrir el vehículo completo. El vendedor puede especificar que sólo determinados sistemas están cubiertos. Algunas piezas o sistemas pueden estar cubiertos por una *garantía total* y otros por una *garantía limitada*.

■ El vendedor debe de marcar el cuadradito apropiado en la *guía del comprador* para indicarle si la garantía es *total* o *limitada*. Además debe incluir la siguiente información dentro de la sección de **garantía**:

(1) Qué por ciento del costo de la reparación pagará el vendedor; por ejemplo, el vendedor pagará el 100% de la mano de obra y el 100% de las piezas.

(2) Qué partes y sistemas específicos –tales como el chasis, la carrocería o el sistema de frenos– están cubiertos por la garantía. El reverso de la *guía del comprador* enumera los sistemas principales en que los problemas suelen ocurrir.

(3) Qué duración tiene la garantía de cada sistema cubierto; por ejemplo: "30 días ó 1,000 millas, lo que ocurra primero".

(4) Si hay (o no) una suma deducible en cualquier reparación necesaria, y a cuánto asciende ésta.

Es importante que usted esté consciente de que:

■ Tiene derecho a ver una copia de la garantía que ofrece la agencia antes de comprar un automóvil de uso; pídala y revísela cuidadosamente para determinar qué cubre.

La garantía le ofrece información detallada acerca de cómo obtener las reparaciones necesarias para un sistema o parte del automóvil cubierta por la garantía. También le dice quién es responsable legalmente por satisfacer los términos o las condiciones de la garantía:

■ Si el responsable es una tercera compañía, investigue su reputación y si están asegurados. Averigüe el nombre del asegurador y llame para verificar la información. Entonces, busque información acerca de esta tercera compañía con el **BETTER BUSINESS BUREAU** de su localidad. Esto no es una medida infalible, pero es conveniente.

■ Cerciórese de recibir una copia del documento de garantía del vendedor si usted está comprando un auto que incluye garantía.

Si la garantía del fabricante todavía está en efecto, el vendedor puede incluirla en la sección de **sistemas cubiertos/duración** de la *guía del comprador.*

■ Para cerciorarse de que usted puede aprovechar esta cobertura, pídale al vendedor los documentos de garantía del automóvil.

■ Verifique la información (qué está cubierto, cuándo expira, en cuántas millas, los papeles necesarios) llamando a la oficina local del fabricante. Cerciórese de que usted tiene el **número de identificación del vehículo (VEHICLE IDENTIFICATION NUMBER - VIN))** al hacer su llamada.

CONTRATOS DE SERVICIOS EN EL CASO DE AUTOMOVILES DE USO

Al igual que una garantía, el *contrato de servicio* brinda reparaciones o mantenimiento del vehículo de uso comprado por un período de tiempo específico, pero mientras que las garantías están incluidas en el precio del automóvil, los *contratos de servicios* son adicionales y se venden separadamente. Para decidir si usted necesita un *contrato de servicio* al comprar su *automóvil de uso,* considere:

■ Si el *contrato de servicio* duplica la cobertura de la garantía u ofrece un tipo de protección que comienza después de que la garantía termina.

■ Si el *contrato de servicio* se extiende más allá del tiempo que usted espera poseer el automóvil. Si es así, ¿es transferible o existe un *contrato de servicio* más corto?

■ Las probables reparaciones necesarias y sus costos. Usted puede determinar si vale la pena el *contrato de servicio,* imaginándose si el costo de las reparaciones excederá el precio del contrato.

■ Si el *contrato de servicio* cubre todas las partes y sistemas. Investigue cuidadosamente todos los beneficios que le ofrecen; por ejemplo, el término "cobertura de defensa a defensa" quizás no quiera decir lo que usted piensa.

■ Si el *contrato de servicio* establece una suma como deducible de cualquier reparación. Si así fuere, ¿de cuánto?

■ Si el *contrato de servicio* cubre gastos incidentales (tales como remolque y alquiler de otro automóvil mientras el suyo está siendo reparado).

■ Si las reparaciones y el mantenimiento de rutina (tales como cambios de aceite) tienen que ser realizadas en la agencia donde adquirió el automóvil.

■ Si existe una política de cancelación y reembolso del *contrato de servicio* y si hay costos de cancelación.

■ Si la *guía del comprador* no incluye referencia a un *contrato de servicio* y usted está interesado en obtener uno, pídale al vendedor información adicional al respecto.

¿COMPRAR UN AUTOMOVIL DE USO DE UN INDIVIDUO PARTICULAR?

Una alternativa a comprar un automóvil de uso es adquirirlo de un particular. Usted puede ver anuncios de ventas de automóviles de uso por parte de particulares en los periódicos, pizarras, o en anuncios fijados a los propios autos. Comprarle un auto a un particular es muy diferente a comprarlo en una agencia. Considere que:

■ Los vendedores privados generalmente no están cubiertos por las reglas que rigen las agencias de ventas de automóviles usados y no tienen que entregar una *guía del comprador;* sin embargo, usted puede usar la lista de la *guía del comprador* que describe los sistemas

COMO COMPRAR UN AUTOMOVIL EN U.S.A.

más importantes de un auto como una herramienta de orientación para la compra. También le puede pedir al vendedor que le permita a su mecánico inspeccionar el vehículo.

■ Las ventas privadas usualmente no están cubiertas por las leyes estatales de *garantías implícitas*. Esto significa que una venta privada probablemente será sobre la base de *tal y como está*, a no ser que su contrato de compra con el vendedor especifique lo contrario. Si usted tiene un contrato por escrito, el vendedor tiene que cumplir las promesas enumeradas en él.

■ El automóvil también puede estar cubierto por una *garantía del fabricante* o un *contrato de servicio* adquirido separadamente. Sin embargo, las garantías y los *contratos de servicios* quizás no sean transferibles y puede existir otros límites o costos. Antes de que usted compre el automóvil, pida revisar su garantía o contrato de servicio.

ANTES DE COMPRAR CUALQUIER AUTOMOVIL DE USO...

Ya sea que usted compre un automóvil de uso en una agencia o a un compañero de trabajo, siga estas recomendaciones:

■ Examine el automóvil usted mismo empleando una lista de inspección. Usted puede encontrar una lista de inspección en muchos de los artículos de revistas sobre autos, libros y sitios de la INTERNET que se dedican a las compras de automóviles de uso.

■ Pruebe el auto que considera comprar bajo distintas condiciones: en elevaciones, carreteras, y tráfico congestionado.

■ Pida el registro de mantenimiento del auto. Si el dueño no tiene copias, póngase en contacto con la agencia o taller donde la mayoría de las reparaciones han sido hechas (pueden mostrarle sus archivos).

■ Hable con el dueño anterior, especialmente si el dueño actual no está familiarizado con la historia del auto.

■ Haga que un mecánico que usted personalmente contrate examine el automóvil antes de comprarlo.

INFORMACION IMPORTANTE PARA CONDUCIR SU AUTOMOVIL

Una vez que haya adquirido su automóvil, es imprescindible que reúna determinados requisitos para poder conducirlo.

1
EL PERMISO DE CONDUCIR UN AUTOMOVIL

Los gobiernos de todos los Estados requieren que todo residente en los Estados Unidos que conduzca un automóvil obtenga un documento que certifique su capacidad para operar el vehículo: **licencia para conducir** (**DRIVERS LICENSE**). Cada Estado establece sus propias normas (infórmese con el **Departamento de Vehículos Motorizados** del Estado donde usted resida - **DEPARTMENT OF MOTOR VEHICLES**), pero en general usted debe cumplir los siguientes requisitos:

- Demostrar que mantiene el nivel de percepción auditiva y visual que exige la ley.
- Demostrar el conocimiento básico de las señales y los letreros del tráfico.
- Presentar una licencia de conducir –vigente– de otro Estado o país.
- Dos pruebas de identificación personal que confirmen su nombre y fecha de nacimiento.
- Presentar el número y tarjeta del **Seguro Social** (**SOCIAL SECURITY**).
- Presentar una copia de la registración de su vehículo en el Estado (vea el epígrafe a continuación).
- Pagar la tarifa que el Estado impone para compensar por los gastos del proceso de la licencia de conducir.

Además, le pedirán dos (o más) fotografías de tamaño especial, o le tomarán la misma en el momento en que su solicitud sea ya aprobada.

Otras consideraciones:

■ Existen diferentes tipos de licencia, de acuerdo con la clasificación del vehículo (automóvil, camión, motocicleta, etc.). Es importante que usted especifique, al solicitar las planillas en el **Departamento de Vehículos Motorizados**, cuál es la licencia que desea.

■ En la mayoría de los Estados someten a las personas que solicitan su licencia de conducir a un examen escrito y práctico. De esta manera se podrá determinar que usted tiene los conocimientos básicos sobre las leyes del tráfico, y que sabe cómo conducir el vehículo motorizado en cuestión. Solicite el folleto de regulaciones, gratis.

■ Una vez que reciba la licencia de conducir, fíjese en la fecha de expiración de la misma. Tenga pendiente esa fecha para solicitar la renovación (a veces puede hacerlo por correos), de manera que su licencia para conducir siempre se mantenga vigente.

■ Siempre que conduzca un vehículo motorizado, lleve su licencia de conducir consigo. No sólo es un requisito de la ley, sino que también la licencia de conducir es un excelente documento de identificación personal.

■ En el caso de que la licencia de conducir se le pierda o sea robada, comuníquese inmediatamente con el **Departamento de Vehículos Motorizados** para informar acerca de la situación y solicitar una copia. En la mayoría de los casos tendrá que solicitar personalmente esta copia, además de pagar una suma específica por su expedición.

■ Notifique al **Departamento de Vehículos Motorizados** –por escrito– de cualquier cambio en su dirección. Su dirección vigente debe aparecer siempre en su licencia para conducir.

Es importante que usted se comunique con el **Departamento de Vehículos Motorizados** del Estado de su residencia para que le expliquen todos los requisitos relacionados con la obtención de su licencia de conducir. El número de teléfono lo puede encontrar en la guía telefónica bajo el epígrafe de los servicios Estatales. En aquellos Estados donde la densidad de población de hispanoparlantes es grande, la información puede ser obtenida en español.

2
LA REGISTRACION DEL AUTOMOVIL

Todos los automóviles en los Estados Unidos deben estar debidamente registrados en el **Departamento de Vehículos Motorizados** del Estado donde los mismos circulan. El **certificado de registración vigente** (conocido en inglés como **REGISTRATION**) es un comprobante que demuestra en todo momento a las autoridades que usted ha pagado el impuesto anual sobre su vehículo, el cual es impuesto por el Estado. Como parte del proceso de la registración, el Estado le expide una **tablilla de metal** (**LICENSE PLATE**) que se instala en la parte posterior del vehículo (en algunos Estados, la tablilla debe ser instalada en la parte delantera y trasera del vehículo), la cual permite a las autoridades identificar al automóvil (y al conductor) en situaciones de robos, accidentes, o de infracciones de las leyes del tráfico.

Lo mismo que sucede con la *licencia para conducir,* cada Estado establece sus propias normas para obtener la registración del vehículo, pero los requisitos que enumeramos a continuación pueden ser considerados afines en todo el país:

- Presentar un documento de identificación válido que incluya su nombre, dirección, y fecha de nacimiento.
- Pagar los impuestos que exigen las leyes del Estado.
- Demostrar (en algunos Estados) que su vehículo satisface las regulaciones para proteger el medio ambiente de emisiones contaminantes. Generalmente, usted debe llevar el vehículo a una de las múltiples estaciones oficiales del Estado donde los técnicos analizan el funcionamiento del vehículo, de acuerdo con los parámetros establecidos por la ley; es preciso pagar una suma pequeña por esta **inspección de emisiones que son contaminantes** (**EMMISSION INSPECTION**).

El costo de la *registración* –o sea, el nivel de los impuestos a pagar por obtener la registración de su vehículo– depende del tipo de vehículo en cuestión. Algunos Estados imponen un sobrecargo la primera vez que un residente registra su vehículo. Comuníquese con el **Departamento de Vehículos Motorizados** para determinar los requisitos vigentes en el Estado de su residencia. El número de teléfono lo puede encontrar en la guía telefónica bajo el título de los servicios Estatales.

3
EL SEGURO DEL AUTOMOVIL

Todos los Estados requieren que los conductores de automóviles (y vehículos motorizados, en general) mantengan una **póliza de seguro vigente que cubra los gastos médicos (PERSONAL INJURY PROTECTION**) en los casos de accidentes, los daños a la propiedad (excluyendo el automóvil), y que ofrezca una protección contra los conductores que carecen (ilegalmente) de un seguro. Por supuesto, cada Estado impone sus propios requisitos y el nivel de cobertura varía de acuerdo con el lugar de su residencia.

Además, si el automóvil es financiado por un banco, éste puede imponer condiciones adicionales de seguro para proteger el vehículo. En estos casos, el individuo debe obtener la cobertura adicional necesaria para pagar por los gastos de la reparación del automóvil en el caso de un robo o de un accidente.

Consulte con el **Departamento de Vehículos Motorizados (DEPARTMENT OF MOTOR VEHICLES**) en el Estado donde usted reside para que le expliquen cuáles son los requisitos legales mínimos con respecto al seguro de su automóvil. Si la compra de su automóvil ha sido financiada por un banco (o algún tipo de institución financiera), también consulte su situación en particular para que le indiquen si necesita obtener alguna protección adicional.

CAPITULO 19

COMO COMENZAR UN NEGOCIO EN U.S.A. (PRESTAMOS Y ORIENTACION DEL GOBIERNO)

En la mayoría de los casos, el nuevo residente de los Estados Unidos llega a este país con escasos recursos económicos. Las prioridades inmediatas consisten en establecer un domicilio y negociar un trabajo que permita satisfacer las necesidades básicas propias y de su familia. Sin embargo, con el transcurso de los años –si los ahorros y las inversiones logradas lo permiten– muchos de los residentes consideran seriamente la posibilidad de iniciar un pequeño negocio propio que no sólo permita ingresos mayores sino independencia.

El mercado norteamericano es muy competitivo, pero al mismo tiempo el país cuenta con una población enorme, con necesidades muy diversas, y con un poder adquisitivo realmente formidable. Por lo tanto:

■ Si bien iniciar un negocio en este mercado de alto consumo puede resultar difícil y requerir una dedicación absoluta, también la recompensa obtenida por el esfuerzo realizado puede resultar gratificante, tanto en el aspecto económico como en la satisfacción que se desarrolla cuando se logra trabajar para uno mismo.

El gobierno federal de los Estados Unidos estableció, hace ya muchos años, una agencia que ofrece una variedad de recursos a los individuos que desean establecer su propio negocio: desde la importante asistencia técnica y administrativa, hasta el capital necesario para fundar la pequeña empresa.   La agencia se conoce por **Administración de Pequeños Negocios** (**SMALL BUSINESS ADMINIS-TRATION**; más conocida por la sigla **SBA**).   El objetivo de esta agencia es, precisamente, promover el desarrollo de las pequeñas empresas en los Estados Unidos, las cuales representan un renglón importan-tísimo de la economía norteamericana, y que contribuye grandemente al bienestar de la sociedad en el país.

COMO EMPEZAR UN NEGOCIO PEQUEÑO

Emprender y administrar un negocio en los Estados Unidos requiere motivación, deseo, y talento; pero también es preciso realizar una investigación previa y una planificación detallada de todos los aspectos de la empresa que se considera establecer. Para aumentar la posibilidad de éxito, es necesario explorar y evaluar las metas del negocio, al igual que las suyas personales. Así, de acuerdo con las metas que usted considere importantes, desarrolle un plan de negocio que le permita ayudar a alcanzar sus propósitos.

Por supuesto, sólo usted puede analizar su situación personal y definir cuáles son sus aspiraciones. Las preguntas que le relacionamos a continuación le pueden ayudar a formular algunas metas, pero es su responsabilidad responderlas con la honestidad debida, evitando en todo momento evaluarlas a través de un cristal de rosa que lo lleve a confundir un sueño con la realidad.

- ¿Por qué desea establecer su propio negocio? Quizás usted desee ser su propio jefe, o estime que debe aprovechar sus conocimientos y habilidades para mejorar su situación económica. Las razones pueden ser muchas... y sólo usted puede enumerarlas.
- ¿Le podrá dedicar al negocio el tiempo necesario para que resulte exitoso? ¿Tendrá el apoyo de su familia en los momentos difíciles?
- ¿Qué servicios o productos podrá ofrecerle a los consumidores? ¿Es una idea adecuada la que considera llevar a la práctica, que puede satisfacer una necesidad en el competitivo mercado norteamericano?
- ¿Cuál es la competencia actual que existe en el mercado, según el negocio que usted se propone iniciar? ¿Puede usted ofrecer un producto mejor, o quizás distinto a otros que existan en la actualidad? ¿Cuál sería su ventaja al comparar el negocio que considera emprender con la competencia que existe actualmente?
- ¿Tiene alguna idea sobre los recursos que puede utilizar para estimular la demanda de su producto?
- ¿Qué experiencia y habilidades tiene usted con respecto al negocio que piensa iniciar? ¿Cuáles son sus recursos verdaderos? ¿Necesitará contratar a otros empleados, o puede contar con miembros de su familia para ayudarlo en el negocio (al menos inicialmente)?

EL PLAN DE NEGOCIO
(BUSINESS PLAN)

El **plan de negocio** define la empresa con detalles, identifica sus metas, y sirve como un programa de acción para el futuro. Un *plan de negocio* minucioso es un documento indispensable para justificar la solicitud que haga de un préstamo de capital al **SMALL BUSINESS ADMINISTRATION (SBA)** o a cualquier banco independiente, y debe incluir suficiente información sobre las proyecciones de ventas y la administración considerada para los recursos financieros.

A continuación le ofrecemos un bosquejo del *plan de negocio* que usted debe preparar como parte del proceso inicial para solicitar ayuda financiera al **SBA**:

■ **Haga una descripción adecuada del negocio que piensa emprender.** En esta sección, usted debe proporcionar una descripción del negocio que tiene ideado, incluyendo información sobre los aspectos legales (qué forma asume la empresa... ¿una sociedad o una corporación, por ejemplo?), el tipo de negocio (de mercancías, manufactura, o servicios prestados), y el producto o el servicio que pretende ofrecer. Aclare debidamente si el negocio bajo su consideración es una empresa nueva, la adquisición de un negocio ya existente, o la explotación de una franquicia.

■ **Describa el producto o servicio que va a ofrecer.** Enfatice cuáles son los beneficios que le proporcionará a sus clientes. Señale los atributos que definen su producto o servicio como una alternativa diferente y atractiva comparada con las otras ofertas que compiten por el mismo mercado.

■ **¿Cuál será la ubicación de su negocio?** El lugar que usted seleccione para establecer su negocio puede tener un impacto decisivo en el éxito o en el fracaso de la empresa. Seleccione un lugar manteniendo siempre a sus clientes en mente, y asegúrese de que sea accesible y de que ofrezca seguridad física. Considere formular preguntas como las que enumeramos a continuación durante el proceso de selección:

(1) ¿Cuáles son sus necesidades en cuanto a la ubicación del negocio?

(2) ¿Qué tipo de espacio necesitará?

(3) ¿Por qué es deseable esa área que ha elegido para establecer su negocio? ¿Por qué es adecuado el edificio?

(4) ¿Está fácilmente disponible? ¿Existe transporte público adecuado en esa área? ¿Es apropiada la iluminación de la calle?

(5) ¿Están ocurriendo cambios demográficos en el área?

FORMAS LEGALES QUE LA EMPRESA PUEDE ADOPTAR

Por razones legales y tomando en consideración el impacto de los impuestos, su firma puede asumir diferentes formas legales. Consulte la situación con un abogado para que éste le indique cuál es la forma que mejor se ajusta a su situación personal. Las formas legales más comunes son:

■ **Sole Proprietorship.** Es la propiedad individual la manera más fácil y más rápida de establecer una empresa. Las ganancias y las pérdidas del negocio se incorporan a su declaración de impuestos (como un individuo) todos los años. No obstante, existe el riesgo de que cualquier litigio legal resulte en la pérdida de sus bienes personales.

■ **Partnership.** Representa una asociación de dos o más individuos que trabajan como colegas en una misma empresa. Es una forma legal más compleja, la cual requiere el mantenimiento de muchos documentos burocráticos. Al mismo tiempo, cualquier disputa legal puede afectar a todos los socios de la empresa.

■ **Corporation.** Es una entidad legal que se asemeja a un individuo, ante la ley y en lo que respecta a los impuestos. La corporación protege a sus empleados, asumiendo todas las responsabilidades en casos de disputas legales.

■ **S Corporation.** Proporciona las ventajas de una corporación, pero los ingresos se reportan en las declaraciones de los impuestos anuales de los dueños de la empresa.

■ **El plan de mercadeo.** El **mercadeo** (llamado **MARKETING** en inglés) es una parte esencial de todo negocio exitoso. El elemento clave de un plan de mercadeo es conocer bien a sus clientes (identificando sus gustos, aversiones, y expectativas). Estos factores permiten desarrollar una estrategia de mercadeo adecuada para atraer a numerosos clientes y satisfacer sus necesidades.

Identifique sus clientes por su edad, sexo, ingresos, nivel educacional, y residencia; enfoque su análisis en los clientes que manifiestan una mayor probabilidad de ser compradores de su producto o clientes del servicio que ofrezca.

■ **Haga un análisis objetivo de la competencia.** Considere en todo momento que el mercado norteamericano es altamente competitivo, y por lo tanto es esencial que usted conozca todos los aspectos que representan una amenaza al éxito del negocio que va a iniciar. Aun cuando su producto o servicio sea el primero en satisfacer una necesidad de determinado número de consumidores en un área específica, en corto plazo otras empresas atentarán servirlo mejor. Al mismo tiempo, los avances tecnológicos pueden disminuir o eliminar el margen de las ganancias de un negocio exitoso.

Un buen *plan de negocio* reconoce la realidad competitiva y formula una estrategia inteligente para mantener la viabilidad de la empresa.

■ **Determine el precio del producto o servicio que va a ofrecer.** Es importante fijar el precio del producto o servicio en un nivel que le permita competir favorablemente en el mercado, y al mismo tiempo mantener un margen de ganancias que justifique la existencia de la empresa.

■ **Diseñe un plan de promoción y publicidad.** Para asegurar el éxito de un negocio, es necesario darle publicidad al producto o servicio que se ofrece, y realizar promociones periódicas que estimulen a los clientes a comprarlos. Conciba un plan que utilice la publicidad y los medios de comunicación para interesar a los lectores, oyentes, o televidentes.

■ **¿Cuál será el plan administrativo?** La administración de todo negocio requiere mucho más que el deseo de ser su propio jefe. Es preciso tener dedicación, persistencia, habilidad para tomar decisiones, y capacidad de administrar tanto sus empleados como las finanzas de la empresa.

El *plan de administración* debe responder preguntas como éstas (pero hay muchas más):

(1) ¿Cuáles son sus debilidades y cómo puede compensarlas?

(2) ¿Quién forma parte de su equipo administrativo?

(3) ¿Están claramente definidas las obligaciones de cada empleado?

(4) Si se trata de una franquicia, ¿qué tipo de ayuda y orientación puede esperar de la compañía que la otorgó?

(5) ¿Cuáles son sus planes para emplear y entrenar a los empleados?

(6) ¿Qué beneficios laborales puede ofrecer?

■ **¿Cuál es el plan de administración financiera?** Esta sección del *plan de negocio* es la más importante, ya que detalla el presupuesto del negocio que se va a comenzar, las solicitudes de préstamos, la lista de suministros y equipos más importantes, un análisis que determine el punto en que los ingresos llegarán a un punto de equilibrio con los gastos, las proyecciones de ingresos, y el flujo de dinero. Asegúrese de identificar todos los gastos del nuevo negocio (como los seguros, el alquiler, la depreciación de los bienes materiales, la publicidad, los sueldos, las utilidades, los impuestos, las reparaciones y mantenimiento del establecimiento, etc.).

El plan de negocio también debe incluir una explicación de todas las proyecciones, ya que los oficiales responsables por la aprobación del préstamo necesitan justificar la inversión que harían en su negocio.

¿COMO EL SBA LE PUEDE AYUDAR A ESTABLECER SU PROPIO NEGOCIO?

El **SMALL BUSINESS ADMINISTRATION** le puede ayudar a obtener préstamos para establecer un pequeño negocio. Generalmente, los préstamos se extienden por:

■ Un plazo máximo de 25 años (para comprar bienes raíces).

■ De 10 años (para comprar equipos).

■ De 7 años (para la operación de la empresa).

Los plazos son flexibles y dependen de muchos factores, incluyendo la capacidad del individuo que haga la solicitud y del tipo de negocio a pagar el préstamo.

La aprobación de la solicitud de un préstamo depende de muchos factores: su presencia personal, el tipo de negocio que pretende establecer, y su capacidad para administrar el crédito. La solicitud se debe presentar por escrito, y debe incluir un *plan de negocio* como el que describimos en las páginas anteriores. Es importante señalar en la solicitud que haga al **SBA** la razón para solicitar el préstamo y la forma en que usted espera utilizar los fondos que le sean otorgados.

El programa de préstamos que el **SBA** utiliza con más frecuencia se conoce como el **Programa de Garantía de Préstamos 7(A) o el 7(A) (LOAN GUARANTY PROGRAM)**. La agencia le garantiza al banco gran parte del préstamo a un pequeño negocio. La garantía facilita la aprobación de los fondos, aun cuando las condiciones del mercado sean adversas.

Una vez que el futuro propietario de un negocio solicita un préstamo a una institución bancaria, los oficiales del banco en cuestión deciden si es posible asumir el préstamo sin la ayuda del **SBA**, o si es necesario negociar con esta agencia del gobierno norteamericano. En el caso de que sea necesario obtener una garantía del **SBA**, el banco le entregará la solicitud del préstamo, conjuntamente con un análisis de su crédito, a la oficina del **SBA** más cercana. Una vez que el **SBA** aprueba la solicitud, el banco completa la transacción y le ofrece los fondos necesarios.

El **préstamo garantizado por el SBA** no permite que el banco le imponga un sobrecargo por la solicitud, ni tampoco que le cargue los llamados **puntos** (que no son más que sobrecargos del banco). No obstante, el **SBA** le impone un cargo al banco por la garantía del préstamo, y el banco puede cobrarle por ese cargo. Las condiciones de los pagos del préstamo varían de acuerdo con el tipo de negocio en cuestión.

EL PROGRAMA DE DESARROLLO DE LOS NEGOCIOS MINORITARIOS (MINORITY ENTERPRISE DEVELOPMENT PROGRAM)

El **SBA** administra un programa –conocido como el **8(a) PROGRAM**– que ofrece ayuda a contratistas de grupos minoritarios que desean competir por obtener algún contrato del gobierno federal. El programa requiere que el solicitante sea ciudadano norteamericano, y que el propietario de la empresa pertenezca a grupos minoritarios (hispanoamericanos, afroamericanos, y otros). Consulte con la oficina del **SBA** más cercana sobre este programa.

RECURSOS QUE OFRECE EL SBA

Además de las garantías de préstamos, el **SBA** administra una serie de programas que le ofrecen ayuda en todos los diferentes aspectos para establecer un nuevo negocio en los Estados Unidos. A continuación le ofrecemos una lista de estos programas y la manera de obtener información adicional:

- **SBA Answer Desk.** El **Answer Desk** es un centro de información general que le puede aclarar cualquier pregunta sobre el establecimiento o la operación de un negocio en los Estados Unidos. Asimismo, le puede sugerir otras fuentes de información más especializadas.

  (1) El **Centro de Información del SBA** permanece abierto de lunes a viernes, desde las 9 A.M. hasta las 5 P.M. (hora de la costa este de los Estados Unidos).

  (2) El teléfono es **(800) 8-ASK-SBA** o **(800) 827-5722**.

- **Management-Assistance Aids.** El **SBA** mantiene una biblioteca de publicaciones impresas y videos relacionados con la administración de los pequeños negocios. La información se ofrece por un costo nominal.

  (1) La lista completa se encuentra en el **Resource Directory for Small Business Management.**

  (2) Usted puede obtener una copia llamando a la oficina más cercana del **SBA** o al **SBA Answer Desk** (mencionado anteriormente).

- **Service Corps of Retired Executives (SCORE).** Usted puede recibir ayuda profesional si se le presentan problemas administrativos en su nuevo negocio, gracias a más de 14,000 ejecutivos jubilados que trabajan como voluntarios para el llamado **SCORE.** Estos ejecutivos cuentan con muchos años de experiencia en los negocios, y ofrecen sus servicios en las oficinas del **SBA.**

  (1) Comuníquese con la oficina del **SBA** más cercana para que le expliquen cómo obtener beneficios de este grupo de profesionales y hombres de negocios jubilados.

- **Small Business Development Centers (SBDCs).** Los **SBDC**s ofrecen ayuda técnica y administrativa a las pequeñas empresas, y son el resultado de la colaboración del **SBA,** la empresa privada, los gobiernos comunitarios y estatales, y las universidades. Estos centros (en su mayoría) se encuentran en numerosas universidades, y también le pueden ayudar a preparar las solicitudes de préstamos para presentar al **SMALL BUSINESS ADMINISTRATION**. Consulte con su oficina del **SBA** para determinar la dirección del Centro más cercano al lugar donde usted resida.

■ **Business Information Centers (BICs).** Con el apoyo del **SBA**, los **BICs** le ofrecen acceso a las computadoras y a los programas especializados en negocios, al igual que a la asistencia de los voluntarios de **SCORE**. Cualquier oficina del **SBA** le puede indicar dónde se encuentra el **BIC** más cercano.

CAPITULO 20

COMPENSACION POR DESEMPLEO (UNEMPLOYMENT INSURANCE)

El desplome en la Bolsa de Valores (que ocurrió el 29 de octubre de 1929) precipitó una de las peores contracciones económicas en el siglo pasado, conocida como "la depresión de los años treinta". Millones de personas en los Estados Unidos –lo mismo que en otras partes del mundo– de repente se encontraron desempleadas y con pocas perspectivas de poder reintegrarse al mercado laboral. La crisis que se presentó en aquel momento fue grave, ya que los trabajadores carecían de la protección legal para recibir la compensación adecuada por la pérdida de los ingresos. Al mismo tiempo, los gobiernos de los Estados se resistían a aprobar programas que ofrecieran compensación laboral a los trabajadores, básicamente por el temor de que los impuestos que se tendrían que imponer a las empresas para cubrir los gastos de esos programas provocarían un peligroso éxodo industrial de las compañías e industrias hacia otros Estados, lo cual podría empeorar la situación existente.

Fue finalmente en el año 1935 que el gobierno federal de los Estados Unidos asumió el liderazgo en la protección de los trabajadores norteamericanos y aprobó la **Ley de la Seguridad Social de 1935**

(**SOCIAL SECURITY ACT OF 1935**), la cual le ofrecía al trabajador una compensación laboral mientras éste buscaba un nuevo trabajo; es decir, un **seguro de desempleo** (**UNEMPLOYMENT INSURANCE**). Como esta ley fue aplicada simultáneamente a todos los Estados, el gobierno federal pudo prevenir que se desatara una competencia entre los gobiernos Estatales para mantener sus respectivas bases industriales.

La ley impone una combinación de impuestos federales y Estatales a las empresas para cubrir los gastos del programa. Algunos Estados le imponen un pequeño impuesto a los trabajadores, pero esto sólo ocurre en pocos. En todo caso:

■ Los gobiernos Estatales son responsables por la administración del programa de **compensación por desempleo**, siguiendo las normas establecidas por el gobierno federal, pero desarrollando sus propios requisitos para recibir los beneficios, y determinando otras características del programa.

Generalmente, el programa le extiende compensación económica a los desempleados, de acuerdo con ciertas regulaciones. La ayuda puede prolongarse por varias semanas (mientras el trabajador busca un nuevo empleo), y el gobierno federal extiende ayuda suplementaria en situaciones en que la economía nacional se encuentra en estado de recesión. El nivel de ayuda lo establece cada gobierno Estatal, pero el trabajador desempleado que solicita este tipo de asistencia no necesita demostrar que sufre necesidad económica:

El programa simplemente reemplaza los ingresos perdidos debido al desempleo, aunque la ayuda siempre representa solamente una porción del ingreso total que el trabajador percibía por el trabajo realizado.

COMO SOLICITAR LA COMPENSACION POR DESEMPLEO (UNEMPLOYMENT INSURANCE)

Si usted se encuentra desempleado, es necesario que rellene los formularios apropiados en la agencia Estatal que administra el programa. Busque la dirección y el teléfono de la agencia más cercana al lugar donde reside en la guía telefónica; generalmente, la podrá encontrar bajo uno de los siguientes epígrafes:

- **UNEMPLOYMENT INSURANCE.**
- **UNEMPLOYMENT COMPENSATION.**
- **EMPLOYMENT SECURITY.**
- **EMPLOYMENT SERVICES.**

Tenga presente que cada Estado se rige por sus propias regulaciones. No obstante, para recibir la ayuda que ofrece este programa usted debe:

- Haber trabajado por un año antes de presentar su caso a la agencia.
- Encontrarse desempleado (o con una jornada de trabajo muy reducida) debido a una decisión de la empresa.
- Estar capacitado para desempeñar un trabajo.

▓ Buscar un nuevo trabajo con diligencia.

Las personas que renuncian a la posición que ocupaban en una empresa determinada, que fueron despedidos por sus empleadores debido a su conducta, o que participan en un paro laboral, no tienen derecho a recibir los beneficios que ofrece el programa de compensación por desempleo. En general:

▓ Los beneficios cubren el 50% de sus ingresos normales, aunque cada Estado establece una suma tope, y los puede recibir por un período de 26 semanas.

▓ En el caso en que la tasa de desempleo se encuentre elevada, es posible que el gobierno federal permita la extensión de los beneficios por algunas semanas adicionales.

La ley ofrece otros beneficios. Entre ellos:

▓ Asistencia de desempleo debido a un "desastre natural" (como, por ejemplo, terremotos, huracanes, etc.) declarado oficialmente por el gobierno federal (**DISASTER UNEMPLOYMENT ASSISTANCE**).

▓ Asistencia a los trabajadores desplazados por el desorden en el comercio exterior, si así lo declara el gobierno federal (**TRADE READJUSTMENT ALLOWANCES**).

▓ Asistencia a los trabajadores del gobierno federal (**UNEMPLOYMENT COMPENSATION FOR FEDERAL EMPLOYEES**).

▓ Asistencia a los miembros de las Fuerzas Armadas (**UNEMPLOYMENT COMPENSATION FOR EX-SERVICE MEMBERS**).

Consulte con la agencia que administra el programa de **UNEMPLOYMENT INSURANCE** en el Estado donde usted resida para que le ofrezcan información sobre estos beneficios adicionales.

MUY IMPORTANTE:

▓ Para mantener sus beneficios, debe acudir o responder a las citas que indique la agencia (por lo general una vez a la semana), y no puede rehusar una oferta razonable de trabajo.

■ Es posible que la agencia le exija que se registre con el **Buró de Empleos del Estado** (**STATE EMPLOYMENT SERVICE**), el cual le puede extender ofertas de trabajo y su participación en programas de entrenamiento.

EL EJEMPLO DEL ESTADO DE NUEVA YORK

Como estos **programas de compensación por desempleo** varían ligeramente de un Estado a otro, a manera de ejemplo vamos a examinar el programa que administra el Estado de Nueva York, un punto de entrada importante para muchos de los nuevos residentes que llegan a los Estados Unidos procedentes de la América Latina. Pero tenga presente que aunque el ejemplo de Nueva York es muy similar al de otros Estados, cada Estado establece y administra sus propios programas.

1
PRESENTE SU SOLICITUD PARA OBTENER COMPENSACION UNA VEZ QUE QUEDE DESEMPLEADO

En el Estado de Nueva York, la solicitud para obtener compensación por desempleo se debe presentar durante la primera semana en que la persona se encuentra sin empleo (o con una jornada de trabajo muy reducida). Tenga presente que si la solicitud es presentada después de la primera semana de haber quedado desempleado, puede provocar la reducción de los beneficios.

¿Qué documentos requiere presentar? La persona debe presentar los documentos siguientes al **Centro de Servicios de la Comunidad** (**COMMUNITY SERVICE CENTER**) del **Departamento del Trabajo** (**DEPARTMENT OF LABOR**) más cercano al lugar de su residencia:

■ La tarjeta original del **Seguro Social** (**SOCIAL SECURITY**).

■ Dos documentos de identificación que incluyan su firma.

■ Una copia del **Historial de Empleo (RECORD OF EM-PLOYMENT - FORM IA 12.3**) que el administrador de la empresa donde trabajaba le debe entregar en el momento en que deje el trabajo. Si no tiene una copia del historial oficial, debe compilar la lista de todas las empresas en las que ha trabajado en los últimos 18 meses, incluyendo el nombre y la dirección de cada una.

■ Si usted no es ciudadano de los Estados Unidos, debe llevar una copia de la **tarjeta del Departamento de Inmigración que lo acredita como residente legal del país (ALIEN RE-GISTRATION CARD**), o algún documento que le otorgue el permiso para trabajar en los Estados Unidos.

El nivel de la compensación que recibirá depende de cuáles han sido sus ingresos en los últimos cuatro trimestres (completos) antes de presentar la solicitud, hasta un máximo de $365.00 por semana. Los beneficios se extienden por un período de 26 semanas.

2
EL PROCESO DESPUES DE SOLICITAR LA COMPENSACION POR DESEMPLEO

La serie de preguntas y respuestas a continuación le informa con respecto al proceso que seguirá una vez que usted presenta su solicitud:

¿Cómo reclamo mis beneficios todas las semanas?

La oficina donde presentó inicialmente su solicitud le ofrecerá las instrucciones para certificar cada semana que continúa desempleado y que, por lo tanto, tiene derecho a recibir la asistencia económica que le fue otorgada. Generalmente usted registra esta información con la agencia, todas las semanas, mediante un servicio de teléfono automático (es decir, le van haciendo una serie de preguntas para determinar si usted ha estado buscando empleo, si lo ha obtenido o continúa desempleado, y si está capacitado para trabajar; usted responde a todas estas preguntas marcando números en el teléfono, de acuerdo con las instrucciones que le ofrezcan. En los Estados donde la densidad de población hispanoparlante es grande, este servicio telefónico se ofrece en español.

COMO VIVIR (Y SOBREVIVIR) EN U.S.A.

¿Cómo recibo los pagos de la compensación?

Los cheques de los beneficios se los enviarán por correos –desde Albany, en el caso del Estado de Nueva York, que utilizamos como ejemplo– todas las semanas. Usted debe recibir los tres primeros pagos durante la cuarta semana después de haber presentado su solicitud de compensación por desempleo.

¿Qué debo hacer una vez que comience a trabajar de nuevo?

Una vez que obtenga un nuevo trabajo, especifíquele a la agencia el número de días que estuvo sin trabajo en esa semana sobre la que está ofreciendo información. A partir de ese momento, no haga más reportes telefónicos a la agencia. Tenga presente que:

■ No tiene derecho a recibir beneficios durante esa semana en que comenzó nuevamente a trabajar si ha trabajado por más de tres días, o si los ingresos exceden el máximo de $365.00.

¿Debo pagar impuestos sobre los ingresos de los beneficios?

Sí. Usted tiene la obligación de declarar los ingresos que le ofrecen los beneficios al final del año.

¿Recibiré un sumario de los beneficios a fin del año?

Sí. En enero del año siguiente, el **Departamento del Trabajo** le enviará una copia de la **forma 1099-G** que detalla los beneficios que recibió durante el año. Esa misma información será igualmente enviada por el **Departamento del Trabajo** al **IRS (INTERNAL REVENUE SERVICE)** del gobierno federal, y al **Departamento de Impuestos del Estado de Nueva York** (porque en el Estado de Nueva York se pagan impuestos al gobierno estatal; ahora bien, en el Estado de la Florida, el impuesto estatal no existe, por lo que solamente tendría que pagar el impuesto federal por los beneficios de desempleo recibidos).

¿Cuáles son las razones por las que me pueden negar la compensación?

Es posible que el **Departamento del Trabajo** le niegue su solicitud para recibir compensación por desempleo si no cumple con los requisitos del tiempo mínimo de trabajo, o si no ha recibido los ingresos suficientes durante ese período de tiempo. Además, puede perder los beneficios en el caso de que usted:

- Renuncie a su trabajo sin una justificación razonable.
- Renuncie a su trabajo porque va a contraer matrimonio.
- Pierda el empleo debido a observar una conducta inapropiada.
- Rehusa aceptar una oferta de empleo.
- Participa en un paro laboral o interviene en algún tipo de controversia industrial.
- No está preparado para aceptar un trabajo inmediatamente.
- Comete algún acto criminal.

¿Qué debo hacer si me niegan los beneficios?

En el caso de que el **Departamento del Trabajo** le niegue los beneficios que está reclamando, usted debe recibir una notificación por escrito detallando las razones que justifican esa determinación. La notificación le indicará cómo volver a presentar la solicitud para obtener la compensación por desempleo, y cómo pedir que se le conceda una **audiencia (HEARING)** para apelar su caso.

¿Cuál es el proceso de la audiencia (HEARING)?

La **audiencia** es un juicio informal presidido por un **Juez Administrativo (ADMINISTRATIVE LAW JUDGE)**, quien decide –basándose en la evidencia que usted y el Estado presenten– si usted tiene derecho a recibir los beneficios que solicita por compensación de desempleo. Durante la audiencia, usted puede presentar documentos adicionales, al igual que el testimonio de la empresa y de cualquier otro testigo que usted considere pertinente.

Una vez que usted solicite la **audiencia**, el **Departamento del Trabajo** le ofrecerá folletos y otros medios de información para explicarle cuáles son sus derechos y cuál es el funcionamiento del proceso administrativo.

Dos o tres semanas después de haber presentado su reclamación a la **audiencia**, recibirá la decisión del Juez (por escrito). Si usted no está satisfecho con la decisión, tiene el derecho de apelación, y el Estado le suministrará toda la información que usted requiera para prepararla.

CAPITULO 21

COMPENSACION POR INCAPACIDAD EN EL TRABAJO (WORKMAN'S COMPENSATION)

En la década de los años veinte, la mayoría de los gobiernos Estatales en los Estados Unidos aprobaron leyes para compensar a los trabajadores que sufren un accidente en el centro de trabajo. Cada Estado administra su propio programa –de acuerdo con las leyes y las regulaciones aprobadas por las respectivas Legislaturas– pero todos estos programas presentan características similares.

Para facilitar los detalles de lo que puede considerarse que es en realidad una póliza de seguro que las empresas deben comprar para proteger sus empleados, vamos a seleccionar al Estado de California como ejemplo para mostrarle cómo funciona este programa.

EL EJEMPLO DEL ESTADO DE CALIFORNIA

Al comienzo del formidable desarrollo industrial que se produjo en California, las querellas entre los trabajadores y las empresas generaban numerosos pleitos legales cuando un trabajador sufría algún accidente o herida en su centro de trabajo. Para reducir el volumen de los procesos legales, California –lo mismo que la mayoría de los demás Estados norteamericanos– aprobó una ley que obliga a todas las empresas a comprar una póliza de seguros que cubra a todos sus empleados y que compense al trabajador por cualquier daño que reciba en el centro laboral. El sistema se conoce simplemente como **sin culpa (NO-FAULT STRUCTURE)**, cuyo objetivo no es establecer la culpabilidad por parte de la empresa o del trabajador, sino proporcionarle al trabajador la compensación económica necesaria con el mínimo de dificultad.

Los procesos legales aún continúan, pero en la actualidad se enfocan mayormente a los beneficios que el trabajador debe recibir.

Para comprender el **programa de compensación por incapacidad en el trabajo** en California, es necesario analizar tres áreas distintas:

■ La estructura de los beneficios.
■ El sistema de provisión de los beneficios.
■ El sistema para financiar el programa.

1
LA ESTRUCTURA DE LOS BENEFICIOS

La estructura de los beneficios define la compensación que el trabajador debe recibir cuando sufre un daño físico durante el desempeño de sus responsabilidades. En California, por ejemplo, la ley define cinco áreas de compensación (dependiendo de la naturaleza y la severidad del daño):

Compensación médica

Los trabajadores que sufren algún tipo de daño físico en el trabajo tienen derecho a ser compensados completamente, de acuerdo con las normas del Estado, por la atención médica que resulte necesaria para curar o aliviar los efectos del daño recibido. El trabajador no necesita pagar **suplementos** o **deducibles (DEDUCTIBLE)**.

En la mayoría de los casos, la empresa mantiene el control sobre el tratamiento durante los primeros 30 días después de haberse producido el accidente, y el trabajador puede seleccionar su propio médico u hospital después de transcurrido ese período de tiempo. No obstante, si el trabajador le había notificado a la empresa –antes del accidente– que se encontraba bajo el cuidado de un médico en particular, y si ese médico lo había tratado anteriormente, la empresa debe utilizar los servicios de ese médico desde el principio.

Beneficios por la incapacidad temporal

Los trabajadores que no pueden regresar al centro laboral por un período de más de tres días por causa de una incapacidad física provocada en el trabajo, tienen derecho a recibir beneficios para compensar parcialmente los ingresos perdidos. Los beneficios tienen como objetivo reemplazar dos tercios de los ingresos semanales hasta un máximo de $490.

Los beneficios por la incapacidad temporal se pagan cada dos semanas hasta que el empleado se reincorpore a su trabajo, o hasta el momento en que la incapacidad se declare permanente.

Beneficios por la incapacidad permanente

Los trabajadores que han quedado incapacitados total y permanentemente debido a un accidente laboral, tienen derecho a recibir beneficios que le compensen por la pérdida de sus ingresos por el resto de sus vidas. La suma compensatoria es equivalente a dos tercios de sus ingresos semanales, hasta un máximo de $490.

Si la incapacidad del empleado es permanente, pero sólo afecta ciertas facultades, la escala de los beneficios varía de acuerdo con las normas establecidas por el Estado. Además requiere el asesoramiento de la condición del individuo por paneles médicos.

Servicios de rehabilitación vocacional

Aquellos trabajadores que no pueden regresar a su línea de trabajo debido a la incapacidad sufrida en el centro laboral, tienen derecho a recibir servicios de rehabilitación vocacional para prepararlos a desempeñar otro tipo de trabajo. Los beneficios incluyen el desarrollo de un plan educacional para el trabajador, el costo del entrenamiento necesario, y cierta ayuda económica mientras participa en el programa vocacional.

Una vez que el Estado determina que el trabajador no puede regresar a su línea de trabajo, la empresa y el empleado seleccionan a un consejero vocacional para que éste decida si la rehabilitación vocacional es viable en ese caso, y –si lo fuera– para que desarrolle el plan apropiado. El objetivo del plan de rehabilitación es ofrecerle al trabajador el medio para obtener empleo en otra línea de trabajo.

La compensación económica mientras el empleado recibe los servicios de instrucción vocacional, es el equivalente a dos tercios de los ingresos semanales del trabajador (hasta un máximo de $246).

Compensación por la muerte del trabajador

En el caso de que el trabajador muera en un accidente en el trabajo, el programa le ofrece a la familia compensación por los gastos del funeral, (hasta un máximo de $5,000). Además, los familiares dependientes del fallecido pueden recibir ayuda económica por un período de tiempo (por lo general hasta cubrir un máximo de $160,000).

2
EL SISTEMA DE
PROVISION DE LOS BENEFICIOS

En contraste con la mayoría de los programas de asistencia pública, las agencias Estatales no administran el programa de compensación por la incapacidad del trabajador. En el Estado de California que estamos empleando como ejemplo en este capítulo –así como en la mayoría de los otros Estados– la compensación se administra mediante las compañías de seguros privadas, o por las propias empresas empleadoras (si así lo consideran preferible).

Cuando un trabajador notifica a la empresa que ha sufrido un accidente o algún daño físico durante el desempeño de sus tareas laborales, la empresa debe iniciar el proceso para ofrecerle al trabajador los beneficios que le corresponden de acuerdo con las leyes. El Estado supervisa la provisión de los beneficios, le ofrece información a los trabajadores sobre sus derechos ante la ley, y puede actuar como mediador y árbitro en el caso

FONDOS ESPECIALES

El Estado de California también mantiene dos fondos especiales que cubren los beneficios de los trabajadores (en ciertas circunstancias):

1
El Fondo para las empresas sin seguro
(UNINSURED EMPLOYERS FUND)

Aunque las empresas necesitan asegurarse –por ley– para proteger a los empleados que sufren accidentes en el trabajo, algunas no lo hacen. El gobierno Estatal estableció este fondo para cubrir los gastos de la compensación para los trabajadores afectados. Al mismo tiempo, el Estado –mediante los tribunales– intenta recuperar los costos del fondo.

2
El fondo para cubrir
los accidentes subsiguientes
(SUBSEQUENT INJURIES FUND)

Cuando un empleado sufre incapacidad permanente, y más tarde sufre otro accidente, la empresa es responsable sólo por los costos del último incidente. Bajo ciertas condiciones, el Estado le ofrece al empleado –mediante este fondo especial mencionado– beneficios adicionales.

de que se presente alguna disputa entre la empresa y el trabajador. En la gran mayoría de los casos, la compensación se extiende sin dificultad alguna. No obstante, si el accidente fuera grave, con frecuencia el caso es presentado ante los tribunales del Estado.

3
EL SISTEMA PARA
FINANCIAR EL PROGRAMA

El programa de compensación debido a la incapacidad física del trabajador se financia por una de las siguientes tres opciones:

El seguro de la empresa

La mayoría de las empresas grandes y estables preparan sus propios seguros para compensar a los empleados cuando ocurre un accidente de trabajo. La empresa debe obtener un certificado del **Departamento de Relaciones Industriales del Estado** en el cual se aprueban las provisiones del seguro.

El seguro mediante una compañía privada

En el Estado de California, cualquier empresa puede comprar una póliza de seguro que ofrecen más de 300 compañías privadas licenciadas por el Departamento de Seguros del Estado. El precio de las pólizas es competitivo y no está sujeto a las regulaciones del Estado.

El seguro que ofrece el Estado

En el caso del Estado de California, las empresas también tienen la opción de comprar una póliza de seguro que ofrece el Estado. La agencia que ofrece las pólizas compite vigorosamente en el mercado privado y absorbe los costos del fondo del **riesgo asignado (ASSIGNED RISK)** para la compensación de los trabajadores.

¿COMO OBTENER UN BUEN EMPLEO EN U.S.A.?

Para triunfar en los Estados Unidos, es evidente que obtener un buen empleo es un factor imprescindible. Afortunadamente para el nuevo residente, las oportunidades existen, y las leyes prohíben a los empleadores discriminar por motivo de raza, sexo y edad... lo cual constituye una garantía de que los solicitantes a ocupar determinadas posiciones disponibles –ya sea en empresas privadas, en el gobierno federal, estatal o municipal– van a ser considerados en un plano de igualdad, tomando en cuenta básicamente sus condiciones intelectuales, experiencia previa, y capacitación. Por supuesto, quienes estén mejor preparados para desempeñar una tarea determinada serán los que llevarán la ventaja para ocupar las mejores posiciones... y es por ello tan importante que el emigrante no sólo tome los cursos necesarios para dominar el idioma inglés, sino que se incorpore a programas especiales de capacitación (hay muchos, y en diferentes campos) para reunir las calificaciones requeridas entre los aspirantes a desempeñar determinadas plazas.

¿Cómo solicitar empleo?

■ En primer lugar, considere las agencias de empleo del Estado. Usted puede tener una entrevista personal con un agente de la agencia de empleo estatal, indicar su preferencia laboral, rellenar solicitudes, y presentarse seguidamente a entrevistas personales con empleadores en potencia. Las gestiones de las agencias de empleo estatales son gratis.

■ Las agencias de empleo privadas ofrecen servicios similares, pero una vez que el empleo sea obtenido, es preciso pagar a la agencia un porciento del primer salario (por lo general, una semana). En algunos casos, el empleador cubre esta suma.

■ Los diarios (sección de Anuncios Clasificados) constituyen una fuente formidable de empleos disponibles. Elija las solicitudes que considere adecuadas, y concierte citas.

■ En el INTERNET se divulgan infinidad de posiciones de empleo disponibles, en los campos más disímiles.

CAPITULO 22

BANCARROTA: ¡LA ULTIMA ALTERNATIVA ANTE LAS DEUDAS CONTRAIDAS!

No hay duda de que los Estados Unidos es el país de las oportunidades, y así lo demuestran los miles de nuevos residentes que se incorporan anualmente a la sociedad norteamericana: los que se dedican a trabajar con esfuerzo genuino, y mantienen una disciplina estricta en sus presupuestos, por lo general logran alcanzar un nivel de vida confortable que les permite asegurar un futuro aun mejor para sus hijos.

No obstante, en determinadas ocasiones –y debido a una multitud de factores– el nuevo residente se puede ver abrumado por las deudas que haya podido contraer, resultándole muy difícil superar la crisis económica en que se encuentra. ¿Qué hacer ante situaciones de este tipo? La respuesta es compleja, desde luego, y depende en gran medida de la situación personal de cada individuo. En muchos casos, es posible negociar con los acreedores un plan de pagos que le permita liquidar las deudas contraídas sin provocarle un daño irreparable al historial de crédito y afectar su futuro económico. Pero en determinadas situaciones, la crisis financiera llega a alcanzar tal magnitud que sólo permite una solución legal drástica: la bancarrota.

¡NUNCA SUBESTIME LAS CONSECUENCIAS DE LA BANCARROTA!

Muchas personas que se encuentran abrumadas por deudas que no pueden cumplir pudieran apresurarse a considerar que la bancarrota es el camino más fácil para solucionar la crisis económica en que se hallan... y "empezar de nuevo". Nada está más lejos de la verdad:

■ Cuando una persona se declara en bancarrota, los tribunales federales dictaminan en su contra y, consecuentemente, su historial de crédito reflejará esta decisión adversa por un período de diez años.

Un historial de crédito manchado por la bancarrota le reduce al individuo –en forma significativa– su capacidad para obtener nuevas líneas de crédito, un factor crítico para poder desarrollarse en la sociedad norteamericana, en la que el crédito es un factor esencial para alcanzar un bienestar económico mayor. Además, los tribunales pueden tomar posesión de muchas de sus pertenencias para satisfacer los reclamos de los acreedores, y es posible que ni aún así sea posible liquidar algunas de las deudas contraídas. Finalmente, la solicitud de bancarrota no se concede automáticamente, y los tribunales con frecuencia la rechazan, sobre todo en los últimos años (debido a los abusos que se reflejan en los estudios estadísticos realizados al respecto).

¿QUE ES LA BANCARROTA?

La bancarrota es un proceso legal que se presenta ante los tribunales federales de los Estados Unidos, y que permite a los individuos (y a las empresas privadas) eliminar sus deudas en su totalidad, o pagar los compromisos financieros previamente contraídos bajo la protección y supervisión de los tribunales.

Existen dos tipos de bancarrotas:

■ La **bancarrota de liquidación**, también conocida como **Capítulo 7** (**CHAPTER 7**). La persona presenta una petición ante los tribunales para que éstos liquiden las deudas del individuo (o de la empresa). A su vez, los tribunales disponen de algunas pertenencias del individuo que la ley no protege (**NON-EXEMPT PROPERTY**), y reembolsa a los acreedores con los fondos que se recuperen mediante la venta de las propiedades.

■ La **bancarrota de reorganización**. También se conoce como **Capítulo 13** (**CHAPTER 13**), y le permite al individuo reembolsar a sus acreedores, en su totalidad o parcialmente (dependiendo del dictamen judicial), en un plazo de tres a cinco años. Los tribunales le permiten mantener posesión de sus pertenencias, pero requiere que los pagos equivalgan a sus ingresos menos los gastos de vivienda (razonables, según estime la Corte).

Existen otros tipos de *bancarrota de reorganización,* pero el Capítulo 13 es el que se adapta mejor a la mayoría de los casos de los individuos.

Es importante aclarar que muchas personas viven convencidas de que la bancarrota (en cualquiera de sus formas) liquida todas sus deudas; la realidad es diferente, y es preciso enfatizarla: la ley no permite la liquidación de determinadas deudas, como por ejemplo:

■ Los préstamos otorgados para realizar estudios.

■ Los impuestos que no han sido pagados.

■ Las multas y penalidades impuestas debido a la violación de las leyes.

■ La ayuda económica a sus hijos o a cónyuges (esposo o esposa) después de un divorcio.

■ Las deudas que resultan debido a la muerte o a la incapacidad de otro individuo mientras se conducía un vehículo en estado de embriaguez.

■ Las deudas incurridas como consecuencia de fraude (como mentir en una solicitud de crédito, por ejemplo).

■ Las compras de artículos de lujo realizadas por más de U.S.$1,075 durante los 60 días inmediatamente después de presentar la solicitud de bancarrota.

LA BANCARROTA DE LIQUIDACION (CAPITULO 7)

En el momento en que la persona solicita formalmente una declaración de bancarrota, la ley impone lo que se conoce por el término **suspensión automática** (**AUTOMATIC STAY**), la cual le prohibe a sus acreedores tomar cualquier acción para cobrar sus deudas. No obstante, el tribunal que considere el caso puede obviar la suspensión y permitir que los acreedores procedan con sus disputas legales, de acuerdo con las circunstancias de la situación.

Como resultado de la *suspensión automática,* ningún acreedor puede acosar al deudor por teléfono o por correos debido al dinero que le debe. Al mismo tiempo, la *suspensión automática* puede prevenir que la persona sufra consecuencias severas mientras que el proceso de la bancarrota se procesa en la Corte Federal, como por ejemplo:

■ No se le puede interrumpir el suministro de fluido eléctrico, el agua, el gas, o el servicio telefónico.

■ Si la institución que financió la hipoteca de la casa donde el adeudor reside se encuentra en el proceso de privarle del derecho de redimirla (**FORECLOSURE**), la *suspensión automática* detiene ese proceso, aunque sólo temporalmente. Si la intención del acreedor es mantener posesión de la propiedad, entonces su mejor opción es solicitar la petición de *bancarrota bajo el Capítulo 13* (vea a continuación).

■ La *suspensión automática* puede detener un proceso de desaucio de un apartamento por varios días, pero si el propietario del edificio solicita al tribunal que esté considerando la solicitud de bancarrota que le levante la suspensión, lo más probable es que el tribunal acceda a la petición (es lo que sucede en la mayoría de los casos).

■ El gobierno del Estado no le puede retirar al deudor la licencia para conducir un automóvil, excepto cuando la orden sea aprobada antes de que la *suspensión automática* sea puesta en efecto.

■ No se puede retener parte del salario del deudor como resultado de una disputa legal.

■ El **IRS (INTERNAL REVENUE SERVICE)** no puede tomar acción contra las pertenencias del deudor durante la *suspensión automática*.

¿COMO USTED SE PUEDE DECLARAR EN BANCARROTA BAJO EL CAPITULO 7?

La solicitud requiere que usted llene varios formularios que detallan cuáles son sus ingresos, sus gastos, sus pertenencias, sus deudas, y todas las transacciones relacionadas con cualquier propiedad efectuadas en los últimos 2 años. El costo para presentar la solicitud es de $175, aunque gratis para los individuos que reciben asistencia pública o para aquéllos cuyos ingresos son inferiores al llamado *nivel de pobreza* (una suma que es definida periódicamente por el gobierno federal). Seguidamente:

■ El tribunal que considere la solicitud de bancarrota presentada inmediatamente nombra a un **fideicomisario** (**TRUSTEE**) que asume responsabilidad por la administración del caso.

■ Aproximadamente un mes después, el *fideicomisario* programará una reunión con usted para revisar su expediente. Durante esta reunión –que por lo general sólo toma unos 10 minutos– usted debe entregarle al *fideicomisario* las **pertenencias no exentas** (**NON-EXEMPT PROPERTY**) o su valor en efectivo (más adelante le explicamos cuáles propiedades califican en esta categoría).

■ De 3 a 6 meses después de la reunión, usted recibirá una notificación

¿CUALES SON LAS PERTENENCIAS NO EXENTAS?

El **Capítulo 7** protege solamente parte de sus pertenencias, como el automóvil, el vestuario, los efectos personales, los aparatos electrodomésticos, las pensiones, la asistencia pública acumulada en una cuenta de banco, y otras que la Corte considere "esenciales". El gobierno federal considera otras pertenencias como "no exentas", y usted debe entregarlas (o su valor en efectivo) a su fideicomisario, como por ejemplo:

■ Instrumentos musicales (a no ser que usted sea un músico profesional).

■ Colecciones filatélicas, de monedas, o de otros artículos.

■ Dinero en efectivo, cuentas de banco, acciones del mercado de valores, bonos, y otras inversiones.

■ Un segundo automóvil o camión.

■ Una segunda residencia o casa de vacaciones.

de la Corte liquidando oficialmente todas las deudas cubiertas por la bancarrota, y su caso se da por terminado.

LA BANCARROTA DE REORGANIZACION (CAPITULO 13)

El proceso a seguir es similar al de la *bancarrota por liquidación (Capítulo 7)* considerado en epígrafes anteriores, excepto que –en ese caso– el deudor debe pagar $160 (sin excepciones) al presentar su solicitud. Conjuntamente con los formularios:

■ EL deudor debe presentar un plan para pagar todas sus deudas en un plazo de 3 a 5 años.

■ El tribunal le asignará un **fideicomisario** (**TRUSTEE**), quien convocará una reunión con el deudor y, generalmente, con uno o más de sus acreedores, sobre todo si su plan propuesto no fuera satisfactorio.

■ Después de la reunión con el *fideicomisario,* el deudor debe presentarse ante el juez federal, quien aceptará o rechazará el plan que ha sido propuesto.

¿CUANDO ES MEJOR DECLARARSE EN BANCARROTA BAJO EL CAPITULO 13?

La gran mayoría de las personas que se declaran en bancarrota lo hacen bajo el **Capítulo 7**, pero en determinados casos el **Capítulo 13** resulta una mejor alternativa. Por ejemplo, es mejor utilizar el **Capítulo 13** si el deudor:

■ Se declaró en bancarrota (**Capítulo 7** ó **Capítulo 13**) en los últimos seis años, ya que la ley no le permite apelar al **Capítulo 7**.

■ Posee **pertenencias no exentas** de gran valor.

■ No ha pagado algunas mensualidades de la hipoteca de la casa en que reside o del financiamiento del automóvil. El **Capítulo 7** le obligaría a pagar la deuda completa o entregar la propiedad al *fideicomisario.*

■ Ha contraído deudas que el **Capítulo 7** no cubre.

■ Algunas de las deudas incluyen a un cosignatario, ya que el **Capítulo 7** no los protege.

LA BANCARROTA NO SE OTORGA AUTOMATICAMENTE

Con mucha frecuencia, los tribunales no aceptan la solicitud de bancarrota presentada por una persona que no puede cumplir con las deudas que ha contraído. Los jueces evalúan cada caso individualmente, y generalmente estudian determinados factores que influyen en sus decisiones finales. Entre ellas:

■ ¿Tiene el deudor ingresos discrecionarios (dinero sobrante después de pagar los gastos normales del presupuesto)?

- ¿Recibe un salario estable?
- ¿Llena el deudor los requisitos para solicitar la bancarrota bajo el **Capítulo 13**?
- ¿Es posible resolver sus problemas de crédito sin necesidad de recurrir a la bancarrota? Por ejemplo, quizás el deudor puede establecer negociaciones directas con sus acreedores para diseñar un plan de pago.
- ¿Puede el deudor reducir su presupuesto sin necesidad de sacrificar los gastos esenciales?

Es muy importante notar que cualquier indicación de que el deudor ha cometido fraude en su solicitud, puede resultar en una sentencia de cárcel, y en este sentido es preciso enfatizar que los jueces siempre están alerta a las transacciones que el deudor ha realizado en el período de tiempo antes de presentar la solicitud de bancarrota. Por ejemplo, consideremos el caso de individuos que presentan una solicitud de crédito a una compañía determinada, pero al hacerlo no declaran cuáles son sus deudas importantes. En situaciones de este tipo, la ley considera que el individuo ha cometido perjurio, y el juez puede imponerle una sentencia de cárcel. Otras personas transfieren algunas de sus pertenencias a amigos o familiares poco antes de presentar la solicitud de bancarrota; la ley considera que esto es, también, un acto de fraude.

Con el aumento en el número de solicitudes de bancarrota que se presentan en los últimos años, los legisladores en el Congreso de los Estados Unidos han iniciado un proceso para revisar las normas que permiten a un individuo en apuros financieros declararse en bancarrota. A pesar de que el juicio de bancarrota permanece activo en el historial de crédito de la persona afectada por diez años, muchas personas –quizás ignorando las consecuencias– inician el proceso de todas formas. Para evitar las graves consecuencias personales, y también para disminuir el incentivo a cometer fraudes, los legisladores esperan imponer reglas mucho más rigurosas en un futuro inmediato.

CAPITULO 23

¡USTED TIENE ACCESO A LA INFORMACION EN LOS ARCHIVOS FEDERALES!

Suponga que usted ha escuchado que cierto juguete o determinado medicamento ha sido retirado del mercado por ser considerado peligroso para los consumidores. Usted desea saber si esta información es cierta o no, pero... ¿es posible averiguarlo? ¿Puede una persona cualquiera tener acceso a los archivos de las agencias federales del gobierno de los Estados Unidos? ¿Podría usted incluso determinar qué tipo de información mantiene el gobierno federal acerca de su propia persona?

La respuesta a todas estas preguntas es afirmativa... la mayor parte de las veces. En efecto, en los Estados Unidos existen leyes que le permiten a los ciudadanos y residentes legales del país tener acceso a la información federal, y este privilegio está garantizado por dos Actas:

- El **Acta de Libertad de Información** (**FREEDOM OF INFORMATION ACT**); y
- el **Acta de la Privacidad** (**PRIVACY ACT**).

En este capítulo le ofrecemos una información básica acerca de ambas

leyes, qué importancia tienen por lo que significan, qué privilegios le ofrecen al público, y –muy importante– cómo usted puede hacer uso de ellas.

1
EL ACTA DE LIBERTAD
DE INFORMACION

El **Acta de Libertad de Información** –aprobada en 1966– es una ley que establece que:

■ "Toda persona tiene derecho a pedir acceso a los archivos o a la información que es mantenida por las agencias federales del gobierno de los Estados Unidos".

Las agencias federales pueden revelar la información mantenida en sus archivos al recibir una petición por escrito, excepto en el caso de aquella información que está protegida de ser revelada por las nueve **exenciones** y las tres **exclusiones** que incluye el **Acta de Libertad de Información**.

Estas **exenciones** cubren los siguientes nueve aspectos:

- Información clasificada sobre la defensa nacional de los Estados Unidos y las relaciones con el extranjero.
- Reglas y prácticas internas de la agencia a la que la solicitud de información es presentada.
- Información cuya revelación está prohibida por alguna otra ley.
- Información sobre secretos comerciales y otros negocios de carácter confidencial.
- Comunicaciones entre agencias federales (o dentro de una misma agencia) que están protegidas por privilegios legales.
- Información relacionada con asuntos de privacidad personal.
- Determinada información recopilada con propósitos policíacos.
- Información relacionada con la supervisión de las instituciones financieras.
- Información geológica sobre pozos.

Las tres **exclusiones** –que raramente son utilizadas, es preciso aclarar– están relacionadas con asuntos especialmente sensibles de la Policía y relacionados con la seguridad nacional.

Pero aun en el caso de que la información que usted deseara obtener de una agencia federal determinada estuviera exonerada de ser revelada por las exenciones y exclusiones especificadas anteriormente, la agencia federal –a discreción administrativa– pudiera revelarla, siempre y cuando no exista ninguna ley que lo prohíba o no se considere que pueda causar algún tipo de daño.

En todo caso, es importante enfatizar que el **Acta de Libertad de Información** no es aplicable:

- al Congreso de los Estados Unidos;
- a los tribunales de justicia;
- a las oficinas inmediatas a la Casa Blanca; es decir, a la Presidencia del país.
- Tampoco es aplicable a los archivos del gobierno estatal o local. Sin

embargo, casi todos los gobiernos de cada uno de los Estados del país tienen sus propios estatutos redactados al estilo del **Acta de Libertad de Información**. Esto significa que usted puede solicitar información acerca de la ley de acceso a la información que mantiene un Estado determinado con sólo escribir una carta a la oficina del **Fiscal General (DISTRICT ATTORNEY)** de ese Estado.

El **Acta de Libertad de Información** no requiere que una organización o compañía privada revele información directamente al público, incluso si esa información ha sido enviada al gobierno federal por algún motivo específico. Sin embargo, la información enviada al gobierno federal por tales organizaciones y compañías sí puede ser obtenida a través de una petición basada en el **Acta de Libertad de Información** siempre y cuando no se trate de información que esté protegida por alguna exención de la ley (mencionadas anteriormente).

■ Bajo el **Acta de Libertad de Información** usted puede pedir y recibir por correo copia de cualquier información que se mantenga archivada en los archivos de una agencia federal determinada y que no esté sujeta a alguna de las exenciones o exclusiones ya especificadas.

Por ejemplo:

■ Si usted desea conocer los detalles acerca de ese medicamento que fue retirado del mercado por ser considerado peligroso, la **Administración de Alimentos y Medicamentos (FOOD AND DRUG ADMINISTRATION)**, la agencia federal que se encarga de controlar todos los productos que consumen los norteamericanos, le puede proporcionar una copia de los documentos que establecieron los factores por los que ese medicamento específico fue retirado del mercado.

■ De la misma manera, si usted quiere obtener información acerca de la última inspección realizada a un asilo de ancianos determinado, certificado por el *Medicare*, su oficina local del Seguro Social mantiene esta información en sus archivos. Invocando el **Acta de Libertad de Información** usted puede igualmente solicitar esa información.

Al hacer una petición a una agencia federal invocando el **Acta de Libertad de Información**, es preciso que describa la información a la que desea tener acceso en una forma lo más clara y específica posible. Considere que si la agencia no puede identificar y localizar en sus archivos la información que usted ha solicitado (mediante un esfuerzo razonable), entonces no podrán ayudarle. Considere que:

■ Aunque las agencias federales se esfuerzan por responder todas las peticiones que reciben, el **Acta de Libertad de Información** no exige que el personal de estas agencias realice investigaciones exhaustivas, conteste a preguntas por escrito, o prepare una información especial para un pedido determinado.

¿COMO ENCONTRAR LA AGENCIA FEDERAL A LA QUE DEBE DIRIGIR SU SOLICITUD DE INFORMACION?

Es importante enfatizar que ninguna oficina específica del gobierno federal de los Estados Unidos se ocupa de procesar todas las peticiones que sean hechas invocando el **Acta de Libertad de Información**. Es decir:

■ Cada petición debe ser analizada por la agencia particular que mantiene la información que se está solicitando.

Por ejemplo, si usted desea obtener una información específica con respecto a una investigación que haya sido hecha para determinar los defectos en automóviles manufacturados en los Estados Unidos, es preciso que le escriba directamente al **Departamento del Transporte (TRANSPORT DEPARTMENT)**. De la misma manera, si requiere información sobre accidentes de trabajo ocurridos en una fábrica determinada, es necesario solicitarla al **Departamento del Trabajo (LABOR DEPARTMENT)**, mencionando específicamente la región donde se halla la fábrica en cuestión.

La mayoría de las agencias federales mantienen varias oficinas que se ocupan de procesar las solicitudes de información hechas bajo el **Acta de Libertad de Información** (algunas tienen oficinas para cada región del país). Por lo tanto, es posible que si va a solicitar información a una agencia federal determinada deba investigar previamente cuál es la oficina apropiada para hacer su solicitud:

- Para obtener orientación al respecto, diríjase al **Centro de Información Federal (FEDERAL INFORMATION CENTER)**. También, el **Manual del Gobierno de los Estados Unidos (UNITED STATES GOVERN- MENT MANUAL)** puede ser de utilidad para orientarle hacia la agencia federal a la que debe dirigirse de acuerdo con la información que necesite obtener. Este manual está disponible en la mayoría de las bibliotecas públicas del país (vea el recuadro al final de este capítulo).

¿COMO SOLICITAR LA INFORMACION?

Para hacer su solicitud de información a una agencia federal del gobierno norteamericano:

- Escriba una carta a la agencia en cuestión.
- En el sobre indique Solicitud bajo el **Acta de Libertad de Información (FREEDOM OF INFORMATION ACT REQUEST)**. De esta manera, la solicitud será procesada con la mayor rapidez posible.

A pesar de que en la solicitud no es preciso mencionar el nombre o título de una información determinada, sí tenga presente que es importante incluir la mayor cantidad de datos posible al respecto, de manera que la búsqueda de la información en los archivos de la agencia se facilite. Por ejemplo, cualquier dato que pueda proporcionar acerca del lugar, la fecha, los autores, los eventos, los sujetos u otros detalles relacionados con la información que solicita será de utilidad a los funcionarios de la agencia a la que usted se ha dirigido para obtener la información solicitada. De esta forma, no sólo ahorra tiempo al gobierno, sino que la inversión en dinero que deberá hacer para obtener la información solicitada será mucho menor.

En general:

- Las personas que solicitan información a una agencia federal invo-

¿CUALES SON LOS COSTOS?

El **Acta de Libertad de Información** permite a las agencias federales del gobierno de los Estados Unidos cobrar por las solicitudes de información que reciban. Por ejemplo:

■ Por peticiones no comerciales, una agencia puede cobrar sólo los costos reales de búsqueda de los documentos que contienen la información solicitada, y el costo de hacer copias fotostáticas de los mismos.

■ Los costos de búsqueda de la información usualmente oscilan entre 10 y 30 dólares por hora, dependiendo del nivel de salario del personal que sea requerido para realizar la búsqueda en los archivos de la agencia federal en cuestión.

■ Los costos por copias fotostáticas pueden ser de 10 centavos por página en algunas agencias; en otras podrían ser considerablemente mayores. Infórmese al respecto.

■ Por peticiones no comerciales, las agencias no cobran por las primeras dos horas de búsqueda o por las primeras 100 páginas de copias de documentos. Las agencias tampoco cobrarán si el costo total es mínimo.

En todo caso, si los costos de ofrecer la información requerida son elevados, la agencia le informará anticipadamente sobre los mismos. Si puede demostrar a los oficiales de la agencia federal en cuestión que la información solicitada contribuirá significativamente a orientar al público sobre las operaciones o actividades del gobierno, los costos pueden ser exonerados.

cando el **Acta de Libertad de Información** no tienen que explicar las razones por las cuales están haciendo su petición. Usted lo puede hacer si estima que ello podría ayudar a la agencia a localizar la información que está solicitando.

■ Además, si no tiene la seguridad de que la información que solicita

¿CUANTO TIEMPO TARDAN LAS RESPUESTAS?

Bajo el **Acta de Libertad de Información** se les exige a las agencias federales responder todas las solicitudes recibidas dentro del término de diez días hábiles siguientes al recibo de la carta. Si usted no ha recibido una respuesta al final de ese período –tomando siempre en consideración cualquier retraso en el correos– puede llamar por teléfono a la agencia en cuestión o escribir una carta para indagar acerca del *statu quo* de su petición.

En determinadas ocasiones, una agencia federal puede requerir más de diez días hábiles para localizar los documentos que incluyan la información solicitada, examinarlos, consultar con otras agencias y personas y, posiblemente, decidir si va a revelar toda o sólo parte de la información solicitada. También es preciso tomar en cuenta el tiempo que puede tomar preparar las copias que le serán enviadas a la persona solicitante. Es decir, algunas agencias pueden extender este período establecido de diez días hábiles hasta otros diez días hábiles más... pero siempre le enviarán una nota informándole del tiempo que tomará el procesamiento de su solicitud.

Algunas agencias (particularmente las agencias de la Policía), reciben un gran número de peticiones que exigen consultar numerosos documentos. Si una agencia está atrasada en el proceso de las peticiones que fueron recibidas antes de la suya, es posible que usted no pueda recibir la información solicitada dentro del período establecido. Considere que todas las solicitudes serán atendidas de acuerdo al orden en que hayan sido recibidas.

no puede ser revelada (porque se halla protegida por alguna de las *exenciones* y *exclusiones* mencionadas ya en este capítulo), puede pedirla de cualquier forma. En términos generales, la política del gobierno norteamericano es de apertura con respecto a la información que se halla en los documentos archivados en sus agencias federales.

■ Mantenga siempre una copia de la solicitud enviada a la agencia federal de la cual requiere información. Refiérase a ella en toda la correspondencia que mantenga con la agencia en cuestión.

¿QUE PUEDE HACER SI LA AGENCIA FEDERAL LE NIEGA SU PETICION?

Si la agencia localiza los documentos con la información necesaria para responder a su petición, puede retenerlos –total o parcialmente– sólo si la información en cuestión no puede ser revelada (debido a que está comprendida dentro de las exenciones y exclusiones mencionadas al principio de este capítulo). Si una agencia niega su petición, completa o parcialmente:

■ Le comunicará a usted (por escrito) las razones de su negativa.

■ Le informará su derecho a apelar la decisión inicial, dirigiendo su petición a un nivel más alto dentro dentro de la misma agencia. Por lo general deberá apelar dentro del término de 30 a 45 días después de haber recibido la notificación de la negación.

Para apelar, todo lo que usted necesita es enviar rápidamente una nueva solicitud a la agencia en cuestión. La carta de negación debe especificar la oficina a la cual usted debe enviar su carta de apelación, y para obtener la atención más rápida posible, escriba en el sobre y en su carta un texto que diga **Apelación del Acta de Libertad de Información** (**FREEDOM OF INFORMATION ACT APPEAL**). Al apelar:

■ Pídale a la agencia federal en cuestión que revise su petición invocada bajo el Acta de Libertad de Información y la razón que motivó su negativa.

■ También es conveniente incluir las razones por las que usted considera que la negación ha sido indebida.

■ Cerciórese de referirse a todas las comunicaciones (correspondencia y llamadas telefónicas) que usted haya tenido con la agencia a causa de la petición, e incluya siempre en su solicitud de apelación cualquier número que la agencia le haya asignado a su solicitud.

SI SU APELACION TAMBIEN LE ES NEGADA... ¿QUE PUEDE HACER?

Si la agencia federal en cuestión niega su apelación o no responde dentro del período de tiempo establecido, usted puede llevar el asunto a los tribunales:

■ La carta de negación de la agencia debe informarle que usted puede presentar una demanda por su solicitud de información ante los tribunales del distrito federal donde usted reside, donde se encuentra ubicado su negocio, donde los documentos son mantenidos, o en el Distrito de Columbia (es decir, en Washington, D.C.).

Una vez ante los tribunales, la agencia deberá probar que cualquier información retenida está amparada bajo una (o más) de las exenciones y exclusiones enumeradas en el Acta. Si la decisión de los tribunales fuera a su favor, y su demanda se considerara una cuestión de interés público, el juez puede exigir que el gobierno pague los costos judiciales, así como los costos razonables de los abogados que haya utilizado en el caso.

■ Considere que si usted incluye copias de su petición y la carta de negación de la agencia, también esto puede ahorrar tiempo en el análisis de su apelación.

Bajo el **Acta de Libertad de Información** las agencias federales disponen de 20 días hábiles para tomar una decisión con respecto a su apelación. Bajo ciertas circunstancias, en algunas agencias podría necesitarse una extensión de hasta 10 días hábiles adicionales, y –lo mismo que ocurre con las solicitudes iniciales– algunas apelaciones pueden tomar más tiempo en ser consideradas.

2
EL ACTA DE LA PRIVACIDAD

El **Acta de la Privacidad** (**PRIVACY ACT**) –aprobada por el Congreso norteamericano en 1974– es otra ley federal relacionada con los documentos o la información que mantiene el gobierno federal de los Estados Unidos sobre algunos individuos en particular:

■ Establece determinadas normas sobre cómo las agencias de la rama ejecutiva del gobierno federal recopilan, mantienen y diseminan información personal.

El **Acta de la Privacidad** también puede ser utilizada por los ciudadanos y residentes legales de los Estados Unidos para obtener acceso a la información mantenida en los archivos federales.

Comencemos por explicar que el gobierno federal compila un amplio espectro de información sobre cada ciudadano o residente en los Estados Unidos:

■ Si usted formó parte del Ejército norteamericano o en algún momento fue empleado de una agencia federal, seguramente existen documentos con respecto a su servicio.

■ Asimismo, si usted en alguna ocasión ha solicitado un beneficio federal o recibido un préstamo estudiantil garantizado por el gobierno, lo más probable es que esta información se halle en los archivos de las agencias federales correspondientes.

■ También existen documentos e información sobre todos los individuos que alguna vez han pagado impuestos al gobierno federal o recibido un cheque del *Seguro Social* o del *Medicare.*

El **Acta de la Privacidad** establece determinados controles sobre qué información personal es mantenida por el gobierno federal y cómo ésta puede ser utilizada. Considere que el **Acta de la Privacidad** garantiza estos tres derechos elementales:

■ El derecho a tener acceso a la información que existe acerca de uno mismo, sujeto a las exenciones y exclusiones establecidas.

■ El derecho a enmendar la información que es mantenida en los archivos de las agencias federales, si ésta fuera incorrecta, irrelevante, obsoleta, o incompleta.

■ El derecho a demandar al gobierno por violaciones de la ley, incluyendo la de permitir a otros examinar documentos personales, a no ser que esta acción esté amparada por una razón específicamente permitida bajo el Acta.

INFORMACION QUE PUEDE SOLICITARSE BAJO EL ACTA DE LA PRIVACIDAD

El **Acta de la Privacidad** solamente se aplica a los documentos y fichas sobre individuos particulares mantenidos por las agencias que se encuentran en la rama ejecutiva del gobierno federal. Se trata de una información que está en el sistema de información federal y que puede ser extraída utilizando el nombre del individuo, el número de su *Seguro Social,* o alguna otra forma de identificación personal. En otras palabras:

■ El **Acta de la Privacidad** no comprende la información acerca de individuos que se encuentra archivada bajo otros temas tales como organizaciones o eventos, a no ser que la agencia también catalogue y extraiga esa información usando nombres individuales u otras formas de identificación personal.

Se han establecido 10 exenciones en el **Acta de la Privacidad**, bajo las cuales una agencia puede negar a un solicitante determinada información. Por ejemplo:

■ Documentos que contienen información clasificada de   seguridad nacional y aquellos concernientes a investigaciones criminales.

■ Otra exención con frecuencia utilizada por las agencias federales es la que protege cualquier información que podría identificar a una fuente confidencial; por ejemplo, si un investigador le pregunta a una persona acerca de las condiciones que usted presenta para obtener empleo federal y esa persona consiente en contestar sólo si su identidad es protegida, entonces su nombre y cualquier dato que lo identifique puede ser omitido en la información que usted obtenga por su solicitud.

Las 10 exenciones están enumeradas en el **Acta de la Privacidad**; si usted está interesado en más detalles al respecto, deberá leer el acta en su totalidad (se encuentra en casi todas las bibliotecas públicas del país). Tenga presente que:

■ Lo mismo que ocurre con el **Acta de Libertad de Información**, ninguna oficina específica acepta todas las peticiones de información en el caso del **Acta de la Privacidad**. Para localizar la agencia apropiada para su petición, siga los mismos lineamientos generales que con el **Acta de la Libertad de Información**.

COMO SABER SI UNA AGENCIA TIENE INFORMACION SOBRE USTED... Y COMO OBTENERLA

Si usted estima que una agencia federal en particular tiene información sobre su persona, usted le puede escribir a la oficina encargada de las peticiones del **Acta de la Privacidad** o al Director de esa agencia. Las agencias en general deben responderle si tienen o no información sobre usted, una vez que su petición haya sido recibida.

A las agencias federales también se les exige que informen públicamente la existencia de todos los sistemas de almacenamiento de información que ellas mantienen sobre los individuos. La **Oficina del Registro Federal (FEDERAL REGISTRY OFFICE)** publica una lista de cada sistema de almacenamiento de información que mantienen sus agencias, la cual se actualiza cada dos años (puede ser encontrada en bibliotecas de referencia y de universidades).

Para solicitar la información que una agencia federal pueda tener sobre usted:

■ Escriba una carta a esa agencia. Dirija su petición a la **Oficina del Acta de la Privacidad** o al **Secretario del Departamento de Salud y Recursos Humanos (SECRETARY OF THE HEALTH AND HUMAN RESOURCES DEPARTMENT)**.

■ Cerciórese de especificar en su carta y en su sobre **Solicitud del Acta de la Privacidad (PRIVACY ACT REQUEST)**.

COSTOS Y TIEMPO

Considere:

■ Bajo el **Acta de la Privacidad**, una agencia sólo le puede cobrar por los costos de las copias de los documentos y no por el tiempo utilizado en buscarlos.

■ Asimismo, bajo las provisiones del **Acta de la Privacidad** a ninguna agencia se le exige contestar a una petición dentro de un período de tiempo dado; sin embargo, la mayoría de ellas suele demorarse unos diez días hábiles.

■ Si usted no recibe respuesta en el término de cuatro semanas, es conveniente que vuelva a escribir. Incluya una copia de su solicitud original.

La mayoría de las agencias exigen algún tipo de prueba de identidad antes de entregarle copia o información sobre sus documentos personales; por lo tanto, es conveniente incluir copia de algún documento personal (su licencia para conducir vehículos, en la que aparezca su nombre completo, fecha de nacimiento, y dirección actualizada). Nunca envíe los documentos originales y recuerde firmar su petición, ya que su firma constituye una forma de identificación. Si una agencia necesitara más pruebas de identidad antes de enviarle la información solicitada, se lo hará saber por escrito.

En su solicitud, mencione los factores por los que usted considera que la agencia mantiene información sobre su persona. La agencia deberá procesar su petición o escribirle para pedirle cualquier información adicional que estime conveniente.

¿QUE HACER SI LA INFORMACION QUE TIENEN SOBRE USTED ES INCORRECTA?

El **Acta de la Privacidad** exige que las agencias federales que tienen información personal acerca de algunos individuos mantengan documentos completos, exactos, vigentes y relevantes. Si después que usted tiene acceso a sus fichas personales, usted considera que la información que éstos incluyen es incorrecta y que debe ser enmendada:

■ Escríbale al Director de la agencia correspondiente e incluya toda la información pertinente para que los cambios que usted solicite sean debidamente considerados.

■ El **Acta de la Privacidad** exige que la agencia en cuestión le notifique a usted sobre el recibo de su petición de enmienda en el término de diez días hábiles.

■ Si su petición de enmienda es aceptada, la agencia le explicará con toda exactitud que serán tomados para que sus documentos personales sean debidamente enmendados.

Desde luego, usted puede apelar cualquier negación. Y aun si la agencia en cuestión le negara su apelación, usted tiene el derecho a enviar una declaración que explique por qué usted considera que su ficha personal es incorrecta:

■ En todo caso la agencia deberá incorporar su declaración a los documentos en cuestión.

■ También la agencia deberá informarle acerca de su derecho a recurrir a los tribunales para hacer que un juez revise la negación de su apelación. Si usted ganara el caso, todos los gastos legales le serán reembolsados.

CONCLUSION

Aunque el **Acta de Libertad de Información** y el **Acta de la Privacidad** fueron aprobadas con propósitos diferentes, en realidad son muy similares:

■ Ambas garantizan el derecho a pedir acceso a la información que es mantenida por las agencias del gobierno federal de los Estados Unidos, un privilegio que ofrecen pocos países en el mundo.

■ Los derechos que brinda **Acta de la Libertad de Información** son otorgados a cualquier persona, pero los que brinda el **Acta de la Privacidad** sólo son otorgados al individuo que es sujeto de fichas y documentos en cuestión... y sólo si es un ciudadano norteamericano o residente legal en los Estados Unidos.

■ El **Acta de la Libertad de Información** es aplicable a toda la información de las agencias federales, pero el **Acta de la Privacidad** sólo se aplica a aquellos documentos federales que contienen información sobre individuos en particular. Es decir: si la información que usted solicita concierne a las actividades de una agencia federal, organización o alguna otra persona que no sea usted mismo, usted debe hacer su solicitud a la agencia federal correspondiente bajo el **Acta de Libertad de Información**; pero si la información que usted desea obtener concierne a su propia persona, entonces debe hacer su solicitud invocando el **Acta de la Privacidad**. De cualquier forma, tenga muy presente que usted puede tener acceso a la información y documentos mantenidos en las agencias federales. ¡Ejercite ese derecho!

CAPITULO 24

¿QUE ES EL SERVICIO MILITAR SELECTIVO? ¿DEBE REGISTRARSE?

En los Estados Unidos ya no existe el reclutamiento obligatorio para el servicio militar para los hombres al cumplir los 18 años. Ese sistema fue abolido hace tiempo y sustituído por el llamado **Sistema de Servicio Selectivo** (**SELECTIVE SERVICE SYSTEM**), el cual se mantiene vigente bajo una ley federal (la llamada **Military Selective Service Act**) que regula todos los aspectos de las actividades del servicio militar.

¿QUE ES EL SISTEMA DE SERVICIO SELECTIVO?

Es un sistema administrado por una agencia independiente bajo la rama ejecutiva del gobierno federal; no es parte del Departamento de Defensa, como muchas personas creen. Es decir, depende directamente del Presidente de la nación, quien nombra al Director del Sistema de Servicio Selectivo, un nombramiento que tiene que ser aprobado por el Senado.

La **Agencia del Sistema de Servicio Selectivo** tiene la misión de enviarle a las Fuerzas Armadas norteamericanas el número de hombres requeridos, durante un período de tiempo específico, cuando en situaciones de emergencia nacional el Congreso y el Presidente del país deciden reanudar el reclutamiento. El **Servicio Selectivo** también tiene la responsabilidad de administrar un programa especial, como alternativa al servicio militar, para quienes aducen tener objeciones de conciencia con respecto a la guerra.

¿QUE SIGNIFICA LA INSCRIPCION EN EL SERVICO SELECTIVO?

La inscripción es el proceso mediante el cual el **Servico Selectivo** obtiene los datos personales del registrante: nombre, dirección, fecha de nacimiento y número del Seguro Social. Todos los hombres –ciudadanos de los Estados Unidos y residentes legales– tienen la obligación de inscribirse en el **Servicio Selectivo** en cuanto cumplan los 18 años de edad. Es una responsabilidad cívica y legal, aunque actualmente no existe el sistema de reclutamiento obligatorio.

Esta inscripción no significa que usted ha pasado a formar parte de las Fuerzas Armadas de los Estados Unidos; se trata de un medio que tiene el país para desarrollar y mantener una lista actualizada de nombres y direcciones de hombres que pudieran ser reclutados en el caso de que se autorizara reanudar el reclutamiento para el Servicio Militar.

No inscribirse, o no cumplir de otra forma con los requisitos que la **Ley sobre el Servicio Militar Selectivo** (**MILITARY SELECTIVE SYSTEM ACT**) establece, está penado con multas de hasta $250,000, cárcel (hasta cinco años), o ambas cosas. Además, la ley federal –así como algunas leyes estatales– exigen la inscripción como requisito previo para los préstamos a los estudiantes que los solicitan para financiar la carrera universitaria, para entrenamientos de capacitación para trabajos, para obtener empleos en el gobierno, y para obtener la ciudadanía norteamericana (en el caso de hombres residentes legales).

¿QUIENES TIENEN LA OBLIGACION DE INSCRIBIRSE?

Todo hombre ciudadano de los Estados Unidos y todo hombre extranjero residente en los Estados Unidos (y en sus territorios), tiene la obligación de inscribirse durante el período que comienza 30 días antes y termina 30 días después de la fecha en que cumple 18 años (existen muy pocas excepciones para el cumplimiento de esta obligación).

■ Se consideran residentes en los Estados Unidos –y por lo tanto obligados a inscribirse en el Servicio Militar Selectivo– los individuos que están en el país bajo palabra (**PAROLEES**), los **refugiados** (**REFUGEES**), y quienes hayan solicitado **asilo** (**ASYLUM**).

■ También están obligados a inscribirse los hombres **incapacitados** (**DISABLED**), pero que son capaces de funcionar en público, con o sin ayuda. En caso de que éstos no puedan rellenar los formularios, un familiar o amigo puede ayudarles.

■ Asimismo, tienen obligación de inscribirse los miembros de la

Guardia Nacional (NATIONAL GUARD) y de la Reserva Militar (RESERVE FORCES).

Una regulación muy importante que estipula la **Ley sobre el Servicio Militar Selectivo** es que los hombres no pueden inscribirse después que hayan cumplido los 26 años de edad.

¿QUIENES NO TIENEN QUE INSCRIBIRSE?

Según la Ley, no tienen obligación de inscribirse las siguientes personas:

- Las mujeres.
- Los extranjeros no inmigrantes que ingresan a los Estados Unidos para una residencia temporal. En este grupo se encuentran los hombres (con sus familias) que son admitidos con visas de visitante o de estudiante. Igualmente, los miembros del cuerpo diplomático o de misiones comerciales, que residirán temporalmente en los Estados Unidos.
- Los hombres a quienes les es imposible inscribirse por causas ajenas a su voluntad; por ejemplo, estar hospitalizados, recluidos en una institución, o encarcelados. No obstante, tienen la obligación de inscribirse durante los 30 días siguientes a su salida de esos lugares.
- Miembros de las Fuerzas Armadas en servicio activo a tiempo completo. También están exentos los cadetes y marinos que están en las academias del servicio de los Estados Unidos. No obstante, tan pronto cese el servicio activo, estos hombres tienen la obligación de inscribirse en el Servicio Militar Selectivo dentro de los 30 días siguientes a su salida del servicio activo (si todavía no han cumplido 26 años y no se han inscrito anteriormente).

¿CUAL ES EL PROCESO PARA LA INSCRIPCION? ¿DONDE INSCRIBIRSE?

Si usted es hombre y tiene que inscribirse en el **Servicio Militar Selectivo**, lo único que tiene que hacer es ir a una oficina de correos para obtener el formulario de solicitud de inscripción, llenarlo, firmarlo y entregarlo a un empleado del correos. Debe llevar alguna identificación pues el empleado que reciba su solicitud se la pedirá para verificar su identidad.

En las oficinas de correos no le darán un recibo que pruebe la entrega de su inscripción, pero las oficinas del **Servicio Militar Selectivo** le enviará un acuse de recibo, que deberá recibir en el plazo de 90 días después de haber entregado su planilla de registro. Es importante tener presente que los empleados de correos no están familiarizados con todos los detalles sobre las operaciones y procedimientos del **Servicio Militar Selectivo**. Si usted tiene dudas o necesita más información, escriba o llame directamente a las oficinas del **Servico Militar Selectivo**:

Selective Service System
Registration Information Office
Post Office Box 94638
Palatine, IL 60094-4638

Teléfono: (847) 688-6888

Los ciudadanos norteamericanos que estén fuera de los Estados Unidos durante el período de inscripción obligatoria, deben acudir a la Embajada de los Estados Unidos, o al Consulado más cercano, donde les facilitarán los formularios de inscripción al Servicio Militar Selectivo, y les ayudarán a preparar la inscripción.

¿CUAL ES EL SIGUIENTE PASO?

Considere que usted no estará inscrito oficialmente hasta que su nombre aparezca en los archivos del **Servicio Militar Selectivo** y le hayan asignado un número. Una vez terminado ese proceso, le enviarán por correos el acuse de recibo de su inscripción con los datos que aparecen en su ficha de los archivos del **Servicio Militar Selectivo**, el número que le han asignado, y un formulario para hacer cambios (si ello fuese necesario). Este es un documento importante, el cual debe guardar en un lugar seguro, pues se trata de la prueba de su inscripción.

Si usted no recibe el documento dentro de los 90 días siguientes a la fecha en que envió su inscripción, reclámelo inmediatamente escribiendo a la dirección que aparece en la página anterior. Una vez que se comunique con el **Servicio Militar Selectivo** —por escrito o por teléfono— es necesario dar su nombre completo, fecha de nacimiento, dirección, número del Seguro Social y –si es posible– la fecha y lugar donde presentó su solicitud de inscripción.

¿ESTA AL DIA SU FICHA DEL SERVICIO MILITAR SELECTIVO?

Otro requisito que exige la Ley es que usted mantenga al día la información que aparece en la ficha de los archivos del **Servicio Militar Selectivo**. Cada vez que usted cambie de dirección o de número de teléfono, o haya algún cambio en la información que aparece en su inscripción original, debe comunicarlo inmediatamente para que su ficha de registro sea debidamente actualizada. Este requisito rige únicamente para los hombres entre 18 y 25 años. Después de cumplir 26 años no es necesario reportar los cambios.

Considere:

- Si usted no reporta los cambios y su ficha no es mantenida al día, estará violando la Ley que rige el **Servicio Militar Selectivo**, exponiéndose a penalidades por el descuido.
- La Ley exige que usted notifique la nueva dirección a las oficinas del **Servicio Militar Selectivo** cada vez que se mude. Esa notificación se hace llenando el **formulario para cambios (CHANGE FORM)** que se recibe junto con el acuse de recibo de la inscripción. Envíelo a las oficinas del **Servicio Militar Selectivo** (vea la página opuesta). Otra forma de notificar cualquier cambio consiste en obtener en las oficinas de correos (en las embajadas o consulados de los Estados Unidos, si se halla en el extranjero) el **formulario Change of Information Form. SSS Form 2**, que se utiliza para reportar cambios a las oficinas del **Servicio Militar Selectivo**.
- En caso de no tener los formularios oficiales, siempre puede escribir una carta breve a las oficinas del **Servicio Militar Selectivo** dando como referencia su nombre completo, número del Seguro Social, número del **Servicio Militar Selectivo** y fecha de nacimiento, así como su nueva dirección.

¿CUANDO SE INICIARIA EL RECLUTAMIENTO?

El hecho de que usted tenga la obligación de inscribirse en el Servicio Militar Selectivo no quiere decir que lo reclutarán. No se ha reclutado a ningún hombre desde 1973. Además, no se puede llamar a nadie al **Servico Militar Selectivo** a menos que el Congreso y el Presidente de los Estados Unidos determinen que el reclutamiento es necesario. Tal llamado al servicio sería probable únicamente en caso de guerra o de una emergencia nacional.

¿QUIENES SERIAN SELECCIONADOS PARA EL RECLUTAMIENTO?

La Ley estipula que:

- En el primer grupo llamado al servicio estarían los hombres que cumplieran 20 años en el año durante el cual tomara lugar el reclutamiento.
- En caso de que se necesitaran más hombres durante ese año, después del primer grupo se llamarían a los que cumplieran 21 años en el año del reclutamiento.
- Seguidamente a los que cumplieran 22 años, y así, sucesivamente, hasta llegar al grupo que cumpliera 25 años.

El orden en que se llame a servicio dentro de cada grupo por edad, será por medio de una lotería que indicará la fecha de nacimiento que corresponde al número de secuencia del reclutamiento iniciado.

Si usted es uno de los reclutados por la lotería, le enviarán una **Orden para presentarse al reclutamiento (ORDER TO REPORT FOR INDUCTION**), junto con instrucciones detalladas sobre la oficina a la cual debe presentarse y qué debe usted hacer para cumplir con este requisito.

No obstante, si usted ha presentado una petición por la que solicita posposición o reclasificación del reclutamiento, su caso se pospondrá hasta que se decida si se acepta o niega su petición. Las siguientes son algunas de las razones por las cuales es posible posponer o reclasificar el reclutamiento:

Posposiciones

- A estudiantes en programas regulares que desean terminar el semestre en curso.
- A estudiantes en programas regulares que están cursando el último año de su carrera y desean terminarla.
- A estudiantes de secundaria que todavía no hayan cumplido 20 años, y que desean continuar en la escuela hasta graduarse.

Reclasificaciones

- A los hombres cuyo reclutamiento crearía una situación difícil a su familia.
- A los estudiantes que se preparan para el ministerio religioso.
- A los hombres que tienen objeciones de conciencia con respecto a la guerra y actos militares. Son aquéllos con profundas convicciones religiosas, morales, o éticas en contra de la participación en guerras. **(1)** Si la objeción se refiere a la participación en combates durante el servicio únicamente, será reclutado para realizar entrenamiento militar solamente en actividades que no requieran participación en combates.

  (2) Si la objeción es contra toda participación en el servicio militar, en vez de reclutamiento el individuo recibirá una orden para realizar servicio civil que contribuya al mantenimiento de la salud pública o de otra actividad que determine el Director del **Servicio Militar Selectivo**.

¿COMO SE PRESENTA UNA SOLICITUD PARA POSPOSICION O RECLASIFICACION?

Si usted recibe la orden de reclutamiento del **Servicio Militar Selectivo**, puede presentar una solicitud de posposición o reclasificación dentro de los diez días siguientes, utilizando los formularios disponibles para ese fin (llame por teléfono al número ofrecido en la página xxx, o solicite los formularios por correos). No es posible presentar la solicitud antes de recibir la orden de reclutamiento.

CAPITULO 25

¿QUIERE ESTUDIAR? PRESTAMOS ESPECIALES PARA LOS ESTUDIANTES

Para sobrevivir en la economía competitiva de los Estados Unidos, es prácticamente imprescindible completar –como mínimo– la **educación secundaria** (el llamado **HIGH SCHOOL**). La mayoría de los empleos de hoy requieren, por lo menos, una educación básica que solamente un diploma de graduación de *high school* puede certificar; los cambios tecnológicos que se aceleran al comenzar un nuevo milenio –junto con la globalización de la economía mundial– imponen nuevos requisitos para poder competir por los mejores trabajos (o sea, por los trabajos mejor remunerados). En otras palabras: la educación es cada día más necesaria para poder ganar más.

Afortunadamente, la *educación secundaria* en los Estados Unidos es gratuita y no representa una carga económica para la familia. Así, los padres responsables estimulan a sus hijos a estudiar una profesión en un centro educacional más avanzado una vez que se gradúan de la *enseñanza secundaria*. Algunas de estas instituciones –como las **universidades** (**UNIVERSITIES** o **COLLEGES**) estatales, los llamados **colegios comunitarios** (**COMMUNITY COLLE-**

GES), y algunos **talleres de oficio** (**TRADE SCHOOLS**)– forman parte de los servicios que ofrece el gobierno estatal o de la comunidad local, y por lo tanto sus matrículas son relativamente económicas. No obstante, es importante enfatizar que:

■ La mayoría de las instituciones educacionales en los Estados Unidos son privadas o semi-privadas, y el costo de una educación avanzada es casi prohibitivo para la familia promedio.

Aun en los centros docentes estatales, el costo de la educación (que debe sufragar el alumno) incluye –además de las matrículas– otros gastos adicionales (como los libros y material de aprendizaje, derechos para participar en los talleres correspondientes a cada curso, etc.).

Con el objetivo de facilitar el financiamiento de la educación de los jóvenes que desean estudiar una profesión o un oficio, el gobierno federal le ofrece **préstamos a los estudiantes** (**STUDENT LOANS**) que cumplen con una serie de requisitos (básicamente las calificaciones obtenidas en los años de *high school*). En este capítulo vamos a examinar con detenimiento los diferentes aspectos de los programas federales que en general se conocen como **préstamos directos** (**DIRECT LOANS**).

El gobierno federal ha establecido dos tipos de préstamos que son administrados por los correspondientes programas:

■ **DIRECT STAFFORD LOANS**, que se ofrecen mediante el **WILLIAM D. FORD FEDERAL DIRECT LOAN PROGRAM.**

■ **FFEL STAFFORD LOANS**, que se ofrecen mediante el **FEDERAL FAMILY EDUCATION LOAN PROGRAM.**

Los dos programas son muy similares, excepto que:

■ El gobierno federal de los Estados Unidos proporciona directamente los fondos del **DIRECT STAFFORD LOANS**,

■ los fondos del **FFEL STAFFORD LOANS** se administran mediante los bancos privados (si el centro docente no participa en el primer programa).

Ambos programas también difieren en el formulario que se debe presentar para solicitar el préstamo, pero la realidad es que las diferencias son mínimas.

Para facilitar la lectura, en este capítulo detallamos el proceso del **DIRECT STAFFORD LOAN PROGRAM**, que son los préstamos más comunes.

¿CUALES SON LOS BENEFICIOS DEL DIRECT STAFFORD LOAN PROGRAM?

El Departamento de Educación de los Estados Unidos ha establecido un procedimiento sencillo para obtener un préstamo educacional mediante el programa de **DIRECT LOANS**, el cual ofrece los siguientes beneficios:

■ Usted obtiene el préstamo directamente del gobierno federal, sin

COMO MATRICULAR AL NIÑO EN EL COLEGIO

Cada municipio en los Estados Unidos administra su propio sistema escolar público, desde el **kindergarten** hasta la **enseñanza superior** (**HIGH SCHOOL**), aunque se rigen por las normas establecidas por el gobierno Estatal. Consecuentemente, el proceso para matricular al niño en el colegio público varía según el lugar donde usted resida.

Consideremos el caso de el Condado de Miami-Dade, en la Florida, como un ejemplo típico. Primeramente, el Condado impone una edad mínima para que el niño pueda asistir al kindergarten (5 años) y al primer grado (6 años). Además, es necesario presentar los siguientes documentos que confirmen la información básica que es requerida para la matrícula:

- Confirmación de la edad del niño.
- Resultados de un examen médico general del niño.
- Certificado de las vacunas infantiles.
- Confirmación de la dirección de la familia.
- Expediente académico del niño.

También es importante saber que:

- El Condado ofrece transporte gratis a los niños que residen a una distancia del colegio superior a dos millas (3.2 kilómetros).
- Las clases comienzan entre las 7:30 a.m. a las 9:00 a.m., y terminan desde las 2:00 p.m. y las 3:40 p.m., dependiendo del grado que curse el pequeño.
- Los colegios ofrecen desayunos y almuerzos –balanceados por nutricionistas expertos, y a precios reducidos– para los niños de las familias con ingresos más bajos.
- También es posible solicitar al Condado una matrícula especial para que el niño asista a un colegio especializado. No obstante, la admisión en las organizaciones de este tipo dependen de la capacidad del sistema escolar en el momento en que la solicitud sea presentada, así como de otros factores. La realidad: no siempre es fácil obtener estas matrículas.

necesidad de utilizar los servicios de un banco. Una vez que su solicitud es aprobada, usted recibe el dinero que ha solicitado –mediante la institución educacional donde desea estudiar– en un plazo relativamente corto.

■ Los pagos del préstamo se hacen directamente al Departamento de Educación, y la obligación financiera nunca es transferida a otra organización.

■ El plan le ofrece diferentes alternativas para pagar el préstamo, de acuerdo con su situación económica personal.

■ Si su situación económica cambia notablemente durante el plazo del préstamo, es posible reevaluar el plan de pago para cumplir con sus obligaciones.

LOS TIPOS DE PRESTAMOS
QUE OFRECE EL PROGRAMA

El programa federal ofrece cuatro tipos de **DIRECT LOANS**:

■ El **préstamo directo subvencionado (DIRECT SUBSIDIZED LOAN)**. Este tipo de préstamo no le carga interés mientras usted asiste a un mínimo del 50% de las clases del programa educacional que ha elegido. Tampoco le carga interés durante el llamado **período de gracia (GRACE PERIOD)** y durante los **períodos de prórroga (DEFERMENTS)** (la definición de estos términos se encuentran más adelante en este mismo capítulo). El *préstamo directo subvencionado* solamente se extiende a los estudiantes cuyas familias pueden probar que sus recursos económicos son muy limitados.

■ El **préstamo directo sin subvención (DIRECT UNSUBSIDIZED LOAN)**. Este tipo de préstamo para estudiantes le permite al gobierno federal cobrarle interés mientras usted asiste al colegio, al igual que durante los períodos de gracia y de prórroga. La aprobación de estos préstamos no requiere que usted demuestre que sus recursos económicos son limitados.

■ El **préstamo directo PLUS (DIRECT PLUS LOAN)**. El *préstamo directo PLUS* le permite a uno de los padres solicitar los fondos en nombre de un menor de edad, siempre que su historial de crédito satisfaga los requisitos del programa.

■ El **préstamo directo de consolidación (DIRECT CONSOLIDATION LOAN)**. Usted puede consolidar uno o más préstamos educacionales en un **préstamo directo (DIRECT LOAN)**. La operación le permite extender un solo cheque al gobierno como pago de los préstamos originales.

¿CUALES SON LOS REQUISITOS PARA SOLICITAR UN PRESTAMO EDUCACIONAL?

Cualquier residente de los Estados Unidos puede solicitar uno de estos préstamos especiales para estudiantes si se matricula en un plan de estudio que sea aprobado por el Departamento de Educación de los Estados Unidos, y si asiste anualmente a un mínimo del 50% de las clases que ofrece el programa educacional.

¿CUANTO DINERO SE PUEDE PEDIR PRESTADO?

Si el estudiante reúne los requisitos de ser **dependiente de sus padres (DEPENDENT)**, los límites del préstamo son (en dólares):

■ $2,625 durante el primer año de estudios.
■ $3,500 durante el segundo año de estudios.
■ $5,500 anuales después del segundo año de estudios.

Si el estudiante no depende de sus padres –o sea, si reúne los requisitos de **estudiante independiente (INDEPENDENT)**, o si depende de sus padres pero éstos no reúnen los requisitos para obtener el **préstamo directo PLUS (DIRECT PLUS LOAN)**, entonces los límites del préstamo son (en dólares):

- $6,625 durante el primer año de estudios.
- $7,500 durante el segundo año de estudios.
- $10,500 anuales después del segundo año de estudios.

Cuando el período de estudios dura menos de un año escolar, la cantidad máxima del préstamo es menor de las cifras que se han detallado anteriormente. Consulte su situación en particular con el oficial del centro docente responsable por la administración del programa para que le explique todos los detalles y le sugiera los pasos a seguir para pedir su préstamo estudiantil.

Es importante mencionar que:

- Los estudiantes de educación avanzada pueden solicitar un préstamo anual de $18,500 (dólares) máximo.

¿COMO SE DISTRIBUYEN LOS FONDOS DEL PRESTAMO?

El Departamento de Educación (o el banco, en el caso de los **DIRECT STAFFORD LOANS**) le transmitirá los fondos directamente al plantel educacional que usted haya seleccionado y a través del cual haya presentado su solicitud para el préstamo. En la mayoría de los casos, los fondos se distribuyen en un mínimo de dos plazos.

Los fondos recibidos se utilizan –primeramente– para pagar la matrícula, la vivienda del estudiante (si reside en el centro de estudios), y para satisfacer otros cargos que el centro docente pueda imponer. Si los fondos del préstamo exceden los pagos del centro de estudios en cuestión, el estudiante recibe directamente el resto de los fondos concedidos en el préstamo estudiantil.

¿COMO SE DETERMINA LA TASA DE INTERES DEL PRESTAMO?

El Departamento de Educación de los Estados Unidos ajusta la tasa de interés de los préstamos estudiantiles todos los años, de acuerdo con las condiciones del mercado financiero. No obstante –por ley– este interés no puede exceder el 8.25%.

Además de cobrar interés por los fondos concedidos en calidad de préstamo, el Departamento de Educación deduce un sobrecargo del 4% de la suma total para cubrir los costos administrativos del programa.

¿COMO SE PUEDE SOLICITAR UN PRESTAMO EDUCACIONAL?

En realidad, se trata de un procedimiento muy fácil. El centro docente en el que usted haya decidido estudiar le puede proporcionar la solicitud, la cual se conoce por las siglas **FAFSA** (por **FREE APPLICATION FOR FEDERAL STUDENT AID**). Los oficiales del centro docente son los encargados de determinar –de acuerdo con la información que usted detalle en la solicitud– la suma total del préstamo, y la aprobación de la cantidad que le corresponde al préstamo subvencionado y al préstamo sin subvención.

Como parte del proceso, el estudiante recibe una **nota promisoria** (**PROMISORY NOTE**), la cual representa la obligación de pagar el préstamo en su totalidad.

Una vez que el préstamo es aprobado, el estudiante debe asistir a una entrevista con el oficial del centro docente en cuestión, donde se le ofrece la información necesaria para explicarle todos los detalles del programa. Durante esta reunión, el estudiante tiene la oportunidad de formular cualquier pregunta que pueda tener con respecto al programa del cual va a ser partícipe.

¿CUANDO DEBEN COMENZAR LOS PAGOS AL DEPARTAMENTO DE EDUCACION?

Los pagos al Departamento de Educación (o al banco, en el caso de los **DIRECT STAFFORD LOANS**) deben comenzar seis meses después de que el estudiante termina sus estudios (esos seis meses se conocen como *período de gracia)*, o cuando su matrícula cubre menos del 50% del año escolar.

Ahora bien, siempre es posible posponer los pagos, de acuerdo con cier tos factores que relacionamos a continuación:

1
EL PERIODO DE GRACIA

El programa de préstamos educacionales le ofrece un **período de gracia** de seis meses de duración:

■ Comienza una vez que usted termina sus estudios. Usted debe hacer el primer pago de la obligación contraída 60 días después de que termina ese período de gracia.

■ Durante el *período de gracia* el **préstamo directo subvencionado (DIRECT SUBSIDIZED LOAN)** no acumula interés, mientras que en el **préstamo directo sin subvención (DIRECT UNSUBSIDIZED LOAN)**, el interés se acumula durante el tiempo en que asiste al centro educacional y –también– durante el *período de gracia.*

Los **préstamos del gobierno federal para los estudiantes (DIRECT SUBSIDIZED LOAN)** no acumulan interés, mientras que en el **préstamo directo sin subvención (DIRECT UNSUBSIDIZED LOAN)**, el interés se acumula durante el tiempo en que asiste al colegio y, también, durante el *período de gracia.*

2
LOS PERIODOS DE PRORROGA

Es posible posponer los pagos del préstamo educacional bajo ciertas circunstancias. El **préstamo directo (DIRECT LOAN)** le permite prorrogar los pagos si usted:

■ Asiste al centro docente y se matrícula en un mínimo del 50% de las asignaturas del plan educacional que satisfaga los requisitos del Departamento de Educación.

■ Se matricula en un **programa educacional avanzado (GRADUATE FELLOWSHIP)** aprobado por el Departamento de Educación.

■ Se matricula en un programa de entrenamiento para rehabilitar los minusvalidos, siempre que éste sea aprobado por el Departamento de Educación.

También es posible prorrogar los pagos por un plazo de tres años siempre que usted:

■ Está buscando un **empleo de jornada completa (FULL TIME JOB)** pero no logra encontrarlo.

■ Está experimentando un período de necesidad económica.

La acumulación del interés durante los períodos de prorroga se administra al igual que durante el período de "gracia".

Usted tiene la obligación de continuar sus pagos mientras el Departamento de Educación procesa su solicitud para que le otorguen un período de prórroga; de lo contrario, los oficiales pueden declarar el préstamo como **delincuente (DELINQUENT)** por incumplimiento del contrato.

3
LA INDULGENCIA
(FORBEARANCE)

En algunos casos especiales –como cuando su salud sufre un cambio radical, o debido a problemas personales, y si usted no reúne las condiciones necesarias para solicitar una prórroga de los pagos del préstamo– es posible que el Departamento de Educación le otorgue lo que se conoce con el nombre de **indulgencia (FORBEARANCE)**. Durante el *período de indulgencia,* es posible suspender parte de los pagos (o en su totalidad, en muchos casos). Es necesario solicitar esta *indulgencia* al Departamento de Educación para que su situación personal sea debidamente evaluada y considerada.

¿QUE OPCIONES OFRECE EL PROGRAMA PARA PAGAR EL PRESTAMO?

El Departamento de Educación le ofrece cuatro formas para pagar el *préstamo directo* (con o sin subvención). Considere que los **préstamos directos PLUS (DIRECT PLUS LOANS)** ofrecen las siguientes tres opciones:

■ El **plan de pago estándar (STANDARD REPAYMENT PLAN)**. El plan requiere pagos mensuales fijos por un plazo máximo de diez años. El plazo de tiempo para pagar la totalidad del préstamo depende de la suma en cuestión. Con este plan, el estudiante paga el mínimo de interés posible, ya que los pagos mensuales son más altos que las otras opciones; además, el plazo de tiempo es más corto.

■ El **plan de pago extendido (EXTENDED REPAYMENT PLAN)**. El plan permite el pago del préstamo durante un plazo de tiempo más largo –generalmente de 12 a 30 años– dependiendo de la suma en cuestión. Los pagos mensuales son fijos, pero más pequeños que los del *plan estándar.*

■ El **plan de pago graduado (GRADUATED REPAYMENT PLAN)**. Este plan permite pagos más pequeños al principio, aumentando cada dos años. Se trata de una opción que se ajusta mejor a la realidad, ya que cuando el estudiante se incorpora por primera vez al mercado laboral, los sueldos son más bajos. Al aumentar gradualmente el salario con los años, es posible hacer pagos mayores al Departamento de Educación. El plazo para pagar el préstamo estudiantil adquirido es generalmente de 12 a 30 años (dependiendo de la suma en cuestión).

Otro plan de pago del préstamo estudiantil es el siguiente:

■ El **plan de pago supeditado al sueldo (INCOME CONTINGENT REPAYMENT PLAN)**. El plan determina el nivel de los pagos de acuerdo con el salario anual del estudiante y con la cantidad del préstamo. El nivel representa un porcentaje del salario que no exceda el 20%. El plazo de tiempo para pagar el préstamo no puede ser mayor de 25 años. Si el préstamo no ha sido liquidado al final de los 25 años, el Departamento de Educación cancela la suma restante. Esta opción no es aplicable a los **préstamos directos PLUS (DIRECT PLUS LOANS)** considerados anteriormente.

Asimismo, el Departamento de Educación puede establecer un plan de pago alternativo en casos excepcionales, pero las aplicaciones se consideran de acuerdo con los casos individuales.

¿QUE SUCEDE SI SE DEJA DE PAGAR EL PRESTAMO?

El incumplimiento de los pagos del préstamo estudiantil conlleva graves consecuencias; por ello, es sumamente importante que usted evite por todos los medios verse ante una situación de este tipo:

■ Si se le presentan momentos difíciles en su economía personal, mantenga siempre la comunicación directa con el Departamento de Educación para acordar ajustes que sean de beneficio mutuo.

■ Igualmente importante es mantener informado al Departamento de Educación en el caso que su dirección o su número de teléfono cambie. De esta manera podrá continuar recibiendo las notificaciones oficiales del Departamento de Educación. Además, los oficiales encargados de su caso se podrán comunicar con usted cuando sea necesario.

Si en un momento dado usted dejara de pagar a tiempo las cuotas asignadas para cubrir el préstamo estudiantil que le ha sido otorgado:

■ El Departamento de Educación considerará su cuenta como **delincuente (DELINQUENT)**.

■ Si al cabo de 180 días usted no ha hecho ningún pago, el préstamo se calificará como **afectado por incumplimiento (IN DEFAULT)**.

Las consecuencias pueden ser severas. Por ejemplo, el Departamento de Educación puede:

■ Exigirle que pague inmediatamente el préstamo en su totalidad.

■ Tratar de cobrar el balance del préstamo y cobrarle por los costos incurridos en el proceso.

■ Reportar el incumplimiento a los burós de crédito nacionales; un crédito dañado le puede dificultar en el futuro obtener un préstamo para comprar un automóvil o una residencia. Tenga presente que la notificación de incumplimiento permanecerá en su historial de crédito por un máximo de siete años.

■ Impedir que se le extiendan préstamos educacionales en el futuro.

■ Confiscar parte de su salario.

¿ES POSIBLE CANCELAR EL PRESTAMO ANTES DE TIEMPO?

Bajo ciertas circunstancias, es posible que el Departamento de Educación cancele el préstamo antes de tiempo; en ese caso, usted no tiene que cumplir con sus obligaciones financieras contraídas. Por ejemplo:

■ Si queda totalmente y permanentemente incapacitado. Es necesario que un médico certifique que la causa de la incapacidad no existía en el momento en que usted asumió la obligación del préstamo, o que ésta se agravó considerablemente después de solicitar el préstamo.

■ Si muere durante el plazo del préstamo. En ese caso, sus familiares deben comunicarse con el Departamento de Educación, y todas las obligaciones contraídas serán anuladas.

■ Si no puede terminar un programa de estudios porque el centro docente en el que estaba matriculado cerró sus puertas, o porque el centro certificó su elegibilidad ilegalmente.

■ Si se declara en bancarrota (la cancelación del préstamo ocurre escasas veces en este caso).

MUY IMPORTANTE: Si usted necesita información detallada sobre el programa de ayuda para los estudios después del *high school*, llame –sin costo alguno– al **Departamento de Educación: 1-800-433-3243**. Le enviarán por correos los formularios necesarios para obtener este tipo de préstamo.

OTRAS FORMAS DE PAGAR POR UNA CARRERA UNIVERSITARIA

Las estadísticas demuestran que los costos de cursar una carrera universitaria han aumentado en los últimos años a razón de entre un 5% y un 7% anuales; asimismo, los especialistas estiman que estos costos continuarán aumentando en el futuro, una situación que cada día hará más difícil los estudios universitarios a determinados sectores de la población estudiantil en los Estados Unidos. Si bien el gobierno norteamericano ofrece préstamos para ayudar a los alumnos que reúnan los requisitos necesarios a cursar carreras universitarias (como hemos visto en este capítulo), la realidad es que si los padres planifican con suficiente tiempo el futuro de sus hijos, es posible enfrentarse a los gastos de los estudios superiores de éstos en un momento dado, sin necesidad de solicitar préstamos. Lo fundamental es comenzar a asignar fondos para la educación de los hijos lo antes posible, con disciplina, para que los intereses de las sumas ahorradas con este propósito se acumulen y produzcan los mayores beneficios económicos. Para ello:

■ **Invierta parte de sus ahorros en el mercado de valores.** Considere que a largo plazo le rendirán una ganancia superior a otros tipos de inversiones.

■ Los **bonos de ahorro del gobierno de los Estados Unidos** (**US SAVINGS BONDS - SERIES EE**) representan otra alternativa atractiva para sufragar los estudios superiores de sus hijos.

En los últimos años, el gobierno de los Estados Unidos ha desarrollado otros programas que permiten a las familias contar con los fondos suficientes para pagar por los estudios superiores de sus hijos. A continuación enumeramos los más importantes:

■ **Los planes de pago por adelantado.** Algunos Estados ofrecen programas que permiten a los padres pagar por los estudios de sus hijos por adelantado, y a un precio fijo.

■ **Los IRA educacionales.** Usted puede designar **IRA**s con el objetivo de pagar por la educación superior de sus hijos.

■ **Los programas de ayuda financiera para estudiantes debidamente calificados.**

CAPITULO 26

EL SERVICIO POSTAL EN U.S.A. ¡TODO POR CORREOS!

Para el nuevo residente en los Estados Unidos, el **Servicio Postal (POSTAL SERVICE)** es un recurso de valor incalculable. No sólo representa un nexo importante con los familiares y amigos que permanecen en el extranjero (o en otras regiones de los Estados Unidos), sino que ofrece una variedad de servicios que facilitan la integración del nuevo residente a la sociedad norteamericana. En la **oficina de correos (POSTAL OFFICE)** más cercana a su residencia, usted puede comprar un giro postal para pagar sus cuentas, alquilar un apartado para recibir su correspondencia, comprar estampillas para enviar cartas a todas partes del mundo, y utilizar muchos otros servicios que se detallan en este capítulo.

Es muy importante señalar que el Servicio Postal en los Estados Unidos es uno de los más económicos en el mundo, y probablemente el más seguro. A pesar de los miles de millones de piezas que se manipulan todos los días, la correspondencia –excepto en muy raras ocasiones– siempre llega a su destinatario no sólo por un precio muy módico, sino en un corto plazo.

COMO SE ENTREGA EL CORREOS

La correspondencia en los Estados Unidos se entrega **una vez al día, de lunes a sábado**. En la gran mayoría de los casos, el cartero deposita las cartas y paquetes (no abultados) que haya recibido en el buzón de su casa o apartamento. En algunas áreas urbanas que se encuentran bajo construcción, el Servicio Postal puede instalar un banco de apartados en un lugar céntrico (cada uno con su llave) para satisfacer las necesidades temporales de los residentes, o requerir que usted recoja la correspondencia en la oficina de correos. Una vez que la construcción concluya, el Servicio Postal establecerá la entrega a cada residencia.

SERVICIO DE APARTADO DE CORREOS Y ENTREGA EN VENTANILLA

Por un pequeño cargo anual o semestral, la mayoría de las oficinas de

LA LISTA DE CORREOS

Si al llegar a los Estados Unidos usted carece de una dirección permanente, el Servicio Postal lo puede incluir en una lista especial. Este servicio le permite recibir correspondencia dirigida a su nombre, señalado como **Lista de Correos (GENERAL DELIVERY)** en el sobre, y con la dirección de la oficina de correos que mantiene su nombre en la lista. En esos casos, usted debe recoger su correspondencia en una de las ventanillas, pero necesita presentar primero una prueba de identidad.

correos alquilan **apartados (P.O. BOXES)**. Hay cinco tamaños de apartados de correos para elegir, y el cargo varía según el tamaño del apartado y la oficina de correos. La entrega del correo en apartados postales ofrece un medio seguro (y privado) para recoger la correspondencia durante las horas en que el vestíbulo de la oficina permanece abierto (vea los letreros con información al respecto).

No obstante, tenga en cuenta que no todas las oficinas de correos ofrecen estos apartados en los cinco tamaños mencionados. Por ello, es importante que pregunte al respecto a uno de los empleados.

El Servicio Postal también ofrece –por un cargo adicional– apartados internos (con entrega en ventanilla) para la comodidad de los clientes que reciben un gran volumen de correspondencia.

REENVIO DE CORREO Y LA RETENCION DE LA CORRESPONDENCIA

Antes de mudarse a una nueva dirección, llene el formulario de la **orden de cambio de dirección (CHANGE OF ADDRESS ORDER)** y entréguelo en la oficina de correos de su localidad un mes antes de la fecha en que se va a mudar (especifique esa fecha en el formulario que deberá rellenar).

■ El Servicio Postal le re-enviará toda la correspondencia recibida a su nueva dirección por espacio de un año, mientras usted notifica a todos sus amigos, familiares, y otros contactos sobre el cambio de dirección.

■ Las revistas y los periódicos se re-envían solamente por el término de 60 días, por lo que es importante que usted notifique a los **Departamentos de Circulación (CIRCULATION DEPARTMENTS)** de las mismas su cambio de dirección. La dirección y número telefónico y de FAX de estos departamentos aparece casi siempre en la página de créditos de la publicación.

Otro servicio sumamente valioso que ofrece la oficina de correos:

■ Si usted espera ausentarse por unos días de la ciudad donde reside (debido a unas vacaciones o a un viaje de negocios), puede rellenar un formulario especial para que le retengan la correspondencia que reciba durante ese período de tiempo. Indique en el formulario la fecha en que usted desea que se reanude el servicio normal de entrega de correspondencia, y puede escoger entre recoger la correspondencia acumulada personalmente, o pedir que el cartero se la entregue el mismo día de su regreso.

DIFERENTES FORMAS DE ENVIAR LA CORRESPONDENCIA

El Servicio Postal le ofrece una amplia variedad de alternativas para enviar la correspondencia, de acuerdo con sus necesidades:

1
EL CORREO DE PRIMERA CLASE (FIRST CLASS MAIL)

Use el **correo de primera clase (FIRST CLASS MAIL)** para enviar cartas, tarjetas postales, tarjetas de felicitación, notas personales, cheques, y giros postales. Considere, además, la siguiente información:

■ Los envíos de primera clase que pesen más de 13 onzas serán tratados como **correo prioritario (PRIORITY MAIL)**.

■ El *correo de primera clase* le permite obtener (por un precio determinado) servicios adicionales, como son el comprobante de envío, certificación, etc. –todos detallados en este capítulo– e inclusive puede asegurar su envío por un máximo de 5,000 dólares.

La correspondencia de primera clase se maneja y se transporta con prontitud. Generalmente, toma un día para distribuirla en las ciudades situadas en la zona más próxima al lugar de donde proviene la carta (designada como **local**) y en un máximo de tres días en el resto de los Estados Unidos.

LAS TARIFAS:

■ La tarifa del correo de primera clase es de $0.33 por la primera onza y $0.22 por cada onza adicional.

■ Tarjetas postales: $0.20.

■ Las oficinas de correos también venden tarjetas ya franqueadas por $0.21.

2
EL CORREO PRIORITARIO
(PRIORITY MAIL)

Si usted necesita que su correspondencia llegue a su destinatario con mayor prontitud, considere usar el **correo prioritario (PRIORITY MAIL)**. El peso máximo autorizado para los envíos por *correo prioritario* es 70 libras, y la dimensión máxima es 108 pulgadas de largo y contorno (combinados). Por supuesto, siempre puede enviar correspondencia que pese menos de 13 onzas mediante el *correo prioritario*.

Para que el correo prioritario sea procesado debidamente, debe identificar el *servicio prioritario* con claridad. La oficina de correos de su localidad le suministrará –gratuitamente– etiquetas auto-adhesivas de identificación, sobres, y cajas con cuños que identifican el envío como *correo prioritario*. Muchas veces estos sobres, etiquetas y cajas están expuestos en el vestíbulo mismo de la oficina de correos para que usted pueda obtenerlos sin la necesidad de ver a un empleado postal.

Además, es importante destacar la ventaja que ofrece el llamado **sobre de tarifa fija**, muy económico: le permite enviar todo lo que quepa en el mismo por sólo $3.20. Usted también puede asegurar su envío por un máximo de $5,000 (por un pago adicional, desde luego).

Al igual que sucede con el *correo de primera clase,* el *correo prioritario* le permite comprar una serie de servicios adicionales que detallamos más adelante.

3
EL CORREO EXPRESO
(EXPRESS MAIL)

El servicio más rápido para enviar la correspondencia es el **correo expreso** (**EXPRESS MAIL**). Este servicio garantiza la entrega del correo (al día siguiente)... los 365 días del año, incluyendo los domingos y los días feriados. Mediante este servicio, usted puede enviar cartas importantes, documentos, y mercancías. Si el envío dentro de los Estados Unidos se entrega después de la fecha y la hora que le son garantizadas por el Servicio Postal, la oficina de correos le reembolsará el franqueo en su totalidad.

■ **El franqueo de tarifa fija** para envíos de un máximo de 2 libras es $15.75 y $11.75 por envíos de menos de 8 onzas.

Además, considere:

■ El Servicio Postal también ofrece el *correo expreso internacional* a más de 120 países.
■ Por el mismo costo de la tarifa doméstica, es posible enviar el correo expreso a todas las bases militares norteamericanas en el mundo.
■ El *correo expreso* requiere que el destinatario firme un comprobante una vez que recibe el envío, pero usted puede pedirle al oficial de correos que este requisito no sea cumplido, en el caso de que el destinatario no se encuentre presente en el momento de la entrega de la carta o paquete.
■ La oficina de correos de su localidad le suministrará –gratuitamente– etiquetas auto-adhesivas de identificación, sobres, tubos de cartón, y cajas con cuños que identifican el envío como *correo expreso.*
■ Las mercancías se aseguran automáticamente contra daños o pérdida por valor de $500.
■ Por un cargo nominal, se puede obtener un seguro adicional de

$5,000 como máximo, pero en ese caso, el requisito de que el destinatario firme el comprobante es obligatorio.

4
LAS PUBLICACIONES
PERIODICAS

Sólo las editoriales y los servicios de prensa registrados y autorizados para utilizar el **servicio de publicaciones periódicas** (**PRINTED MATTER**) pueden beneficiarse de esta tarifa especial. Para enviar revistas y periódicos por correos, el público debe pagar la tarifa aplicable a los envíos de primera clase. No obstante, los consumidores pueden aprovecharse de una tarifa más económica que la de *primera clase* para enviar paquetes con revistas y libros. El servicio se conoce como **paquete postal** (**PARCEL POST**), y el costo depende del peso y de la distancia del destinatario.

5
LOS ENVIOS
AL EXTRANJERO

Es necesario señalar que todos los envíos de paquetes al extranjero (o la correspondencia procedente del extranjero) requieren que usted llene un formulario de aduanas. El tipo de formulario varía con el peso del envío y las normas del país de destino. Algunos países restringen o prohíben la importación de determinados artículos, y es necesario que usted cumpla con los requisitos del país de destino.

Considere el siguiente formato para incluir la dirección en los envíos internacionales:

- Si sabe el código postal en el extranjero, póngalo antes de la ciudad o la localidad (en la misma línea).
- Escriba el nombre de la ciudad o la localidad; seguidamente incluya el nombre de la provincia o el Estado en la línea siguiente a la calle y el número de la residencia.
- Escriba el nombre del país –con mayúsculas– en la última línea.

Usted puede enviar correspondencia al extranjero mediante estas opciones:

- **Tarjetas postales (POSTCARDS).** Usted puede enviar una tarjeta postal al Canadá por $0.45, a México por $0.40, y a los demás países por $0.55.
- **Aerogramas (AEROGRAMMES).** El aerograma es una hoja de correo aéreo que puede plegarse y sellarse como si fuera un sobre. La tarifa para todos los países es $0.60
- **Cartas y paquetes con cartas.** La correspondencia puede incluir comunicaciones personales, manuscritas o mecanografiadas, así como otros envíos, por tarifas que varían con el peso. Por una onza (en dólares), la tarifa para el Canadá es $0.55, para México es $0.46, y para los demás países es $1.00.
- **Correo prioritario global (GLOBAL PRIORITY SERVICE).** Este servicio es análogo al que se ofrece para el mercado doméstico, pero solamente se pueden hacer envíos (en este momento) a México, y a ciertas ciudades en Chile y en Brasil (en América Latina) y a muchos países europeos. La tarifa varia con el peso; un sobre de 6 pulgadas por 10 pulgadas cuesta 4 dólares a México y Canadá, y 5 dólares a otros países.
- **Correo expreso internacional (EXPRESS MAIL INTERNATIONAL SERVICE).** El *correo expreso internacional* se ofrece actualmente a casi 200 países, y es un método rápido y seguro para enviar la correspondencia. La tarifa varía de acuerdo con el peso de la pieza a enviar y el país del destinatario, pero comienza en $15. Consulte con la oficina de correos en su loca-lidad para que le determinen la tarifa de acuerdo con sus necesidades.

Es importante mencionar que el Servicio Postal de los Estados Unidos se responsabiliza con la pieza postal enviada únicamente mientras la misma permanezca en el país. Una vez que sea entregada al servicio postal del país destinatario, su responsabilidad –evidentemente– cesa, debido a que no puede ejercer control sobre la misma.

LOS SERVICIOS ADICIONALES

En la oficina de correos también usted puede obtener una serie de servicios adicionales para complementar el envío de su correspondencia. Estos servicios le proporcionan garantías especiales cuando usted necesita enviar documentos importantes. Por ejemplo:

1
EL RECIBO DE DEPOSITO
(CERTIFICATE OF MAILING)

El **recibo de depósito** constituye una prueba de que el artículo ha sido expedido por correos, pero no constituye un seguro contra daños o extravío del artículo en cuestión, ni prueba de que el envío ha sido entregado al destinatario. En la oficina de correos donde se deposita el envío no se mantiene una constancia al respecto, y tampoco se obtiene un recibo una vez que el envío es entregado a su destinatario.

La tarifa por este servicio –además del franqueo que usted desee– es $0.60.

2
EL CORREO CERTIFICADO
(CERTIFIED MAIL)

El **comprobante de envío** que la oficina de correos le entrega cuando usted obtiene este servicio constituye prueba del envío y de la entrega de la correspondencia. El remitente recibe un comprobante al depositar el envío y la oficina de correos del destinatario mantiene una constancia de la entrega.

La tarifa por este servicio (además del franqueo) es U.S.$1.40. Además, por un cargo adicional (U.S.$1.25), el remitente puede pedir un **aviso de recibo** (**RETURN RECEIPT**) que sirve de comprobante de la entrega. Este servicio se ofrece solamente para el *correo de primera clase* y el *correo prioritario* (no se ofrece con los envíos al extranjero).

3
EL CORREO REGISTRADO
(REGISTERED MAIL)

El **servicio de correo registrado** es el más seguro que ofrece el Servicio Postal norteameircano, y su propósito es proporcionar protección suplementaria para los envíos importantes y valiosos. Los envíos registrados se transportan bajo medidas de seguridad –muy estrictas – desde el punto de expedición hasta la oficina de entrega. Considere las siguientes tarifas:

■ Para los envíos dentro de los Estados Unidos se necesita el franqueo de *primera clase* o de *correo prioritario,* y es posible asegurarlos por un máximo de $25,000.

■ Los envíos al Canadá se pueden asegurar por $1,000.

■ Para los demás países por un máximo de $42.30.

La tarifa por este servicio es de $6 (además del franqueo), y el seguro requiere un pago adicional que depende del valor del envío (usted debe declararlo al rellenar el formulario correspondiente). Además, por un cargo adicional ($1.25), también puede pedir un *aviso de recibo* que le servirá como comprobante de la entrega.

4
LA ENTREGA RESTRINGIDA
(RESTRICTED DELIVERY)

En algunos casos, es posible que usted desee que la correspondencia se le entregue a una persona en particular. El **servicio de entrega restringida** le permite identificar a esa persona, y el envío solamente se le entregará al destinatario que usted especifique.

La tarifa por este servicio es $2.75 (además del franqueo), y sólo se ofrece con el *correo certificado,* el *correo registrado,* y con un envío asegurado por más de $50.

SERVICIOS ADICIONALES
QUE LE OFRECE
EL SERVICIO POSTAL

Para la conveniencia del público, el Servicio Postal de los Estados Unidos provee otros servicios sumamente importantes, detallados a continuación:

1
DEVOLUCION DE MERCANCIAS

Con el **servicio de devolución de mercancías**:

■ El destinatario puede devolver un envío con el franqueo pagado por el remitente, mediante una etiqueta especial que se coloca en el paquete. Muchas **compañías que venden mercancía por correos** (**MAIL ORDER**) utilizan este sistema, y usted sólo necesita llevar el paquete a la oficina de correos más cercana y entregarlo a uno de los empleados en las ventanillas de ventas.

■ Si el remitente no le proporciona la etiqueta especial, entonces usted sí debe pagar por el franqueo.

MUY IMPORTANTE: El envío de **mercancías no solicitadas** (**UNSOLICITED MERCHANDISE**) está prohibido por ley federal de los Estados Unidos. Es más:

Las mercancías que no hayan sido solicitadas y que se envíen infringiendo el Código de Estados Unidos se consideran "obsequios" y no imponen al destinatario ninguna obligación con respecto al remitente.

Si usted recibe cualquier tipo de mercancía que no haya solicitado, e infringen las leyes federales del país, escriba una carta explicatoria y envíela a la **Oficina de Protección del Consumidor**:

**Bureau of Consumer Protection
Federal Trade Commission
Washington, D.C. 20580-0001**

2
LAS TARJETAS DE CREDITO Y DE DEBITO

Para mayor conveniencia de los clientes, en todas las oficinas de correos se aceptan en la actualidad las tarjetas de crédito y de débito para las transacciones pequeñas.

3
LA COMPRA DE ESTAMPILLAS POR CORREO (STAMPS BY MAIL) Y POR OTROS MEDIOS

Usted puede **comprar por correo** estampillas, tarjetas postales ya franqueadas, y sobres franqueados utilizando el **formulario 3227** que su cartero le puede proporcionar. Lo único que debe hacer es rellenar el formulario, adjuntar un cheque o un giro postal por la cantidad de su compra, y entregarlos al cartero o depositarlos en un buzón. El servicio es gratuito, y usted recibirá su pedido en menos de una semana. También se pueden comprar las **estampillas por teléfono** mediante el uso de una tarjeta de crédito. Solamente llame gratis –en cualquier momento– al número siguiente:

1-800-782-6724

El Servicio Postal le cobrará un pequeño recargo por este servicio, basado en el valor total del pedido.

También en muchas oficinas de correos usted encontrará **máquinas de auto-servicio** que venden estampillas y productos franqueados, y en algunos lugares hay balanzas que indican la tarifa de los paquetes postales.

4
EL MAILGRAM

Mailgram es un servicio de trasmisión de mensajes electrónicos que ofrece la empresa **Western Union** y permite al Servicio Postal norteamericano entregar –al día siguiente– los mensajes que hayan sido dirigidos a cualquier dirección en los Estados Unidos o en el Canadá. Para este servicio debe llamar directamente a *Western Union* por teléfono y dictarle su mensaje a la operadora.

5
LOS GIROS POSTALES
(MONEY ORDERS)

Nunca envíe dinero en efectivo por correo. Los **giros postales** (**MONEY ORDERS**) ofrecen un medio seguro para remitir dinero, y representan una alternativa –en ciertas ocasiones– al uso de los cheques personales. Todas las oficinas de correos venden *giros postales* –nacionales e internacionales– por un máximo de 700 dólares.

En caso de robo o extravío, el *giro postal* puede reemplazarse mediante la presentación del recibo correspondiente al administrador de correos de la localidad donde usted resida. La tarifa por este servicio es $0.80 por cada giro postal extraviado.

6
SOLICITUD
DE PASAPORTES

Si usted ya es ciudadano de los Estados Unidos, puede presentar su solicitud para obtener su pasaporte en más de 1,200 oficinas de correos en todos los Estados Unidos. Conforme a las normas del Departamento de Estado, el solicitante de un pasaporte nuevo debe presentar los siguientes elementos, conjuntamente con su solicitud:

- 2 fotografías de 2 X 2 pulgadas.
- Un documento de identidad válido.
- 1 copia certificada de su partida de nacimiento (si nació en los Estados Unidos).
- Su carta de naturalización (que lo acredita como ciudadano de los Estados Unidos).

Además, debe pagar el cargo correspondiente: en efectivo, con un cheque personal, o mediante un giro postal (vea la página 351).

7
FILATELIA

La filatelia es un pasatiempo apasionante y entretenido que no requiere ningún conocimiento específico ni equipo costoso. Las estampillas ilustran prácticamente todos los temas de interés general y –en muchos casos– constituyen una magnífica inversión.

Usted puede adquirir estampillas y sobres pre-franqueados nuevos y de emisión reciente en las oficinas de correos. El Servicio Postal también vende productos filatélicos de mucho interés para los coleccionistas. Si desea un catálogo gratuito de los productos filatélicos, escriba directamente a:

Stamp Fulfillment Services
U.S. Postal Service
P.O. Box 419424
Kansas City, MO 64179-0997

LOS SERVICIOS AL CONSUMIDOR

RECLAMOS

Si se extravían artículos enviados por correo asegurado, certificado, expreso, o registrado, o si sufren algún daño, usted puede reclamar un reembolso del Servicio Postal. La oficina de correos le puede proporcionar el **formulario de reclamo (CLAIM FORM)** apropiado a su situación, y usted debe presentar también determinados documentos, como el recibo original del envío y un comprobante de su valor. El personal en la oficina de correos le puede orientar.

ENVIOS DE MATERIAL PORNOGRAFICO (O INDESEABLE)

La ley federal de los Estados Unidos prohíbe el envío por correos de determinados materiales no solicitados o indeseables, como todo aquello que resulte obsceno, que incite a la violencia, y algunos tipos de correspondencia relacionados con las loterías estatales.

Si usted desea añadir su nombre a la lista del Servicio Postal de personas que no desean recibir ese tipo de correspondencia, debe rellenar el **formulario 1500 (APPLICATION FOR LISTING AND/OR PROHIBITORY ORDER)** y entregarlo a cualquier administrador de correos. Treinta días después, cualquiera que le envíe ese tipo de material ofensivo puede ser sometido a sanciones civiles y penales. Su nombre permanecerá en esta lista por cinco años.

CAPITULO 27

MEDICARE: EL PROGRAMA DE ATENCION MEDICA DE LOS ESTADOS UNIDOS

El **programa de atención médica** de los Estados Unidos recibe el nombre de **MEDICARE**. Se trata de un seguro médico del gobierno federal para las personas de 65 años (o mayores), que residen en el país, ya sean ciudadanos norteamericanos o solamente residentes legales. Es decir, usted, como residente, tiene los mismos derechos que un ciudadano de los Estados Unidos para participar en este programa médico, pero es fundamental que tenga disponible toda la documentación que acredite su residencia legal en el país.

Lo mismo que sucede con cualquier otro tipo de seguro, el **Medicare** –aparte de las regulaciones sobre cobertura y cómo aprovechar los beneficios que ofrece– tiene algunas limitaciones y derechos básicos que todo residente de los Estados Unidos debe conocer:

■ Las limitaciones se refieren a que el programa no cubre la totalidad de los gastos médicos y de hospitalización en que incurra el paciente. Tampoco cubre todos los servicios médicos, pero es posible que usted obtenga una protección médica mayor y la ayuda para sufragar los

costos médicos que el **Medicare** no cubre.
- Los derechos básicos se refieren a la protección y servicios a que usted tiene derecho como paciente del **Medicare**. Además, le ofrece opciones sobre cómo recibir esos servicios.

En este capítulo le ofrecemos la información necesaria sobre el **Medicare**: quiénes son elegibles, cómo y cuándo solicitar participar en el programa, la cobertura que ofrece, las opciones, dónde obtener información adicional y planes disponibles, así como pagos correspondientes (en caso de que se requieran).

¿QUE ES EL MEDICARE?

Es un programa de seguro para el cuidado de la salud al que pueden acogerse todas las personas de 65 años (o mayores), ciertas personas incapacitadas menores de 65 años, y personas que sean víctimas de una enfermedad incapacitante de los riñones y que se encuentre ya en su etapa final.

¿QUIENES SON ELEGIBLES?

Usted es elegible para participar en el programa **Medicare**:

- Si usted o su cónyuge han trabajado por lo menos 10 años en empleos que se encuentran cubiertos por el **Medicare**, tiene 65 años de edad (o más), y usted es ciudadano o residente permanente de los Estados Unidos.
- También son elegibles determinadas personas incapacitadas, aunque aún no hayan cumplido los 65 años.
- Igualmente, son elegibles quienes padecen de enfermedades crónicas de los riñones.

El **Medicare** consta de dos partes o tipos de cobertura:

- La **PARTE A**, que cubre el seguro de hospitalización.
- La **PARTE B**, que cubre el seguro médico.

(Más adelante encontrará los detalles sobre cada una).

Usted es elegible para la **PARTE A** del **Medicare**, sin pagar primas por el seguro, si cumple con los siguientes requisitos:

- Tiene 65 años (o más), o si es menor de 65 años y padece enfermedades crónicas de los riñones.
- Usted ya está recibiendo los beneficios de jubilación del **Seguro Social (SOCIAL SECURITY)**.
- Usted tiene derecho a los beneficios de jubilación del *Seguro Social,* pero todavía no ha presentado su solicitud para empezar a recibirlos.
- Usted (o su cónyuge) han trabajado para el gobierno en empleos que se encuentran cubiertos por el **Medicare**.

Los empleos cubiertos por el **Medicare** son aquéllos en los que el empleador retiene de su sueldo la parte correspondiente al pago del impuesto del *Seguro Social* y del **Medicare** que usted debe pagar, y la envía directamente a esos programas agregando la parte que le corresponde pagar como empleador.

Usted es elegible para la **PARTE B** del **Medicare** si decide acogerse a los beneficios del seguro médico que brinda el plan. Es decir, es una opción que le ofrece el **Medicare** para que usted determine si desea o no este tipo de cobertura. Para el seguro de la **PARTE B** usted tendrá que pagar una prima mensual que se deduce de la cantidad que usted recibe del *Seguro Social* por jubilación. Esta prima es de $45.50 (según el último año para el que existen cifras disponibles), pero la suma puede variar anualmente.

COMO SOLICITAR EL MEDICARE

Existen dos formas para inscribirse en el **Medicare:**

■ La primera, cuando la persona queda inscrita en el seguro automáticamente.
■ La segunda cuando es preciso solicitar la inscripción.

1
LA INSCRIPCION AUTOMATICA

■ Si usted no ha cumplido aún los 65 años de edad, pero ya está recibiendo una pensión del *Seguro Social,* no es necesario que solicite los

MUY IMPORTANTE: En caso de dudas sobre su elegibilidad para los beneficios del **Medicare**, o desea solicitarlo, puede llamar al **teléfono 1-800-772-1213**, o acudir personalmente a las oficinas del **Seguro Social** (**SOCIAL SECURITY**) en el lugar donde usted reside.

beneficios del **Medicare** porque le inscribirán automáticamente unos tres meses antes de cumplir 65 años –tanto en la **PARTE A** (el seguro de hospitalización) como en la **PARTE B** (el seguro médico)– y le enviarán su tarjeta del **Medicare**. Si usted no desea la **PARTE B**, siga las instrucciones que recibirá conjuntamente con la tarjeta del **Medicare**.

■ Es posible que usted reciba una pensión del *Seguro Social* antes de cumplir 65 años si ha solicitado, y le han concedido, un retiro anticipado de acuerdo con los requisitos que exige el *Seguro Social*.

■ Si usted está incapacitado, también queda inscrito automáticamente en el **Medicare**, tanto en la **PARTE A** como en la **PARTE B**. En este caso, comenzará a recibir los beneficios del **Medicare** después de 25 meses consecutivos de incapacitación. La tarjeta del seguro la recibirá por correos tres meses antes de que tenga derecho a participar en el programa.

2
LA SOLICITUD DE INSCRIPCION

Las personas que no reciben pagos de pensión del *Seguro Social* y las que continúan trabajando después de cumplir los 65 años de edad, deben solicitar su inscripción en el **Medicare**.

■ Cuando usted no recibe pagos de pensión del *Seguro Social,* tres meses antes de cumplir 65 años, o si usted requiere diálisis regularmente o un trasplante de riñón, es preciso que solicite su inscripción en el **Medicare**. Este es el comienzo del período de siete meses para inscripción en el programa. Por lo tanto, si usted presenta su solicitud con el tiempo necesario evitará demoras en los trámites de la **PARTE B** (seguro médico).

Para solicitar su inscripción acuda a cualquier oficina del *Seguro Social* en el lugar donde usted vive y allí le indicarán cómo tramitar su caso.

Si usted no se inscribe en ese período de siete meses, tendrá que esperar al próximo período de inscripción el cual se mantiene abierto desde el 1ro de enero al 31 de marzo, todos los años. La cobertura de la **PARTE B** del **Medicare** comenzará el mes de julio próximo.

Recomendación: no demore la inscripción en el **Medicare** si ha decidido participar en este programa. Considere que si espera más de 12 meses para inscribirse, es muy posible que las primas sean más altas (la **PARTE B** del programa aumenta un 10% por cada mes que usted haya demorado en hacer su solicitud). Si tuviese que pagar alguna prima en la **PARTE A**, el incremento en las primas sería el 10% (sin aumentos progresivos por los meses de demora).

En caso de que usted continúe trabajando después de cumplir los 65 años:

■ Debe inscribirse en la **PARTE A** del **Medicare** pues este paso le ayudará a pagar los servicios que no cubra el seguro que le ofrece la empresa para la cual trabaja.

■ En cuanto a la **PARTE B**, debe indagar primero si le conviene hacerlo pues es posible que anule los servicios de otros seguros que pueda usted tener en esos momentos.

SU TARJETA DEL MEDICARE

Una vez que usted se inscriba en el **Medicare**, recibirá una tarjeta con su nombre y número de inscripción impresos, una información que debe aparecer en todos los formularios que detallan los servicios prestados por el seguro. También aparecen impresos el tipo de cobertura que usted tiene (**PARTE A**, **PARTE B**, o ambas) y la fecha en que comienza la cobertura del seguro.

Cada vez que usted acuda a solicitar servicios médicos debe presentar esta tarjeta para evitar confusiones y asegurar que el **Medicare** reciba la reclamación para el pago correspondiente al servicio que ha sido recibido por usted. Si la persona está casada, cada uno de los cónyuges debe presentar su tarjeta individual para que se procesen los servicios prestados a cada uno bajo el número y nombre correspondientes.

OPCIONES SOBRE PLANES

El **Medicare** le ofrece opciones con respecto a la forma de recibir los servicios de salud que ofrece; es decir, bajo el plan original del **Medicare** o bajo planes de servicios que son administrados por el **Medicare**.

■ **EL PLAN ORIGINAL DEL MEDICARE.** Disponible en cualquier parte de los Estados Unidos donde usted resida. Esta es la forma en que la mayoría de las personas reciben los servicios de salud que brinda el seguro bajo las **PARTES A** y **B**. De acuerdo con este plan, usted puede ser atendido por cualquier médico, especialista, u hospital que acepte el **Medicare**. El **Medicare** pagará la parte que le corresponde (de acuerdo con la cobertura del seguro) y usted pagará el resto.

Los medicamentos recetados por el médico no están cubiertos ni algunos otros renglones de los servicios prestados.

■ **LOS PLANES DE SERVICIOS ADMINISTRA-DOS POR EL MEDICARE.** Son los servicios de salud del **Medicare** administrados por empresas privadas. Es una manera diferente de obtener los servicios de salud del **Medicare**. Si usted tiene **Medicare** y opta por los servicios administrados, la empresa que usted elija tiene derecho a decidir qué planes estarán disponibles para los pacientes del **Medicare** dentro de un Estado o que sólo puede ofrecerse en determinados condados. También puede ofrecer más de un plan en un área determinada, con beneficios y costos diversos

Cada año las empresas de servicios de salud administrados deciden si quieren seguir atendiendo a los pacientes del **Medicare** o si prefieren retirarse de la administración de servicios de la salud.

En caso de que usted opte por una empresa privada de servicios administrados para su seguro del **Medicare**, esa empresa deberá entregarle una tarjeta con su número de miembro y nombre del plan al cual usted pertenece.

MUY IMPORTANTE: Cuando ingresa en un plan de salud administrado por el **Medicare**, usted:
■ Todavía pertenece al programa **Medicare**.
■ Debe seguir pagando la prima mensual de la **PARTE B**.
■ Mantiene sus derechos y protección del **Medicare**.
■ Aún recibirá sus servicios normales cubiertos por el **Medicare**.

No importa la forma en que usted reciba los servicios de salud bajo el programa **Medicare**, usted siempre estará participando de los beneficios del programa **Medicare**.

Usted puede ingresar a un **plan de salud administrada del Medicare** bajo las siguientes condiciones:

■ Si usted tiene la **PARTE A** (seguro de hospitalización) y la **PARTE B** (seguro médico).

■ Si usted no padece de una enfermedad renal en la etapa final (paro permanente de los riñones con diálisis y trasplante, por ejemplo). Puede permanecer en el plan si desarrolló esa condición cuando ya pertenecía al plan.

■ Si usted reside dentro del área de servicio del plan; es decir, la zona dentro de la cual el plan acepta miembros, y en donde usted puede obtener servicios por medio del plan. En todo caso, si usted pertenece a uno de estos planes, deberá recibir información completa sobre los servicios médicos, de hospitalización, condiciones, pagos y sobre sus derechos y obligaciones como asociado.

Es importante asegurarse de que el *plan de salud administrada del* **Medicare** que usted elija preste los servicios de salud que usted realmente necesita, los médicos y hospitales que atiendan sus problemas de salud, y que le informen con respecto a cualquier costo en que deba incurrir sobre los servicios prestados.

De cualquier forma, usted tiene la opción de retirarse del *plan de salud administrada*. En ese caso, quedará cubierto por el **Plan Original**.

¿CUALES SON LOS BENEFICIOS QUE LE OFRECE EL MEDICARE?

Como hemos mencionado, la cobertura del seguro de salud que ofrece el **Medicare** está dividida en dos tipos de seguros: **PARTE A** (seguro de hospitalización), y la **PARTE B** (seguro médico). Es importante tener presente que el **Medicare** –a diferencia de lo que muchas personas pudieran pensar– no paga el total del costo de los servicios que hayan sido prestados bajo ninguna de las dos partes del programa.

PARTE A
(Seguro de Hospitalización)

El **Medicare** paga una parte de la atención recibida en hospitales, centros de enfermería especializada, hospicios, y cubre determinados tipos de cuidados en el hogar. Usted paga el resto.

■ La mayoría de los pacientes del **Medicare** no tiene que pagar una cuota mensual para recibir los servicios de la **PARTE A**. Esto se debe a que usted (o su cónyuge, en caso de matrimonios) pagó el impuesto del **Medicare** durante los años que trabajó.

■ Si usted o su cónyuge no pagó estos impuestos durante los años trabajados, es posible que todavía pueda obtener la cobertura de la **PARTE A**.

■ Para saber si usted está bajo esa cobertura, examine su tarjeta blanca, azul y roja del **Medicare** y compruebe si en la esquina inferior de la tarjeta dice **PART A (HOSPITAL INSURANCE)**.

■ En caso de duda, llame directamente a las oficinas del *Seguro Social* del lugar donde resida para que le informen al respecto.

Este seguro cubre la estadía en el hospital, pero no incluye enfermería privada, habitación privada, y otros servicios considerados adicionales, a menos que sean necesarios por razones médicas. La cobertura en instituciones siquiátricas por razones de salud mental se limitan a 190 días (por vida).

Como los **costos de servicios hospitalarios** varían y también puede cambiar el monto de la cobertura por el seguro de hospitalización del **Medicare**, los datos siguientes constituyen, únicamente, un ejemplo para que tenga una idea de la suma que deberá pagar usted; es decir, el porciento del total o los servicios que el **Medicare** no cubre.

Por cada período de beneficios usted hubiese pagado lo siguiente:

■ Un total de $768 por la estadía en un hospital entre 1 y 60 días.

■ $192 por día, para cubrir los días 61 a 90 de estadía en el hospital.

■ $384 por día, para los días 91 a 150 de estadía en un hospital.

■ Costo completo por cada día por encima de los 150 días.

Para información exacta sobre los pagos que le corresponden en los servicios cubiertos por este seguro: hospital, enfermería especializada, cuidados de salud en el hogar, cuidados de hospicio, medicinas, sangre, co-pagos, deducciones, etc. infórmese en las oficinas del *Seguro Social* del lugar donde reside.

PARTE B
(Seguro Médico)

El **Medicare** contribuye a sufragar los servicios médicos, atención hospitalaria ambulatoria, y otros servicios médicos no cubiertos en la **PARTE A**. Por ejemplo: terapia física y ocupacional y ciertos servicios de salud en el hogar. La **PARTE B** también ayuda a pagar los médicos que son necesarios por la condición médica del paciente.

Para cubrir el **Seguro Médico de la PARTE B** usted deberá pagar una prima mensual que se deduce del pago de su jubilación que recibe del *Seguro Social*. Esta prima varía todos los años, y las nuevas primas se anuncian el 1ro de enero de cada año (la última fue de $45.50 mensuales).

MUY IMPORTANTE:
- Inscribirse en la **PARTE B** es una opción que usted puede elegir o no.
- La prima a pagar, cuando no es deducida de los pagos de su pensión, el **Medicare** le enviará una cuenta cada tres meses. Esta cuenta deberá ser pagada a su recibo.

LOS SERVICIOS QUE CUBRE LA PARTE B:
Los servicios médicos que cubre la **PARTE B** son los siguientes:
- Visitas al médico (excepto exámenes físicos de rutina).
- Servicios y suministros médicos externos y quirúrgicos.
- Exámenes para diagnósticos.
- Cargos de centros de cirugía ambulatoria para procedimientos aprobados.
- Equipo médico permanente (sillas de ruedas, camas de hospital, oxígeno y andadores especiales para apoyo al caminar).
- También cubre terapia física y ocupacional externa, incluyendo terapia vocal y servicios de salud mental.

Como los costos varían, no son regidos por una tabla que le indique el monto del servicio para que pueda calcular la parte proporcional que usted deberá cubrir. Los datos a continuación son los costos más recientes; los mismos le servirán para darle una idea de los gastos que deberá cubrir por cada período de beneficios.

- $100 deducibles (pagar una vez por año calendario).
- 20% del monto aprobado después de la suma deducible, excepto en el contexto ambulatorio.
- 20% de $1,500 por todo servicio ambulatorio de terapia física y vocal. El paciente deberá pagar todos los gastos por encima de los $1,500.
- 50% de la mayoría de los servicios de salud mental y externos.

En cuanto a otros servicios cubiertos por la **PARTE B** (tales como análisis clínicos, cuidado especializados en el hogar, atención hospitalaria en servicio externo, diagnóstico o heridas, sangre, medición de la densidad de los huesos, examen para detectar el cáncer de colon, control de la diabetes, mamografías, pruebas Papanicolau y examen pélvico, examen para detectar el cáncer de la próstata y vacunas) tampoco se rigen por una tabla fija.

En algunos casos, estos servicios se ofrecen sin costo alguno para el paciente. En otros, se requiere un co-pago o una cobertura por parte del paciente equivalente al 20% del total. Estas condiciones están sujetas a cambios. Ahora bien, las vacunas –como servicio preventivo– se ofrecen sin costo alguno; toda persona que reciba los beneficios del **Medicare** está cubierta para recibir inmunizaciones gratis.

¿QUE CUBRE EL MEDICARE?

La cobertura de la **PARTE B (Seguro Médico)** ayuda a pagar los siguientes servicios relacionados con la atención médica:

- Servicios de ambulancia (cobertura limitada).
- Brazos, piernas y ojos artificiales.
- Abrazaderas para los brazos, piernas, espalda y cuello.
- Servicios quiroprácticos (limitado).
- Atención de emergencia.

- Anteojos (un par después de la cirugía de cataratas).
- Diálisis y trasplantes de riñón.
- Suministros médicos, como bolsas para ostomía, vendas quirúrgicas, tablillas, yesos y ciertos suministros para diabéticos.
- Medicinas recetadas para pacientes externos (muy limitado).
- Servicios preventivos (vacunas, etc.).
- Prótesis, incluyendo prótesis del seno después de mastectomía (en la mujer).
- Servicios de practicantes, tales como sicólogos, trabajadores sociales, enfermeras practicantes.
- Trasplantes: corazón, pulmón e hígado (bajo ciertas condiciones).
- Rayos-X y otros exámenes para llegar a diagnósticos.

SERVICIOS Y GASTOS QUE
NO SON CUBIERTOS POR EL MEDICARE

El **Medicare** no lo cubre todo. Usted tendrá que pagar la totalidad (o parte) de los gastos y servicios que no están cubiertos por la **PARTE A** ni por la **PARTE B** del **plan original del Medicare**.

La lista a continuación es una relación de gastos y servicios que no son cubiertos por el programa, los cuales usted deberá pagar. Es importante mencionar que hay otros servicios y gastos que tampoco son cubiertos por el **Medicare** y que no aparecen incluidos en la siguiente lista:

- Su prima mensual de la **PARTE B**.
- Deducibles, co-seguros, co-pagos cuando usted recibe servicios de salud.
- Medicinas recetadas para pacientes externos (con muy pocas excepciones).
- Exámenes de rutina o anuales.
- Vacunas, excepto aquéllas que son aprobadas como parte de la Medicina Preventiva.
- Zapatos ortopédicos.
- Cuidado de custodio en el hogar o en un asilo para ancianos, que ayude a bañar, vestir y a comer al paciente.
- La mayoría de los servicios dentales y de dentaduras postizas.
- Cuidado rutinario de los pies.
- Aparatos para sordos.

- Cuidado rutinario de los ojos.
- Servicios médicos durante viajes fuera de los Estados Unidos (excepto en circunstancias muy especiales).
- Cirugía cosmética.

Además, existen límites fijos para cada año calendario sobre los servicios de terapia física ambulatoria y ocupacional, excepto los que usted reciba en la consulta externa del hospital. El **plan original del Medicare** cubre ciertos tipos de cuidados preventivos, pero no todos.

AYUDA ADICIONAL PARA PAGAR SUS GASTOS MEDICOS

Para pagar los gastos no cubiertos por el **Medicare** usted puede conseguir ayuda de otros planes del *Seguro Social,* inscribirse en un HMO, y obtener beneficios adicionales. También puede (y debe) averiguar si reúne usted los requisitos para incorporarse a los planes de salud que ofrece el Estado donde usted vive, así como adquirir una poliza de seguro que cubra la porción de los costos que no es cubierta por el **Medicare**... y que usted debe pagar.

EL SEGURO DE INGRESO SUPLEMENTARIO

El Seguro Social tiene un programa conocido por la sigla en inglés **SSI** (de **SUPPLEMENTAL SECURITY INCOME** o **Seguro de Ingreso Suplementario**), cuyos beneficios pueden obtener las personas de bajos recursos económicos que hayan cumplido los 65 años (o más), así como los ciegos y personas minusválidas. Si usted reúne los requisitos para recibir este tipo de ayuda, le enviarán un pago mensual por la cantidad que determine su condición económica, sus gastos, y los recursos de que dispone. Además, es muy posible que pueda recibir **sellos para alimentos** (**FOOD STAMPS**) e incorporarse al plan del **Medicaid** (vea el capítulo siguiente) que ayuda a pagar los gastos de médicos y hospitales.

En todos los Estados de los Estados Unidos el pago básico suplementario del **plan SSI** es el mismo:

- $500 para una persona.
- $751 para un matrimonio.

Sobre estas cantidades se hacen los ajustes de acuerdo con los demás ingresos que la persona pueda tener.

MUY IMPORTANTE: Esta ayuda se solicita en las oficinas del *Seguro Social* de su zona y para ello es preciso mostrar recibos de gastos de mantenimiento y vivienda, facturas de compra de medicamentos, de pagos y co-pagos en los servicios médicos, etc. Es aconsejable que antes de presentar su solicitud, obtenga en la oficinas del *Seguro Social* la información sobre los requisitos que exige el plan para ser elegible y obtener los beneficios del mismo. Esta medida es importante debido a que las condiciones suelen cambiar.

LA AYUDA ESTATAL

Además de los beneficios que ofrece el **Medicare**, que es un plan federal del gobierno de los Estados Unidos, cada Estado tiene un **Departamento de Salud Pública** (**DEPARTMENT OF PUBLIC HEALTH**) que ofrece planes de salud y de ayuda a los residentes del Estado. Para información sobre estos planes en el Estado donde usted reside, visite las oficinas del gobierno estatal.

MUY IMPORTANTE: Aparte de los planes para ayuda adicional mencionados, usted puede adquirir una póliza de seguro que cubra los gastos médicos y de hospital que no están cubiertos por el **Medicare**. Existen muchos tipos de empresas privadas que venden estas pólizas. Tienen condiciones y limitaciones (como cualquier otro seguro) y es importante asesorarse antes para determinar cuál es la que más le conviene.

CAPITULO 28

MEDICAID: AYUDA MEDICA PARA LOS RESIDENTES DE INGRESOS BAJOS

El Medicaid es un plan de servicios médicos y ayuda relacionada con problemas de salud. Lo ofrece el gobierno de cada Estado a los residentes de bajos ingresos de su Estado que son elegibles para recibir los beneficios del plan (financiado por fondos del gobierno federal y del gobierno estatal).

Millones de residentes en los Estados Unidos reciben esta formidable ayuda para cubrir sus gastos médicos, pero es importante aclarar que los requisitos, regulaciones, y procedimientos de este programa son en extremo complejos (además de que pueden variar con frecuencia). Debido a ello, nuestra recomendación es que obtenga una orientación general en este capítulo, considere si es usted (o su familia) elegible para este programa de ayuda, y entonces se dirija a las oficinas del **Seguro Social** de la ciudad donde resida (o al Departamento que le indiquen) para que personalmente pueda obtener una información que se ajuste más a su caso individual.

Aunque existen diferencias entre los Estados en cuanto a determinadas regulaciones del plan, básicamente son las mismas. Considere que:

■ El **Medicaid** ofrece una ayuda a dos grupos de personas: los niños y las familias de bajos ingresos, los ancianos, los ciegos, y los individuos incapacitados.

Para ser elegible y participar del **Medicaid**, es requisito fundamental que los ingresos y recursos del solicitante estén dentro de los límites fijados por el plan para justificar la ayuda. Estos límites varían según los servicios dentro de cada grupo y también entre uno y otro Estado.

¿QUIENES SON ELEGIBLES PARA OBTENER LOS BENEFICIOS DEL MEDICAID?

Los requisitos para determinar si una persona es elegible para obtener los beneficios del **Medicaid** los determina el *Seguro Social,* conjuntamente con un Departamento del gobierno estatal. Por ejemplo, en el Estado de la Florida el **Medicaid** está bajo el **Departamento de**

Niños y Familias (DEPARTMENT OF CHILDREN AND FAMILIES) que funciona con el *Seguro Social.*

El gobierno estatal mantiene oficinas en distintas zonas del Estado para atender todo lo referente al **Medicaid**. En estas oficinas usted puede obtener todo tipo de información sobre los servicios que necesita y los oficiales del *Seguro Social* comprobarán si usted reúne los requisitos para incorporarse al programa.

¿QUE SERVICIOS OFRECE EL MEDICAID?

Los servicios que indicamos a continuación son los que ofrece el **Medicaid** a las personas en cada uno de los dos grupos elegibles (**GRUPO I** y **GRUPO II**). Esta es una información general y es posible que existan algunas diferencias entre un Estado y otro, o que algunos de los beneficios no estén disponibles en todos los lugares que prestan servicios del **Medicaid**.

GRUPO I
AYUDA A FAMILIAS Y A NIÑOS

- Servicio de emergencia del **Medicaid** para extranjeros. Son los servicios de emergencia prestados a extranjeros que llenen los requisitos exigidos por el plan para recibir ayuda, sin exigir los referentes a ciudadanía o a condición legal como extranjero en el país.
- Cuidados de hogar sustituto, subsidio para adopción y refugio de emergencia. Para niños dependientes bajo el cuidado y control del gobierno y para niños que presenten problemas médicos especiales cuya adopción fue respaldada por el Estado o por una agencia privada para adopción.
- Familias de bajos ingresos y familias con el padre (o madre) incapacitado o desempleado.

■ Ampliación del **Medicaid** aprobada por los departamentos conocidos por la sigla **SOBRA (MEDS)**. Incluye a niños hasta la edad de 19 años, así como a las mujeres embarazadas.

■ Medicaid para adolescentes. Comprende a los niños hasta la edad de 19 años nacidos antes de octubre 1ro de 1983, y que tienen ingresos de un 100% por debajo del nivel de pobreza fijado por el gobierno federal.

■ Los necesitados de atención médica. Cubre a las personas cuyos ingresos son altos y por ello no pueden participar de otros programas del **Medicaid**, pero que todos los meses deben pagar una cantidad elevada por concepto de medicamentos. En estos casos, la ayuda se revisa mensualmente.

■ Asistencia médica pública, para los niños de familias establecidas y a niños nacidos después del 30 de septiembre de 1983 que no viven con sus familiares.

GRUPO II
ANCIANOS, CIEGOS E INCAPACITADOS
(Relacionado con la
Ayuda Suplementaria del Seguro Social)

■ **Ingreso Suplementario Asegurado (SUPPLEMENTAL SECURITY INCOME o SSI)**. La elegibilidad la determina el *Seguro Social* y una vez que se haya aprobado su solicitud a través del Seguro Social, automáticamentre es elegible para recibir todos los beneficios del **Medicaid**.

Para ser elegible al **SSI** usted debe tener 65 años (o más) de edad, o estar total y permanentemente incapacitado. Además, sus ingresos y recursos no pueden exceder los límites fijados por el Seguro Social para ser elegible.

■ **Medicaid** para ancianos e incapacitados. Cubre a las personas de 65 años (o más), o que estén total y permanentemente incapacitadas. Asimismo, sus ingresos deben ser inferiores al 90% del nivel de pobreza que es fijado por el gobierno de los Estados Unidos. Sus ingresos y recursos tampoco pueden exceder los límites establecidos por el plan.

■ Programa de cuidado en instituciones. Cubre a las personas que requieren cuidados a largo plazo en instituciones u hospicios.

- Pago de la prima de la **PARTE B** del **Medicare** (vea la página xxx). Cubre a las personas inscritas en la **PARTE B** del **Medicare** y que de otra forma no reúnen los requisitos necesarios para solicitar los beneficios del **Medicaid**, a las cuales el plan les paga dicha prima.

- Beneficiarios del **Medicare** que cumplan con los requisitos para incorporarse al **Medicaid**. Las personas que están inscritas, o inscritas condicionalmente, en la **PARTE A** del **Medicare**, que de otra manera no serían elegibles para obtener los beneficios del **Medicaid**, tienen derecho a que el plan les pague las primas del **Medicare**, los costos deducibles, y los seguros adicionales.

- Determinadas personas de bajos ingresos inscritas en el **Medicare**, si sus ingresos están por debajo del 120% del nivel de pobreza fijado por el gobierno federal, y están inscritos en la **PARTE A**. En estos casos el Medicaid les pagará la prima de la **PARTE B** del **Medicare**.

- Los necesitados de atención médica. Cubre a las personas cuyos ingresos son altos y no pueden participar de otros programas del **Medicaid**, pero que todos los meses deben pagar una suma elevada por medicamentos. Esta ayuda se revisa mensualmente.

- Refugiados. Cubre a extranjeros que son elegibles bajo un programa especial de ayuda general.

- A las personas que tienen ingresos entre el 135% y el 175% por debajo del nivel de pobreza fijado por el gobierno federal y están inscritas en la **PARTE B** del **Medicare**. En estos casos, el **Medicaid** les pagará la prima de la **PARTE B** del **Medicare**.

SERVICIOS BAJO EL MEDICAID CON COBERTURA LIMITADA

Los tipos de servicios que indicamos a continuación –aunque se encuentran entre los disponibles para las personas elegibles al **Medicaid**– tienen limitaciones en cuanto a la cobertura.

- Los inmigrantes y extranjeros que viven en los Estados Unidos pero que no cumplan los requisitos de ciudadanía o de residencia aceptable, sólo son elegibles en casos de emergencias.

- Las personas que no son elegibles para programas de cuidados en instituciones debido a transferencia de bienes, pudieran ser elegibles para otros planes de **Medicaid.**

■ Los necesitados de atención médica no son elegibles para los servicios del **Medicaid** en centros de enfermería, para cuidados intermedios con servicios para los incapacitados mentales, ni para los hospitales estatales con servicios para enfermos mentales.

■ Las mujeres embarazadas sólo son elegibles para servicios externos y visitas al médico. Esto les permite acceso al cuidado prenatal mientras el **Departamento de Familias y Niños** comprueba si reúne los requisitos necesarios para recibir los beneficios regulares del **Medicaid.**

Es importante mencionar que los centros de salud que atienden a los pacientes de Medicaid tienen la responsabilidad de verificar la elegibilidad de la persona antes de atenderla.

SEGUROS PARA LOS BEBES

Recientememte algunos Estados han comenzado a ofrecer seguros de cuidados médicos para niños, desde el momento en que nacen hasta los 18 años, siempre que no estén cubiertos por ningún seguro médico, aunque ambos padres estén trabajando. En algunos Estados estos programas se identifican como **KID-CARE** y **MEDI-KIDS.** Las familias que son elegibles para participar en estos programas pagan primas de U.S.$15 (como promedio, mensual) en el caso del **KID-CARE.** En otros programas, es preciso hacer un co-pago por los servicios recibidos.

Por ejemplo, en el estado de Florida el programa **KID-CARE** ofrece cinco opciones:

■ **MEDI-KIDS** para niños, desde que nacen hasta cumplir los 5 años.

■ **HEALTHY KIDS**, para niños entre 5 y 9 años.

■ **CHILDREN MEDICAL SERVICES (Cuidados médicos para niños).** Para niños hasta los 19 años, que necesitan servicios médicos especiales.

■ **Medicaid** para niños menores de 21 años, debido a que el ingreso de la familia los hace elegibles para recibir los beneficios del **Medicaid** bajo el Título XIX.

■ **Medicaid** para adolescentes. Se trata de una ampliación del **Medicaid** de 15 años a 19 años, siempre que el ingreso de la familia esté un 100% por debajo del nivel de pobreza fijado por el gobierno federal.

En todo caso, si usted considera que es elegible para obtener un seguro de salud para los niños, visite las oficinas del **Medicaid** y solicite información sobre los planes que están disponibles en el lugar donde usted reside.

DEDUCIBLES Y SEGUROS ADICIONALES QUE SON PAGADOS POR EL MEDICAID

Si usted está recibiendo los beneficios del **Medicare** (**PARTE A** y **PARTE B**), usted deberá pagar un costo deducible así como los seguros adicionales que el **Medicare** estipula. Ahora bien, si usted también está inscrito en el programa de **Medicaid**, este plan le pagará los siguientes deducibles y seguros adicionales:

■ En la **PARTE A** el **Medicaid** le pagará el deducible del ingreso en el hospital y el seguro sobre los servicios de enfermera calificada en su casa.

■ En la **PARTE B** el **Medicaid** le pagará los deducibles y las primas de los seguros adicionales.

■ Tanto en la **PARTE A** como en la **PARTE B**, el Medicare le pagará los deducibles por la sangre utilizada.

El **Medicaid** no cubre las reclamaciones hechas por servicios que no están cubiertos por el **Medicare**, ni los costos deducibles, ni los seguros adicionales que cubren efectos médicos duraderos que están incluidos en los pagos diarios en las instituciones dedicadas a cuidados de enfermería.

OPCIONES PARA LOS SERVICIOS DEL MEDICAID

Como paciente del **Medicaid** usted tiene la opción de escoger una de las organizaciones contratadas por los gobiernos estatales para administrar los servicios de este programa. Por ejemplo, los **MEDICAL HEALTH MAINTENANCE ORGANIZATIONS** (conocidos internacionalmente por su sigla en inglés, **HMO**)... entre otros.

Estas organizaciones están regidas por leyes estatales y, una vez que el **Medicaid** acepta su solicitud de inscripción, usted tiene 30 días para seleccionar una de esas organizaciones. Si no lo hace en ese plazo de tiempo, la **AGENCY FOR HEALTH CARE ADMINISTRATION** (con la sigla **AHCA**) le asignará a un plan llamado **MEDI-PASS** o a un **HMO**.

Después del primer año usted tiene el derecho de cambiar esta afiliación durante el período abierto para inscripciones. Asimismo, usted recibirá una notificación sobre la fecha del período de inscripción, lo cual le permitirá cambiar de **HMO** si no está conforme con el que tiene en ese momento. Si usted desea información sobre otros centros que administran los servicios del **Medicaid**, llame a las oficinas del **Medicaid** más cercana al lugar donde usted resida.

¿QUE ES UN HMO?

Los **HEALTH MAINTENANCE ORGANIZATIONS** (**HMO**) son organizaciones contratadas por los gobiernos de los Estados para administrar los servicios que ofrece el **Medicaid**.

Es posible que un **HMO** no cubra todos los planes que ofrece el Medicaid, o que no exista uno en determinada ciudad o condado. También es posible que en vez de un **HMO**, exista otro tipo de organización contratada por el Estado para prestar los servicios del **Medicaid** (como **MEDI-PASS**, por ejemplo).

Generalmenete, la mayoría de los condados ofrecen por lo menos dos planes de servicios entre los cuales usted puede escoger aquél que prefiera. El **Medicaid** negocia con cada una de esas organizaciones los servicios que prestarán bajo el contrato. No obstante, los siguientes son siempre parte del acuerdo y usted debe asegurarse de que están cubiertos en el plan que le ofrezca el **HMO** que esté considerando, u otra organización similar, en la cual usted se haya inscrito:

- Examen de salud para los niños.
- Servicio de diálisis en un centro independiente.
- Equipo médico duradero y suministros médicos.
- Servicios de planificación familiar.
- Atención para sordos.
- Servicios de salud en el hogar.
- Hospitales (ingresos, consulta externa y servicios para emergencias).
- Medicamentos por prescripción médica.
- Atención médica (definida a continuación).
- Terapias.
- Atención de la vista.
- Servicio de rayos-X.

Por el término **atención médica** se entienden:

- Servicios que son prestados por médicos licenciados, siquiatras, enfermeros licenciados, asistentes médicos, podiatras, quiroprácticos, un centro de cirugía ambulatoria, una clínica rural para la salud, un centro de salud calificado bajo las regulaciones federales, un centro de maternidad y cuidados pre-natales, y un departamento de atención clínica en el condado.

Además de los servicios anteriores, los **HMO** están obligados a ofrecer programas para el mantenimiento de la salud sobre estos tópicos:

- Ayuda a fumadores que desean abandonar el hábito.
- Prevención y detección sobre el uso de drogas.
- Situaciones de violencia doméstica.
- Embarazos no deseados.
- Cuidados antes y después del parto.
- Atención médica a los niños desde que nacen hasta que cumplen los 5 años de edad.

EL MEDICAID

¿CUALES SON LAS LIMITACIONES DE LOS HMO?

Los servicios de un **HMO** no pueden imponer limitaciones que vayan más allá de las estipuladas por el plan **Medicaid**. Todos los servicios que presten deben estar autorizados previamente por el **Medicaid**, excepto en casos de emergencias, y de los servicios de quiroprácticos, planificación familiar, podiatría y algunos sobre Dermatología, para los cuales usted debe ir al centro que le sea indicado por el **Medicaid**.

¿QUE RESIDENTES NO SON ELEGIBLES PARA OBTENER LOS BENEFICIOS DEL MEDICAID?

No son elegibles para inscribirse en un **HMO** las personas que –como pacientes del **Medicaid**– están recibiendo ya la atención y los servicios que se indican a continuación:

- Si está en un centro de cuidados intermedios para incapacitados mentales, en un hospital estatal para enfermos mentales, en una institución correcional, o participando en un programa de residencia que sea administrado por el Estado.
- Si usted está inscrito en **MEDI-PASS** o **PROVIDER SERVICE NETWORK**, contratadas por el **Medicaid**.
- Los pacientes del **Medicaid** menores de 21 años, inscritos en servicios médicos para niños o que asisten a un centro de servicio pediátrico.
- Los pacientes del **Medicaid** que se hallan ingresados en hospicios o en lugares de vivienda protegida para ancianos, o en proyectos para enfermos de SIDA.
- Los pacientes del **Medicaid** que se encuentran inscritos en el **Medicare** o en un **HMO** privado, o en otro seguro médico de amplia cobertura.
- Los pacientes del **Medicaid** que son elegibles –bajo el **Medicaid**– en la categoría de **Necesitado de atención médica** (**MEDICALLY NEEDY**) o que reúna los requisitos

para ser beneficiario del **Medicare** (vea el capítulo **ME-DICARE**, en la página 354).

OTRAS ORGANIZACIONES QUE ADMINISTRAN EL MEDICAID

Además de los **HMO**, los gobiernos estatales utilizan otras organizaciones para administrar los servicios del **Medicaid**. Estas son opciones que usted tiene para elegir cúal de ellas prefiere en caso de que estén funcionando en el lugar donde usted resida. Entre ellas se encuentran las siguientes:

■ **MEDI-PASS**, mencionada anteriormente. Para inscribirse en algunos Estados, cuando usted no elige una organización en particular.

■ **PROVIDER SERVICE NETWORKS (PSN)**. Son sistemas integrados para el cuidado de la salud, que comprenden hospitales y grupos de médicos. Es una opción que brinda el **Medicaid** a la hora de escoger a dónde usted acudirá para obtener los servicios que ofrece el programa. Los gobiernos estatales son los que aprueban la integración de estos servicios.

Estas organizaciones –lo mismo que los **HMO**– tienen rergulaciones en cuanto a limitaciones, elegibilidad, y tipos de servicios que ofrecen... además de los requeridos por el **Medicaid**.

Usted –como paciente del **Medicaid**– tiene derecho a escoger cuál prefiere y a cambiar si no le satisface el que eligió inicialmente. Para ello:

■ Visite la oficina del **Medicaid** más cercana al lugar donde usted resida y solicite información completa sobre cada uno de los proveedores de servicios contratados por el Medicaid en ese Estado.

Así podrá elegir la organización que más le convenga. También puede obtener evaluaciones sobre los centros que prestan servicios a largo plazo (como hogares para ancianos, por ejemplo), o sobre hogares sustitutos para niños que presenten problemas médicos.

En cuanto a los servicios médicos que brinda el **Medicaid**, es importante que usted tenga presente que existen limitaciones sobre algunos de ellos y que es necesario obtener autorización previa antes de solicitarlos. Con respecto a éstos no existe una lista nacional de servicios limitados que sea aplicable a cualquier lugar donde usted viva. Esto quiere decir que el **HMO** en donde la persona esté inscrita, el **MEDI-PASS** o cualquier otra organización a la que usted pertenezca, deberá informarle si el servco de **Medicaid** que usted está solicitando requiere autorización previa y cómo puede obtenerla.

Muchas personas no aprovechan los beneficios de un servicio sencillamente porque no saben que el mismo está disponible o no han recibido la información necesaria para solicitarlo. La atención médica, los servicios y ayuda que ofrece el **Medicaid** –y que usted puede aprovechar– le resolverán muchos problemas, tanto de salud como económicos. Cada uno de esos renglones tienen limitaciones, excepciones, y requisitos para ser elegible a recibir los beneficios; las organizaciones que administran los servicios del **Medicaid** disponen de esa información sobre los servicios que ofrecen (no siempre todos):

■ En la oficina del **Medicaid** del área donde resida puede obtener la lista completa más reciente. Solicítela y manténgala al día, porque las condiciones varían frecuentemente. También puede obtener información completa sobre programas de cuidados en el hogar para las personas que no pueden estar en instituciones por diversos motivos.

CAPITULO 29

PROGRAMAS DE ASISTENCIA SOCIAL: AYUDA ECONOMICA TEMPORAL PARA PERSONAS NECESITADAS

Aunque la sociedad norteamericana mantiene un firme compromiso con el principio que le impone al individuo la responsabilidad de tomar las decisiones que afectan su vida, y al mismo tiempo le obliga a aceptar sus consecuencias, el gobierno federal y los gobiernos de los cincuenta Estados han adoptado numerosas leyes para ofrecer a sus ciudadanos la orientación y la ayuda necesaria para superar las crisis que inevitablemente se presentan en algunas familias en determinadas circunstancias: desde la ayuda financiera que el gobierno ofrece cuando ocurren desastres naturales (como un huracán, inundaciones o terremotos), hasta los programas de asistencia social a las familias que tienen necesidad económica. En otras palabras:

■ En los Estados Unidos existe protección –con límites, por supuesto– para los ciudadanos más desafortunados.

Este vasto complejo de servicios sociales se conoce como **red de seguridad** (**SAFETY NET** o **WELFARE**).

Los programas de asistencia social varían notablemente de acuerdo con el Estado donde resida el individuo que requiera la ayuda. En todos los casos, el gobierno federal le suministra los fondos a los gobiernos estatales, y éstos se responsabilizan por la administración de los diferentes programas. El Estado muchas veces establece sus propios programas para complementar la ayuda federal, pero en todos los casos, es el Estado el que determina los requisitos necesarios para extender la ayuda financiera que el individuo (o la familia) pueda requerir en un momento dado. Es importante aclarar que estos requisitos son más estrictos en algunos Estados, y más flexibles en otros.

LOS DISTINTOS NOMBRES QUE RECIBEN LOS PROGRAMAS DE ASISTENCIA SOCIAL

Debido al inmenso número de programas de asistencia social que existen en los Estados Unidos, y a las variaciones en los diferentes Estados, es imposible resumir en pocas páginas toda la complejidad del sistema. Además, es importante aclarar que las presiones económicas y políticas ejercen una influencia importante en los presupuestos de los Estados y del gobierno federal, y por lo tanto, los programas evolucionan constantemente para reflejar los sentimientos del público.

En el caso de que usted se encuentre en una situación económica difícil, y si estima que puede justificar su solicitud para recibir ayuda pública, es muy importante que consulte con las agencias estatales que administran estos **programas de asistencia social (WELFARE PROGRAMS)**. La guía telefónica le puede ayudar a identificar estas agencias, que frecuentemente llevan por nombre:

- **SOCIAL SERVICES.**
- **HEALTH AND HUMAN SERVICES.**
- **DEPARTMENT OF CHILDREN AND FAMILIES.**
- **DEPARTMENT OF HUMAN WELFARE.**

EL EJEMPLO DEL ESTADO DE LA FLORIDA

A manera de ejemplo de un programa de asistencia social realmente efectivo vamos a examinar las diferentes formas de ayuda que ofrece el Estado de la Florida, un punto de entrada importante para muchos de los nuevos residentes que llegan a los Estados Unidos procedentes de América Latina. Pero enfatizamos:

- Cada Estado establece y administra sus propios programas de asistencia social, aunque el ejemplo de la Florida puede ser considerado afín al de muchos otros Estados.

MUY IMPORTANTE: Si usted se encuentra en una situación económica difícil, consulte con las agencias de ayuda social en el Estado donde resida; estas agencias le pueden orientar sobre los pasos a tomar en su caso específico, y le ofrecerán los recursos necesarios para superar su situación.

EL PROGRAMA DE TRABAJO Y DE AUTOSUFICIENCIA ECONOMICA (WORK AND GAIN ECONOMIC SELF-SUFFICIENCY) (WAGES)

En la primavera de 1996, la Legislatura del Estado de la Florida adoptó una serie de reformas al programa de asistencia pública que satisfacen las normas que habían sido propuestas –y más tarde establecidas– por el gobierno federal de los Estados Unidos. Así, por primera vez en la historia del Estado:

■ Los beneficios de la ayuda social que se ofrece a las personas necesitadas están sujetos a un límite de dos a tres años, dependiendo de los pormenores de cada caso.

El objetivo de las reformas es ofrecer un incentivo para que el individuo con capacidad para trabajar recobre su autosuficiencia económica, en vez de continuar recibiendo asistencia pública indefinidamente.

No obstante:

■ En los casos de extrema necesidad, las agencias que administran el programa **WAGES** (sigla por la cual se conoce el **WORK AND GAIN ECONOMIC SELF-SUFFICIENCY**) pueden extender los beneficios por un año adicional, mientras los individuos tratan de conseguir un trabajo.

■ Si las agencias rechazaran prolongar la asistencia pública que el individuo necesitado recibe, el **Departamento de Niños y Familias (DEPARTMENT OF CHILDREN AND FAMILIES)** realizará una investigación del caso, y si determina que los niños tendrían que someterse a la adopción debido a la situación económica precaria existente en la familia, puede permitir que los niños continúen recibiendo la ayuda social.

EJEMPLOS DE PROGRAMAS DE AYUDA PUBLICA

A continuación le ofrecemos un sumario de los programas de ayuda pública que se ofrecen en el Estado de la Florida (que hemos tomado como ejemplo para este capítulo por ser un denominador común para los demás Estados de la nación) y las agencias responsables por su administración:

■ Asistencia económica en efectivo y ayuda temporal para las familias necesitadas.
Agencia: Department of Children and Families.

■ Ayuda en la búsqueda de trabajos, y en todas las actividades relacionadas con el trabajo, a las personas que reciben asistencia social.
Agencia: Department of Labor Employment Security.

■ Ayuda relacionada con el cuidado de los niños.
Agencia: Department of Children And Families.

■ Programas para reducir la incidencia del embarazo entre las adolescentes y las mujeres solteras.
Agencia: Department of Health.

PROGRAMAS DEL DEPARTAMENTO DE NIÑOS Y FAMILIAS (DEPARTMENT OF CHILDREN AND FAMILIES)

El **Departamento de Niños y Familias** de la Florida administra cinco categorías de asistencia social:

1
Programa de la Seguridad y la Preservación de la Familia (FAMILY SAFETY AND PRESERVATION PROGRAM)

Este programa tiene por objetivo la protección de los niños que han sido víctimas del abuso (físico o mental) o que han quedado abandonados, los ancianos incapacitados, las víctimas de la violencia doméstica, y los niños que requieren cuidado especial o que son candidatos para ser adoptados.

La agencia mantiene bancos de teléfono de emergencia para ayudar a los niños y a los ancianos que sufren de abuso físico o mental.

2
Programa de
Autosuficiencia Económica
(ECONOMIC SELF-SUFFICIENCY PROGRAM)

Este programa administra la ayuda económica y el cuidado de los niños que se ofrece a las familias necesitadas. Apoya –mediante el **Departamento del Trabajo y de Seguridad Laboral (DEPARTMENT OF LABOR AND EMPLOYMENT SECURITY)**– a las personas que reciben ayuda económica, para que encuentren un trabajo adecuado. Finalmente, el programa ayuda a las personas indigentes y a los incapacitados, y determina si los individuos reúnen los requisitos necesarios para recibir asistencia social.

3
El Programa de Abuso
de Sustancias Nocivas
(SUBSTANCE ABUSE PROGRAM)

El programa ofrece asistencia para el tratamiento del abuso del alcohol y los estupefacientes, tanto a los niños, como a los adolescentes y a los adultos.

4
Programa de la Salud Mental
(MENTAL HEALTH PROGRAM)

El programa ofrece asistencia a las personas que sufren trastornos mentales.

5
Programa de Servicios de Desarrollo
(DEVELOPMENTAL SERVICES PROGRAM)

Este programa ofrece asistencia a las personas que manifiestan dificultades en su desarrollo social, para que logren incorporarse a una vida productiva en la comunidad o en alguna institución pública.

El gobierno federal también le suministra fondos a las agencias estatales para administrar **programas dedicados a ayudar a los niños y a los adolescentes que abandonan sus hogares** y que ponen en riesgo su seguridad personal (**RUNAWAY AND HOMELESS YOUTH PROGRAM**). El programa le ofrece albergue y servicios de emergencia a estos jóvenes, y ayuda a los adolescentes de más edad a desarrollar su autosuficiencia.

PROGRAMAS DE AYUDA A
LOS RESIDENTES DE EDAD AVANZADA

En 1965, el Congreso de los Estados Unidos aprobó la **Ley de los Norteamericanos de Edad Avanzada** (**OLDER AMERICANS ACT**) para ofrecer protección y asistencia especializada a este segmento de la población. Todos los años, el Congreso norteamericano asigna el presupuesto necesario para implementar una variedad de programas que son administrados por los gobiernos estatales. Entre los servicios que la ley ofrece se encuentran:

- Asistencia para hacer las compras diarias.
- Transporte para recibir atención médica.
- Entrega de comidas en el lugar de residencia.
- Programas educacionales sobre la nutrición.
- Servicios para mantener una residencia.
- Asistencia médica.
- Cuidado supervisado durante el día.

Aunque la ley indica que todas las personas mayores de 60 años de edad pueden recibir estos beneficios, las agencias estatales limitan la participación en los programas a las personas con la mayor necesidad social y económica.

En la Florida –empleada en este capítulo como ejemplo para los programas de asistencia social que ofrecen muchos otros Estados– el gobierno estatal ha desarrollado una variedad de programas, como los que identificamos a continuación:

1
Cuidado Comunitario para los Ancianos
(COMMUNITY CARE FOR THE ELDERLY)

El programa tiene como objetivo facilitarle al anciano la posibilidad de vivir en su propia residencia, proporcionándole ayudantes profesionales que realizan ciertos trabajos cotidianos (como la preparación de las comidas, ayuda durante el baño, reparaciones menores en la casa o apartamento, asistencia médica y terapéutica, y servicio de enfermeros). Las personas que participan en el programa deben contribuir con una suma determinada, la cual es ajustada de acuerdo con el monto de sus ingresos.

2
Iniciativa del Mal de Alzheimer
(ALZHEIMER'S DISEASE INITIATIVE)

Con mucha frecuencia, las personas de edad avanzada desarrollan el llamado *mal de Alzheimer,* una condición debilitante que le impide al paciente llevar una vida normal, ya que pierde la memoria y la habilidad para reaccionar apropiadamente en el medio ambiente. Además de proveer fondos para la investigación médica de la enfermedad, el programa le ofrece ayuda profesional especializada a los enfermos.

3
Ayuda de Emergencia para el Servicio
de Energía en el Hogar
(EMERGENCY HOME ENERGY ASSISTANCE)

El objetivo del programa es ayudar a las personas mayores de 60 años de edad que pudieran perder el servicio de la electricidad o del gas en su residencia, debido a los gastos imprevistos provocados por los cambios en la temperatura, o por necesidad económica. El programa le ofrece ayuda al anciano, de acuerdo con las normas establecidas por las agencias estatales.

4
Asistencia de Vida para los Ancianos
(HOME CARE FOR THE ELEDERLY)

El programa le ofrece un subsidio económico a la familia del anciano, o a las personas que asumen la responsabilidad por su bienestar. La ayuda financiera cubre los gastos médicos, y contribuye a los costos de la alimentación, la ropa, y las demás necesidades básicas del anciano.

5
Evaluación Comprensiva y Estudio
de los Servicios a Largo Plazo
(COMPREHENSIVE ASSESSMENT
AND REVIEW FOR
LONG TERM CARE SERVICES - CARES)

CARES es un programa que evalúa la condición de los ancianos antes de internarlos en un **albergue para ancianos** (**NURSING HOME**). Las personas que solicitan –mediante el **MEDICAID**– para recibir el servicio de albergue, requieren ser evaluadas por los profesionales de **CARES**. Los objetivos del programa son:

MUY IMPORTANTE: Es importante recordar que todos los programas que mencionamos en este capítulo no representan la totalidad de las iniciativas de asistencia pública que existen en el Estado de la Florida, y –por supuesto– cada Estado desarrolla sus propios programas, los cuales pueden variar de diferente manera. Tenga también presente que muchas comunidades locales desarrollan programas de ayuda económica suplementaria.

- Prevenir que el paciente sea internado prematuramente o sin necesidad.
- Coordinar mejor las necesidades médicas, sociales, y sociológicas del anciano.
- Referir al anciano a otros servicios que pudieran obviar la necesidad de internarlo.
- Educar al público sobre las alternativas menos costosas al albergue de ancianos.

6
Prevención del Abuso de los Ancianos
(ELDER ABUSE PREVENTION)

El programa le ofrece información al anciano sobre la violencia doméstica y le informa cuáles son sus derechos ante la ley.

7
Empleos para los Ancianos
(SENIOR EMPLOYMENT)

Este programa le ofrece una variedad de opciones a las personas mayores de 55 años de edad que desean trabajar en la comunidad: desde el entrenamiento necesario para cumplir con los requisitos laborales en diferentes áreas, hasta la orientación y ayuda para conseguir un trabajo de **jornada completa** o **jornada parcial** (**FULL-TIME** o **PART-TIME**).

CAPITULO **30**

LOS CUPONES DE ALIMENTOS (FOOD STAMPS): ¿QUIENES TIENEN DERECHO A RECIBIRLOS?

Una de las prioridades más importantes del gobierno de los Estados Unidos es garantizarle a todos los residentes en el país una dieta adecuada, y así lo hace en diversas formas. Por ejemplo:

■ El **Departamento de Agricultura (DEPARTMENT OF AGRICULTURE)** administra numerosos programas para regular y estimular el segmento agrícola de la economía nacional.

■ La **Agencia de Alimentos y Medicamentos (FOOD AND DRUG ADMINISTRATION)**, que forma parte del **Departamento de Salud y Servicios Humanos (DEPARTMENT OF HEALTH AND HUMAN SERVICES)** regula la producción, distribución, y la venta de todos los alimentos y medicamentos que se consumen en los Estados Unidos.

Pero el interés del gobierno no se limita a asegurarle al público una calidad adecuada del suministro de alimentos, sino que se extiende a garan-

tizarle una dieta mínima a aquellas personas que, por razones económicas o sociales, carecen de los recursos necesarios para obtenerla. Para ello:

■ El **Programa de Cupones de Alimentos (FOOD STAMPS PROGRAM)** fue concebido en 1964 como parte de una iniciativa legislativa para ayudar a las personas con necesidades económicas.

A las personas que tengan ingresos fijos (entre ellos millones de ancianos), frecuentemente se les dificulta comprar los alimentos que necesitan y cubrir sus otros gastos imprescindibles con un presupuesto limitado. El programa ayuda precisamente a esas personas a suplementar sus ingresos con unos cupones que se pueden utilizar en los supermercados para comprar los alimentos.

Es importante destacar que los gobiernos Estatales administran el **Programa de Cupones de Alimentos** con un presupuesto que es asignado por el gobierno federal. Los Estados establecen los requisi-

LO QUE USTED DEBE SABER SOBRE EL PROGRAMA DE CUPONES DE ALIMENTOS

Cada Estado establece sus propias normas para administrar el **Programa de Cupones de Alimentos**. La información que se ofrece en este capítulo representa el criterio establecido por el gobierno federal de los Estados Unidos que guía la implementación del programa por los diferentes gobiernos Estatales. En el caso de que usted estime que reúne los requisitos requeridos para recibir la ayuda pública, es importante que consulte con las agencias Estatales responsables por la administración de este programa de asistencia. La guía telefónica ofrece una lista de las oficinas más cercanas al lugar donde usted resida que le pueden ayudar a rellenar los formularios y a procesar su solicitud.

tos que las personas deben reunir para recibir este tipo de ayuda pública, pero generalmente la persona debe:

- Recibir ingresos bajos, de acuerdo con las normas Estatales.
- Encontrarse desempleada o realizando únicamente un **trabajo parcial (PART-TIME JOB)**.
- Recibir otras formas de ayuda pública.
- Encontrarse incapacitada o haber cumplido más de 60 años de edad.
- **Carecer de vivienda permanente (HOMELESS)**.

COMO SOLICITAR LOS CUPONES DE ALIMENTOS

Usted puede obtener una copia del formulario de solicitud en la oficina de la agencia Estatal más cercana, o se la pueden enviar por correos (si usted así lo prefiere y la solicita por teléfono). Rellene la aplicación con toda la información que se le solicita, y recuerde que –de acuerdo con la ley– los oficiales de la agencia le pueden imponer una multa (y recibir inclusive una sentencia de cárcel) si la información que usted ofrece en la solicitud es fraudulenta. En todo caso, considere que los oficiales en la agencia estatal correspondiente le pueden ayudar a llenar el formulario si tiene alguna duda.

Consideraciones a tomar en cuenta:

- Generalmente, la oficina tarda unos días (no más de 30 días) en citarlo para una entrevista personal. Si su necesidad es inmediata, explíquele su situación al oficial a cargo en el momento en que presente la solicitud; el oficial puede procesar su solicitud como un caso de emergencia, y es posible que comience a recibir los cupones de alimentos con mayor rapidez (a veces hasta en una semana).

- Si usted recibe **ayuda suplementaria del programa del Seguro Social** (**SUPPLEMENTAL SECURITY INCOME - SOCIAL SECURITY**), necesita presentar su solicitud para recibir los cupones en la agencia del **SOCIAL SECURITY** más cercana al lugar de su residencia (excepto en el Estado de California, donde las personas que participan en este programa reciben dinero en efectivo en vez de los cupones).

Durante la entrevista, es necesario presentar algunos documentos y cumplir con los requisitos que se detallan a continuación. Si se le dificulta obtener algunos documentos, es posible que la agencia Estatal que administra el programa de los cupones de alimentos le pueda ayudar. Por ejemplo: si menciona el nombre de la compañía donde usted trabaja y el de su jefe inmediato, ello le permite al oficial de la agencia confirmar cuál es su estado laboral (un requisito imprescindible para poder ser considerado para recibir esta ayuda pública).

1
La ciudadanía de los Estados Unidos

Los ciudadanos de los Estados Unidos pueden solicitar ayuda para recibir los cupones de alimentos. Las regulaciones permiten que los grupos (que no sean ciudadanos norteamericanos) a continuación también puedan solicitar asistencia al programa:

■ Los refugiados que el **Departamento de Inmigración (IMMIGRATION DEPARTMENT)** ha decidido no deportar a su país de origen, pueden solicitar recibir los beneficios de este programa después que se cumplan siete años desde su arribo a los Estados Unidos.

■ Las personas que han sido admitidas legalmente al país (con residencia permanente), si cuentan con 40 trimestres de trabajo bajo las normas del **Seguro Social (SOCIAL SECURITY)**, o si han servido en las Fuerzas Armadas de los Estados Unidos.

■ Los **indios norteamericanos (NATIVE AMERICANS)** que cruzaron la frontera a través de México o Canadá.

■ Algunas personas residentes en los Estados Unidos, procedentes del Sudeste de Asia (y sus familiares).

2
El número del Seguro Social
(SOCIAL SECURITY NUMBER)

Usted debe presentar ante la agencia Estatal que administra el programa de los cupones de alimentos los números del **SOCIAL SECURITY** de todos los miembros de los familiares que comparten su residencia. Si alguno de ellos no se ha registrado con el **SOCIAL SECURITY** para obtener este número de identificación, deberá hacerlo inmediatamente. El proceso de aprobación de los cupones continuará avanzando normalmente mientras se obtienen todos los números de identificación requeridos.

3
Los requisitos de trabajo

Excepto en casos extraordinarios, todas las personas que no presentan incapacidad física o mental, de los 16 a los 60 años de edad, deben trabajar, aceptar ofertas de trabajo, y participar en cualquier programa de entrenamiento que la agencia Estatal estime necesaria para poder recibir los beneficios del programa de cupones de alimentos.

Generalmente, las personas de los 18 a los 50 años de edad que no sufren de incapacidad física o mental, y que no tienen hijos y no están embarazadas, sólo pueden recibir cupones de alimentos por un máximo de tres meses durante un período de tres años, a no ser que estén trabajando o participando en un programa que combine el **trabajo y la ayuda social** (WORKFARE PROGRAM).

4
Los estudiantes

La mayoría de los estudiantes entre los 18 a los 49 años de edad, matriculados en una institución docente (en programas de estudios mínimos de media jornada) no tienen derecho a participar en el programa de cupones de alimentos. No obstante, las agencias permiten ciertas excepciones si el estudiante (por ejemplo):

- Recibe ayuda pública.
- Participa en un programa que combina el trabajo y los cursos de estudio en los que se encuentra matriculado.
- Trabaja un mínimo de 20 horas por semana.
- Cuida a un niño menor de 6 años de edad (dependiente de la familia del estudiante).

OTROS REQUERIMIENTOS PARA RECIBIR LA AYUDA DE LOS CUPONES DE ALIMENTOS

Hay situaciones en que los ingresos son limitados y, sin embargo, la persona no puede recibir este tipo de ayuda de alimentación:

- **Las personas que participan en una huelga laboral.** Las familias con un miembro que participa en una huelga laboral no tienen derecho a recibir los cupones de alimentos sólo por el hecho de que los ingresos monetarios sean menores.

Para poder participar en el programa de cupones de alimentos, el individuo –conjuntamente con los familiares que comparten la residencia– no deben percibir (en su totalidad) un ingreso mayor del que especifica el gobierno Estatal. Para que la agencia gubernamental considere la solicitud de ayuda presentada, es necesario presentar pruebas que corroboren los ingresos que se declaran, incluyendo los beneficios del **SOCIAL SECURITY**, las pensiones, la compensación por desempleo, y la ayuda a los veteranos de las Fuerzas Armadas.

El programa le permite deducir ciertos gastos, de acuerdo con las normas establecidas por el Estado. Por ejemplo:

- El 20% de los salarios.
- Los costos de cuidar a los niños y a los adultos incapacitados, con algunas limitaciones.
- Los pagos de ayuda a los niños después de un divorcio.
- Ciertos gastos médicos.

Durante la entrevista con los oficiales de la agencia Estatal ante la cual es presentada la solicitud para recibir los cupones de alimentos, usted debe presentar algunos documentos que muestren sus gastos regulares (como el pago del alquiler por el lugar donde reside, los costos de los niños dependientes, la póliza de seguro por la estructura de la residencia, los

COMO OBTENER INFORMACION ADICIONAL

El **Departamento de Agricultura de los Estados Unidos** ha establecido un número de teléfono gratis que le puede ofrecer toda la información que necesite sobre el **programa de los cupones de alimentos**:

1-800 221-5689

Al mismo tiempo, recuerde que cada Estado establece sus propias normas que definen los requisitos para recibir los beneficios de este programa de ayuda social. La guía de teléfono le ofrece los números de teléfono de las agencias que administran el programa.

PARA EVITAR EL FRAUDE...

Lo mismo que sucede con todos los programas que administran presupuestos enormes, el fraude siempre representa una preocupación para los oficiales del gobierno. Aún así, de acuerdo con las estadísticas que publica el gobierno federal, el fraude asociado con el programa de los cupones de alimentos es muy pequeño. No obstante, el gobierno federal y los gobiernos Estatales continuamente exploran nuevos métodos administrativos para reducir en todo lo posible la incidencia de fraude.

■ La llamada **Transferencia Electrónica de Beneficios (ELECTRONIC BENEFIT TRANSFER)** representa una iniciativa que utiliza la tecnología moderna para reducir los costos administrativos del programa de cupones, mientras establece controles más estrictos sobre la distribución y el uso de los cupones. Una vez que la agencia Estatal autoriza los beneficios de los cupones, el sistema establece una cuenta electrónica en la que se depositan todos los meses los fondos que le corresponden al beneficiario. El beneficiario recibe una tarjeta con una cinta magnética y una **contraseña personal (PERSONAL IDENTIFICATION NUMBER - PIN)** con la que puede pagar sus compras en el mercado. El sistema deduce la compra de la cuenta electrónica automáticamente y le envía al comerciante un código aprobando la transacción.

Casi todos los Estados han implementado este sistema moderno, y los resultados demuestran que tanto los comerciantes como los beneficiarios reconocen los méritos de la tecnología. Algunos Estados han comenzado una iniciativa para reemplazar la cinta magnética con un micro-procesador, el cual ofrece la posibilidad de enriquecer el programa de cupones de alimentos en el futuro con otras aplicaciones, como –por ejemplo– la capacidad de incorporar otras formas de ayuda pública a la tarjeta.

pagos por el servicio de teléfono, electricidad, agua, recogida de la basura, etc.)

Otro de los factores que el Estado considera antes de aprobar la solicitud de ayuda para recibir los cupones de alimentos es la evaluación de las pertenencias de la familia:

■ Si el Estado considera que los bienes de la familia exceden las normas que impone el programa, le puede negar la solicitud.

Algunas pertenencias –como la residencia de la familia, los artículos de uso personal, y las pólizas de seguro de vida– no se incluyen en el inventario de las propiedades. Sin embargo, el dinero en efectivo, las cuentas de cheques y de ahorro, las acciones de la bolsa de valores, y las inversiones en bienes raíces, forman parte de los bienes que influyen en la decisión del gobierno Estatal.

Los oficiales de la agencia Estatal donde usted presente su solicitud le pueden ofrecer información sobre este aspecto del proceso, y –por supuesto– usted tiene el derecho de consultarlos en todo momento.

EL PROCESO DESPUES DE QUE SU SOLICITUD ES APROBADA

Días después de haber sostenido la entrevista con los oficiales Estatales, el solicitante recibe una comunicación (por escrito) en la que se indica la decisión que la agencia ha tomado con respecto a la solicitud:

■ Si la solicitud es rechazada, la carta le explicará las razones que justifican la acción administrativa. En ese caso, el solicitante tiene el derecho de apelar la decisión.

■ Si la solicitud es aprobada, la carta le explicará –con detalles– todos los beneficios que debe recibir.

Las personas con derecho a recibir los cupones de alimentos reciben una tarjeta de identificación que deben mostrar a los comerciantes en el momento de comprar los alimentos. Estos cupones se pueden utilizar como si fueran dinero en efectivo en la gran mayoría de los supermercados, pero es importante aclarar que no está permitido adquirir con ellos determinadas mercancías. Entre ellas:

LOS CUPONES DE ALIMENTOS

■ La comida de mascotas.

■ Los jabones, los productos de papel, la pasta de dientes, los cosméticos y perfumes.

■ Las bebidas alcohólicas y los productos derivados del tabaco.

■ Las vitaminas y las medicinas.

■ Las **comidas ya preparadas** (**INSTANT FOODS**) que se pueden comer en el momento.

CAPITULO 31

LA CORTE DE PEQUEÑOS RECLAMOS (SMALL CLAIMS COURT)

Es muy posible que alguna que otra vez –por diferentes motivos– se encuentre usted en desacuerdo con una empresa o con cualquier persona, y le resulte imposible resolver la disputa que haya surgido. Quizás el dueño del edificio de apartamentos donde reside rehúsa devolverle el depósito que entregó como garantía en el momento en que alquiló la residencia, siguiendo las cláusulas del contrato firmado (puede alegar cualquier factor legal para su negativa). Tal vez el automóvil de su vecino le dañó la cerca del frente de su casa y, al usted reclamarle por los daños sufrido, se niega a pagar por la reparación. Es posible que haya comprado un televisor que no funciona debidamente, y la tienda donde lo adquirió se niega a hacerse responsable de la situación. En fin, el número de disputas que pueden surgir es grande, especialmente en los Estados Unidos, donde muchas veces –a pesar de las leyes existentes– personas de pocos escrúpulos abusan del más débil o de aquéllos que no están debidamente informados de cuáles son sus derechos, como seres humanos residentes legales del país, o como consumidores. La cantidad de dinero en estas disputas casi siempre es pequeña, pero indudablemente la

mayoría de las personas desean recuperar su pérdida y recibir una compensación justa por los daños sufridos. ¿Qué debe hacer en estas situaciones?

■ Para resolver los conflictos en que la suma en disputa oscila entre $500 a $8,000 dólares, cada Estado ha establecido una **Corte de Pequeños Reclamos** (**SMALL CLAIMS COURT**) a la que usted puede acudir para reclamar la compensación que considera que le corresponde.

El proceso para establecer la demanda es muy sencillo, y un juez determinará –después de escuchar las exposiciones de ambas partes involucradas en la disputa– quién tiene la razón y cuál debe ser la compensación económica.

Como ocurre con tantos aspectos de la vida en los Estados Unidos, cada Estado establece sus propias normas y requisitos para hacer estas reclamaciones judiciales, y es necesario consultar la situación que se ha pre-

· sentado con el **Secretario de la Corte de Pequeños Reclamos (SMALL CLAIMS COURT CLERK)** para que éste le explique –con detalle– el proceso a seguir en el lugar de su residencia. No obstante las variaciones que puedan existir entre un Estado y otro, el proceso es similar en todos los Estados Unidos, y en este capítulo le ofrecemos los puntos más importantes que es preciso que usted conozca si se ve obligado a recurrir a esta reclamación legal ante los tribunales para hacer valer sus derechos.

¿CUAL ES LA FUNCION DEL TRIBUNAL?

El objetivo de la **Corte de Pequeños Reclamos** es resolver las disputas menores que ocurren con frecuencia en las transacciones comerciales, como –por ejemplo– el incumplimiento con una obligación financiera, el arreglo inadecuado de enseres domésticos o automóvil, la venta de algún artículo defectuoso, o reparaciones inadecuadas hechas en el apartamento o casa. La disputa –como mencionamos anteriormente– puede ocurrir también con un vecino, o con otro individuo... muchas veces hasta por el incumplimiento de un acuerdo aceptado en el momento en que se haya producido un accidente automovilístico (la reparación de la carrocería del automóvil, o la instalación de un nuevo cristal, etc.)., como por ejemplo, en el caso de un accidente automovilístico.

Es importante mencionar que estos tribunales de pequeños reclamos no tienen la autoridad para fallar en casos de divorcios, bancarrota, custodia infantil, cambios de nombre, o para impedir que alguien cometa un acto criminal. En situaciones de esos tipos, el Departamento de Justicia del Estado de su residencia le puede indicar cuál es el tribunal que ejerce la jurisdicción. La **Corte de Pequeños Reclamos** tampoco tiene autoridad para dictaminar en los casos en que se encuentran involucrados el gobierno federal o sus empleados.

¿COMO PREPARAR SU CASO PARA PRESENTARLO ANTE LA CORTE DE PEQUEÑOS RECLAMOS?

Considere que en la mayoría de los casos que se presentan ante estos tribunales, la evidencia que usted tiene la oportunidad de presentar ante el juez –es decir, los testigos, los diagramas, las **declaraciones juradas** (llamadas **AFFIDAVITS**), las fotografías, etc.– conlleva mucho más peso que las exposiciones de la situación presentadaa que usted pueda hacer ante el juez. Esto se aplica no sólo en aquellos casos en que usted es quien inicia la demanda judicial, sino también en aquéllos en que necesita defender su punto de vista.

¿Por qué? Tenga presente que el juez que va a juzgar el caso en el que usted esté involucrado carece de los recursos para determinar si su testimonio es confiable. Al mismo tiempo, su oponente en el tribunal presentará su propia versión de la misma historia, y tratará por todos los medios de convencer al juez de que usted está equivocado en su exposición. Por lo tanto, es imprescindible que le dedique el tiempo necesario a la preparación de su caso, y para ello es imprescindible la compilación del mayor volumen de evidencia posible a su favor.

La mayoría de los tribunales de pequeños reclamos le permiten presentar cartas de algún testigo presencial de la situación surgida, pero cerciórese de antemano de que esto es así. Considere, por supuesto, que la presencia física de un testigo es mucho más convincente que una carta. En todo caso, el testigo –ya sea en forma oral, o por escrito– debe ser breve en su exposición: es preciso que establezca primeramente su identidad, y describa inmediatamente después lo que vio o escuchó con respecto al incidente en cuestión ante el tribunal.

COMO PRESENTAR
SU CASO ANTE EL JUEZ

Al presentar su caso en el tribunal, la regla más importante es de carácter humano:

■ Reconocer que el juez está siempre muy ocupado, y que ha escuchado docenas de casos similares al suyo.

Para captar la atención del juez, por lo tanto:

■ Comience a exponer el final de su historia; o sea, explíquele inmediatamente su versión sobre el incidente que provocó la demanda.

■ Seguidamente, déjele saber la cantidad de dinero que está reclamando como compensación, y tenga a mano los documentos que justifican esa suma (en caso de que el juez le haga alguna pregunta).

■ Una vez que haya establecido el fundamento del caso presentado, vuelva al principio de su exposición, ofreciéndole a la corte la evidencia que apoye su reclamación (fotografías, testigos, diagramas, o cualquier prueba concreta que confirme su versión del caso).

También es importante practicar la presentación oral ante el juez antes de presentarse a la corte. Mientras más practique –preferiblemente frente a algunas amistades o familiares que le puedan ofrecer sus comentarios para perfeccionar su presentación– mejor. Y recuerde que la brevedad en la exposición –en estos casos– es fundamental; evite la tentación de extender la presentación por más de dos o tres minutos.

COMO APELAR UN CASO ADJUDICADO EN LA CORTE DE PEQUEÑOS RECLAMOS

Muchos Estados permiten que tanto la persona que inicia la demanda como la que se defiende, pueda apelar la decisión del juez entre los 10 y 30 días de haberse celebrado el juicio. En algunos Estados, las apelaciones sólo pueden establecerse con respecto a las decisiones legales del juez, no sobre los pormenores del caso. Algunos Estados han desarrollado sus propios procesos de apelación; por ejemplo, el Estado de California sólo permite que el acusado apele a la Corte Superior en un plazo de 30 días para que le otorguen un nuevo juicio. Evidentemente, ante estas variaciones es preciso consultar con el **Secretario de la Corte de Pequeños Reclamos** en el Estado de su residencia para que éste le explique cuáles son sus opciones con respecto a la apelación de un caso ya fallado por el juez.

¿QUE DEBE HACER SI ALGUIEN LE PRESENTA UNA DEMANDA?

Si alguien presenta una demanda contra usted ante una Corte de Pequeños Reclamos, y usted estima que la culpa la tiene la persona o la empresa que inició la demanda, consulte inmediatamente la situación con el **Secretario del Tribunal**, ya que cada Estado especifica el proceso apropiado a seguir:

LA CORTE DE PEQUEÑOS RECLAMOS

■ En algunos Estados, usted no sólo tiene el derecho de establecer una contra-demanda, sino que tiene la obligación de hacerlo.

■ En otros Estados, no es necesario presentar una contra-demanda, pero usted se reserva el derecho de establecer su propia reclamación más tarde.

En el caso de que su demanda exceda los límites de dinero establecidos por las leyes Estatales, consulte con el **Secretario de la Corte**, ya que es posible que necesite trasladar el caso a la jurisdicción de otro tribunal; su orientación en este sentido es sumamente valiosa para evitar pérdidas de tiempo y gestiones.

¿CUALES SON SUS OPCIONES DURANTE EL JUICIO SI ALGUIEN LE HACE UNA RECLAMACION?

En el caso de que alguien establezca una reclamación contra usted (o su empresa) ante la **Corte de Pequeños Reclamos**, considere seguir las siguientes recomendaciones para defender su caso ante el juez:

■ No intente anular la demanda basándose en detalles técnicos, como –por ejemplo– afirmando que los documentos no cumplen con algún requisito legal. Los jueces, generalmente, evalúan estos casos con cierta informalidad, y pueden llegar a la conclusión de que usted desea evadir sus responsabilidades.

■ Si usted no reside en el Estado donde se presenta la demanda, y recibe los papeles por correos, escríbale una carta a la **Corte de Pequeños Reclamos** inmediatamente, alegando que la Corte no tiene jurisdicción en su caso. Mantenga la comunicación directa con la Corte hasta una vez que el caso sea resuelto.

■ Trate de llegar a algún acuerdo con la persona demandante, sobre todo si usted considera que la reclamación tiene fundamento. Llame o escríbale a quien haya iniciado la demanda, y extiéndale una oferta justa para resolver la situación que se ha presentado y que es motivo de disputa legal. Es posible que, para evitar la pérdida de tiempo que siempre representa un proceso legal (por sencillo que éste sea), la otra persona prefiera llegar a un acuerdo con usted rápidamente.

■ Sugiera someter el caso a algún tipo de mediación. Como la mediación implica un ajuste entre las dos partes del conflicto, probablemente el dictamen sea más favorable a su posición que una decisión judicial. En algunos Estados, la mediación es obligatoria, mientras que en otros es un proceso totalmente voluntario. La Corte le puede ayudar a contratar el servicio de mediación.

■ Siempre asista puntualmente a la citación del juez; si no lo hace, las posibilidades son grandes de que el juez dictamine en su contra.

■ Si usted pierde el juicio y debe compensar económicamente a la otra persona, consulte con la Corte para determinar si es posible pagar a plazos (según su situación económica) la suma establecida por el juez, así como las fechas para hacer esos pagos.

CAPITULO 32

LA IMPORTANCIA (VITAL) DE DEJAR UN TESTAMENTO

Cuando una persona muere en los Estados Unidos, las leyes del país –tanto las leyes federales como las del Estado de su residencia– determinan la disposición de los bienes del fallecido. El proceso –que culmina con la distribución de sus bienes materiales– puede ser lento, costoso, y rara vez representa los deseos y preferencias reales de la persona que fallece. Por ello, considere:

■ La única forma de ejercer control sobre lo que ocurra con sus pertenencias –incluyendo la custodia de sus hijos menores de edad– es mediante la preparación de un testamento.

El testamento es simplemente un documento legal que contiene las instrucciones de un individuo para disponer de sus asuntos personales después de su muerte.

¿Quién debe preparar un testamento? La mayoría de las personas consideran –de acuerdo a encuestas llevadas a cabo en los Estados Unidos– que el testamento es un instrumento legal que solamente

merece la pena prepararlo una vez que el individuo ha acumulado una gran cantidad de bienes materiales. ¡Este concepto está muy lejos de la realidad! Por ejemplo:

■ Si su cónyuge murió con anterioridad, o si los dos mueren al mismo tiempo en un accidente, es el Estado el que dicta el futuro de sus hijos menores de edad, a no ser que exista un testamento.

Es evidente que esta situación debe preocupar a la pareja en aquellas situaciones en que tengan familia; para los padres no existe mayor priori-dad que la de garantizar cuál va a ser el futuro de sus hijos en el caso de que ellos falten. Pero aun si usted no tuviera hijos menores, ¿no le pro-porcionaría satisfacción el saber que sus pertenencias –por mínimas que éstas puedan ser– van a llegar a las personas que usted designe, en vez de dejarle esas decisiones a un oficial estatal, friamente ajeno a su voluntad? Pues es importante estar consciente de que si no existe un testamento, es el Estado el que dispone de todos sus asuntos. Es más, al carecer de herederos directos, existe la posibilidad de que el Estado tome posesión de sus bienes sin que se beneficie alguno de sus conocidos o una organización caritativa que usted admire, y a la cual habría dejado sus bienes materiales.

¿CUALES SON LOS ELEMENTOS DE UN TESTAMENTO?

A continuación le ofrezco una lista de los elementos que forman parte de todo testamento legal:

- Su nombre y dirección.
- Una descripción breve de todas sus pertenencias.
- Los nombres de su esposa o esposo, los de sus hijos, y los demás *beneficiarios* (es decir, sus herederos). Entre los *beneficiarios* puede incluir organizaciones de caridad y amistades.
- *Beneficiarios* alternos (en caso de la muerte o incapacidad de sus herederos principales).
- Una lista de algunas posesiones específicas (como un automóvil o una residencia, por ejemplo).
- Establecimiento de fideicomisos (**TRUSTS**) si lo prefiriera.
- Cancelación de las deudas en que usted es el acreedor, si así lo desea.
- El nombre de un **testamentario** (**EXECUTOR**) que implemente las especificaciones que incluye el testamento.
- El nombre de un **guardián** (**GUARDIAN**) que se responsabilice por la custodia de sus hijos menores de edad.
- El nombre de un **guardián alterno** (**ALTERNATE GUARDIAN**), en caso de la incapacidad o muerte del *guardián* primario.
- Su firma.
- La firma de los **testigos** (**WITNESSES**) necesarios (depende de las leyes de cada Estado).

DECISIONES CRITICAS AL HACER EL TESTAMENTO

La preparación del testamento en sí es fácil, pero antes de formular las instrucciones que se han de seguir después de su muerte, es necesario que usted refleje con la mayor claridad posible cuál es la mejor manera de disponer de sus asuntos personales. En este sentido, las dos decisiones más importantes que usted debe tomar antes de preparar el documento son las siguientes:

1
EL NOMBRAMIENTO DE UN GUARDIAN PARA SUS HIJOS MENORES DE EDAD

Si su cónyuge sobrevive su muerte, él o ella asume automáticamente la custodia de sus hijos menores de edad. Sin embargo, es posible que –debido a las circunstancias de la vida– usted sea el único responsable por sus hijos menores, y en esos casos es necesario decidir quién en su ámbito familiar o de amistades, es la persona mejor capacitada para asumir una responsabilidad tan importante.

- La persona que usted escoja debe ser mayor de 18 años de edad, y debe aceptar de antemano su designación.
- Una vez que haya escogido a la persona apropiada, establezca una conversación detallada con ella para cerciorarse de que su decisión es la adecuada. Compruebe que está de acuerdo en asumir esta responsabilidad en caso de que usted fallezca (de lo contrario, considere otra alternativa).
- Es posible designar a dos personas como *guardianes*, como –por ejemplo– el matrimonio de su hermana y su esposo. No obstante, considere que este tipo de situación podría presentar complicaciones en el futuro si la pareja se separa: en muchos casos, la separación pudiera provocar un pleito legal para determinar la custodia del niño en cuestión, y el Estado se vería obligado a decidir el futuro de sus hijos.

2
EL NOMBRAMIENTO DE UN TESTAMENTARIO PARA IMPLEMENTAR EL TESTAMENTO

Si usted no tiene hijos menores de 18 años, ésta es la decisión más importante que debe tomar, ya que usted está nombrando a una persona que lo va a representar después de su muerte, y que debe asegurarse de que todas sus disposiciones se cumplan correctamente. El *testamentario* es el individuo que, legalmente, toma todas las decisiones relacionadas con la administración de sus bienes materiales y de sus obligaciones después de su muerte. En el caso de que en el testamento no nombre a un *testamentario,* el Estado asume esa responsabilidad y designa a uno.

- La mayoría de las personas designan como testamentario a un familiar cercano (como la esposa o esposo, un hijo mayor de edad, un hermano, o un amigo íntimo de la familia).
- También es posible designar como *testamentario* a un abogado o a una compañía de fideicomisos (**TRUST COMPANY**), y entonces usted debe considerar en su testamento la forma de compensar económicamente a estos *testamentarios* que no forman parte de su círculo de herederos.

Las responsabilidades del *testamentario* son las siguientes:

- Pagar las deudas que pueda tener pendientes a los acreedores.
- Pagar sus impuestos.
- Notificar a la oficina del **Seguro Social (SOCIAL SECURITY)** y otras agencias y compañías sobre su fallecimiento.
- Cancelar sus cuentas bancarias, subscripciones a revistas y diarios, etc.
- Tal vez lo más importante: distribuir sus pertenencias de acuerdo con las instrucciones del testamento.

COMO PREPARAR EL TESTAMENTO

Preparar el testamento es un proceso muy sencillo, pero las decisiones que éste requiere pueden ser difíciles debido a su intenso contenido personal. No obstante, siga los pasos que le ofrezco a continuación, y la lógica del proceso le facilitará tomar esas decisiones:

- **Prepare un inventario de todas sus pertenencias.** Comience por los bienes de gran valor económico o personal, y los que usted quisiera dedicar a algún individuo en específico. Organice el

¿UN ABOGADO PARA PREPARAR EL TESTAMENTO?

Para asegurarse de que el documento que usted prepare cumpla con todos los requisitos de la ley, le recomendamos que contrate a un abogado:

■ Si el testamento es sencillo, sin grandes complicaciones financieras, el costo es módico;
■ cuando sus bienes materiales son muchos, el costo es más alto.

No obstante, considere que su testamento es un documento muy importante para usted, porque incluye sus disposiciones después de haber fallecido. Es preferible pagar los servicios del abogado para que sea hecho y registrado en la forma debida, y no correr el riesgo de que un juez eventualmente decida que el documento "no cumple con los requerimientos de la ley".

También existen programas de computadoras que le permiten diseñar su propio testamento, los cuales garantizan su legalidad. Esta es una alternativa atractiva, ya que le permite hacer sus propios cambios con un mínimo de costo.

resto de las pertenencias en categorías (por ejemplo, "mis libros", o "mi colección de música grabada"). No se olvide de las mascotas, si tiene una (o varias).
■ Prepare una lista de todos los herederos que usted quisiera reconocer. La lista puede incluir amistades y organizaciones caritativas, además de los familiares.

Utilice estas dos listas para decidir cómo mejor distribuir sus pertenencias. Hágase a sí mismo muchas preguntas que le ayuden en el proceso de tomar las decisiones más justas; entre ellas:

- ¿Cómo minimizar el nivel de impuestos que mis herederos deben pagar sobre los bienes materiales que les voy a dejar?
- ¿Necesito establecer un *fideicomiso (trust)* para asegurar el futuro de mis familiares?
- ¿Cuánto dinero van a necesitar mis hijos o mis nietos para continuar sus estudios hasta los niveles más avanzados?
- ¿Necesito tomar medidas especiales para satisfacer las necesidades de un pariente incapacitado?
- ¿Cuál de mis herederos apreciaría más algunas de mis pertenencias? Por ejemplo, quizás uno de sus hijos siempre demostró un afecto mayor hacia los animales... y es a éste a quien le encargaría su cuidado, consciente de que cumpliría cabalmente su deseo.

El número y la naturaleza de las preguntas depende de su situación personal. La distribución de sus pertenencias es una decisión que sólo usted puede (y debe) tomar. Dedíquele el tiempo necesario para que usted se sienta confortable con el resultado final. No obstante, considere que las situaciones en la vida pueden cambiar de un día para otro, y que siempre es posible cambiar estas decisiones una vez que ya no reflejen sus preferencias.

Además:

- Asegúrese de que las instrucciones para disponer de sus pertenencias sean bien específicas, incluyendo el nombre completo de cada *heredero* y confirme la relación que lo define (padre, hijo, amigo, etc.). Si el testamento es ambiguo en algún aspecto, es posible que alguien cuestione la validez del documento.
- Incluya una cláusula en el testamento que mencione la disposición de los bienes materiales que usted no ha mencionado en una forma específica. Por ejemplo, el testamento puede indicar que "el resto de mis pertenencias deben ser traspasadas a mi hijo mayor". Si el testamento no incluye esta cláusula, el Estado es el que tomará la decisión de cómo disponer del resto de sus bienes.
- Especifique una provisión para liquidar sus deudas. Sus acreedores tienen derecho a recobrar el dinero que usted les debe antes de que sus *herederos* reciban el resto de sus bienes. Reserve parte de su dinero en efectivo para cubrir esta situación, o establezca un mecanismo para satisfacer a los acreedores.

EL TESTAMENTO

Cada estado en los Estados Unidos define el número de testigos que se requiere para preparar un testamento. Usted debe firmar el documento primeramente en presencia de los testigos, e inmediatamente el documento debe ser firmado por los testigos. Tenga muy presente que los testigos no pueden ser herederos de sus bienes.

¿COMO SE ACTUALIZA EL TESTAMENTO?

El testamento es un documento que se debe adaptar a los cambios en la vida personal del individuo. Por ejemplo:

- Es posible que unos años después de preparar el testamento por primera vez, usted se divorcie de su cónyuge.
- Tal vez la persona que le serviría como su *testamentario* murió en un accidente.
- Existe la posibilidad de que el número de miembros de la familia haya aumentado, y que algunos no figuren en el documento original.

En esos casos (o simplemente usted ha reconsiderado cómo distribuir sus pertenencias), el documento debe ser actualizado tal como las leyes estatales lo requieren.

El testamento se puede actualizar mediante la preparación de una adición, o reemplazándolo por una nueva versión debidamente legalizada. Lo más recomendable:

- Vuelva a escribir el documento, siempre asegurándose de que el nuevo testamento incluya las firmas necesarias (destruya el documento que ha quedado obsoleto).

EL IMPACTO DE LOS IMPUESTOS

El valor de sus bienes materiales puede ser objeto de varios impuestos:

- Impuesto Federal sobre las herencias (si el valor total de sus pertenencias es mayor de U.S.$600,000).
- Impuesto Estatal sobre las herencias.
- Impuesto Federal sobre los ingresos.

¿QUE ES UN "TESTAMENTO EN VIDA" (LIVING WILL)?

El **testamento en vida** (**LIVING WILL**) es un documento independiente que no tiene nada que ver con la disposición de sus bienes materiales. El verdadero propósito de este documento es definir el nivel de atención médica que usted quisiera recibir si usted padece de una enfermedad terminal o si se encontrara física o mentalmente incapacitado. El documento solamente se puede implementar en caso de que usted no pueda expresar –en forma consciente– cuáles son sus preferencias. Si el Estado donde usted reside reconoce como válido el llamado **poder (POWER OF ATTORNEY)** en casos de atención médica, usted puede autorizar a un representante que ejecute las decisiones que usted ha especificado en el documento.

El *living will* puede incluir los detalles que usted estime conveniente inclusive en lo que se refiere a sus arreglos funerarios. Asegúrese de que sus familiares más cercanos tengan una copia firmada del documento y de que estén de acuerdo en aceptar e implementar sus decisiones.

■ Impuesto Estatal sobre los ingresos.

Es importante enfatizar que las leyes que rigen la aplicación de los impuestos sobre bienes heredados pueden variar de acuerdo con el proceso legislativo en el Congreso federal, así como en las legislaturas estatales.

■ Usted puede minimizar el pago de impuestos sobre los bienes que formen parte de su herencia mediante el establecimiento de *fideicomisos (trusts)* o haciéndole obsequios directamente a sus herederos, antes de que ocurra su muerte.

■ También usted puede comprar una póliza de seguro de vida que le cubra las obligaciones de impuestos a las organizaciones gubernamentales. Consulte esta posibilidad con un abogado o con un agente de seguros antes de decidir si este tipo de póliza es necesaria en su caso personal.

¿DONDE DEBE GUARDAR SU TESTAMENTO?

Obviamente, un documento tan importante debe permanecer en un lugar seguro; una caja fuerte es lo ideal. Asegúrese de que algún familiar cercano sepa dónde usted guarda el testamento, y de que pueda tener acceso a él en el caso de su muerte. Si usted utilizó a un abogado para preparar el documento, el abogado puede mantener una copia del documento en sus archivos, junto con una nota que indique el lugar donde el original se halla. Sus familiares deben, por supuesto, tener acceso a su abogado en estos casos.

En el momento en que usted muera, su *testamentario* deberá presentar el documento original ante el tribunal que dispone en estos asuntos (**PROBATE COURT**). Si usted no designó a un *testamentario,* entonces el juez nombrará a una persona para que lo represente. El juez dictaminará –si el documento es válido, y si cumple con los requisitos legales del Estado– las instrucciones serán llevadas a cabo. Si el juez dictamina que el testamento no es válido por alguna razón, la distribución de sus bienes se cumplirá de acuerdo con las regulaciones estatales.

CONCLUSION

Todo el mundo rechaza el tener que pensar en los detalles de su muerte, y quizás por esa razón, miles de personas mueren todos los días sin dejar instrucciones explícitas sobre la disposición de sus bienes materiales. Sin embargo, si usted considera la alternativa –o sea, que un oficial estatal decida el futuro de sus seres queridos, o la distribución de sus pertenencias– es obvio que preparar un testamento es un paso fundamental para que nuestros conceptos y nuestra voluntad sobreviva en los Estados Unidos.

Preparar el testamento le permitirá mirar al futuro con el convencimiento de que usted ha tomado los pasos para asegurar la transición después de su muerte. Y es algo que no necesita atención constante; sólo cuando sus circunstancias personales hayan cambiado.

CAPITULO 33

EL PROGRAMA DE HOSPICIOS (BAJO EL PLAN MEDICARE)

En los Estados Unidos, los llamados **hospicios** no son albergues para niños y adultos que no tienen recursos ni familia, como los que se conocen por ese nombre en otros países. El *hospicio* norteamericano es un lugar que brinda un cuidado especial a la persona que sufre una enfermedad terminal, una vez que la Medicina ha agotado todos los recursos existentes para prolongar sus años de vida y en los hospitales convencionales ya no hay nada más que hacer por salvar la vida de esa persona. Es decir:

■ Los *hospicios* en los Estados Unidos son instituciones médicas que alojan a enfermos de cualquier edad (inclusive niños) durante la última etapa de su vida.

El propósito de este tipo de instituciones médicas que hay en todo el país es ayudar en lo posible al paciente durante esta etapa final de su enfermedad, y ofrecerle a la familia la orientación necesaria para aceptar un desenlace ya inevitable. Para ello cuentan con un cuerpo médico especia-

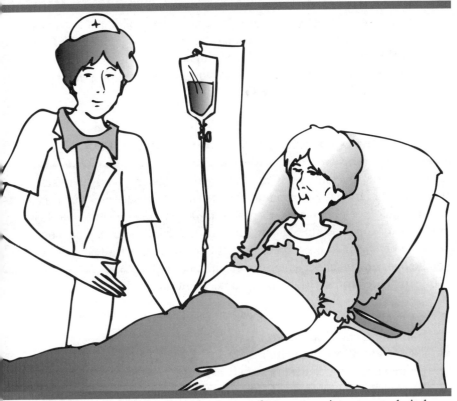

lizado en situaciones de este tipo, enfermeras, asistentes, trabajadores sociales, consejeros, y trabajadores voluntarios que han sido debidamente entrenados para hacerle frente a las situaciones que se pueden presentar en pacientes próximos a morir. Dependiendo de la condición del enfermo, en muchos casos ese mismo servicio se brinda en el hogar de la persona enferma, donde el paciente tiene la ventaja de que puede contar con un apoyo más directo de su familia, además de que se encuentra en un ambiente que le es familiar.

El plan del **MEDICARE** (vea el capítulo anterior) cubre los servicios del *hospicio* en la **Parte A – Seguro de Hospitalización (PART A – HOSPITAL INSURANCE)** y son elegibles los pacientes que reúnen las siguientes condiciones:

- El médico del paciente y el Director Médico del hospicio en cuestión deben certificar que el paciente padece una enfermedad terminal y que, probablemente, le queden menos de seis meses de vida.
- El paciente, asimismo, debe firmar un documento en el que elige los

servicios que le ofrece el *hospicio,* en vez de recibir los servicios médicos de rutina que son cubiertos por el programa **MEDICARE** en casos de enfermedad terminal.

■ El paciente acepta recibir los cuidados del *programa de hospicios* que ha sido aprobado por el **MEDICARE**.

¿COMO FUNCIONAN LOS HOSPICIOS?

El médico del paciente y el *hospicio* –conjuntamente con el mismo paciente y su familia– preparan un plan de atención y servicios que debe ser aprobado por el enfermo. El propósito de este plan es brindarle los cuidados máximos posibles al enfermo para aliviar sus dolores y para que se sienta en el estado más confortable que se pueda lograr (dentro de las condiciones en que el paciente se encuentra, desde luego).

El equipo de profesionales encargado del enfermo incluye:

■ Un médico.
■ Una enfermera o enfermero.
■ Clérigos (u otros consejeros).
■ Un trabajador o trabajadora social.
■ Voluntarios entrenados. Estos voluntarios han sido debidamente adiestrados para ayudar al paciente en sus necesidades diarias, tales como hacer compras que le son imprescindibles, bañarse y vestirse, mantener las condiciones de higiene necesarias en el hogar, etc. Además, los terapeutas especializados se encargan de administrar las terapias que son cubiertas por el **MEDICARE** y que pudieran ser necesarias (según el caso).

Mediante el plan diseñado para la atención del paciente que es tratado bajo el *programa de hospicios,* se establecen los siguientes patrones mientras el enfermo se mantiene en su propio hogar:

■ Un miembro de la familia u otra persona amiga visitará al enfermo todos los días, así como miembros del equipo regular del hospicio.
■ Además, el enfermo y su familia pueden contar con un médico y un enfermero (o enfermera) durante las 24 horas del día, los siete días de la semana.
■ En caso de que la enfermedad requiera que el paciente ingrese en el

SERVICIOS QUE SON CUBIERTOS POR EL MEDICARE

El plan **MEDICARE** cubre los servicios que son indicados a continuación, muchas veces en su totalidad:

- ■ Médico.
- ■ Enfermeros.
- ■ Equipo médico (sillas de rueda, caminadores, etc.).
- ■ Material médico (vendajes, catéteres, etc.).
- ■ Medicamentos para controlar los síntomas de la enfermedad y aliviar los dolores.
- ■ Ingreso en el hospital durante un período corto tiempo, incluyendo los llamados *períodos de pausa** en el cuidado del paciente.
- ■ Ayuda al paciente en los quehaceres domésticos.
- ■ Terapia física y ocupacional.
- ■ Terapia sobre el habla.
- ■ Consejos relacionados con la alimentación a seguir.
- ■ Orientación para el paciente (y su familia) en esta etapa final de su vida.

El paciente pagará, únicamente, parte del costo de los medicamentos que le sean recetados en consulta externa y por la *pausa en el cuidado* del ingresado.

---

* Por *pausa en el cuidado* se entiende el cuidado o servicio que le es brindado al paciente por otra unidad o persona dedicada a ese tipo de servicio, de manera que quien esté al cuidado del paciente obtenga un descanso. Por ejemplo: como paciente en el *hospicio,* el enfermo tiene una persona que le cuida diariamente, la cual pudiera ser un miembro de la familia. Si esa persona necesitara interrumpir esa atención por corto tiempo, durante esa *pausa* el paciente será atendido por personas de un servicio aprobado por el **MEDICARE**.

SERVICIOS QUE NO SON CUBIERTOS POR EL MEDICARE

El **MEDICARE** no cubre los siguientes servicios al paciente ingresado en un *hospicio:*

■ Tratamientos médicos para curar una enfermedad terminal. Los servicios que brinda el *hospicio* tienen por objeto aliviar y ayudar al paciente (y a su familia) durante la etapa final de su vida. Por lo tanto, el **MEDICARE** no cubre tratamientos para curar la enfermedad. No obstante, el paciente puede hablar con el médico sobre la posibilidad de ser sometido a algún tratamiento nuevo y siempre tiene el derecho a interrumpir los servicios del *hospicio* y volver al plan médico cubierto por el **MEDICARE**, bajo la atención de su médico particular.

■ Servicios de otro *hospicio* no aprobado con anticipación por el *hospicio* elegido inicialmente por el paciente.

hospital, el personal del *hospicio* ayudará a hacer los arreglos necesarios para el traslado.

El paciente puede llamar a su médico particular en cualquier momento (si así lo deseara), aunque siempre cuenta con la atención del médico del *hospicio,* quien trabajará conjuntamente con el médico del paciente para que éste reciba la mejor atención posible.

EL PLAN MEDICARE, ¿CONTINUA VIGENTE?

La persona que decide ingresar en un *hospicio* continúa cubierta –en todo momento– bajo el plan de salud del **MEDICARE** para cualquier problema de salud no relacionado con la enfermedad terminal que padece. Para recibir esa atención médica el paciente tiene derecho a llamar a

SERVICIOS QUE SI DEBE CUBRIR EL PACIENTE

El **MEDICARE** le paga al *hospicio* por los servicios que recibe el paciente, pero no incluye los siguientes gastos, los cuales deben ser cubiertos por el enfermo ingresado en el *hospicio:*

■ No más de 5 dólares por cada medicamento y productos similares que hayan sido recetados por el médico para aliviar dolores y controlar los síntomas de la enfermedad.

■ 5% de la suma pagada por el **MEDICARE** para las llamadas *pausas* en la atención del enfermo. (Ejemplo: sobre 100 dólares diarios, el paciente pagará 5 dólares diarios. No existe límite en el número de veces que se puede recibir este beneficio, aunque la cantidad que paga el paciente está sujeta a ajustes todos los años).

su médico, aunque éste no forme parte del personal del *hospicio.* En ese caso tendrá que pagar la suma deducible y cualquier suma de seguro adicional (o forma de *co-pago),* como se explica en el capítulo relativo al **MEDICARE.**

¿QUE TIEMPO PUEDE PERMANECER EL PACIENTE EN EL HOSPICIO?

El enfermo puede permanecer en el *hospicio* mientras su médico certifique que padece una enfermedad terminal y que, probablemente, le quede menos de seis meses de vida. Aunque el tiempo de sobrevivencia exceda los seis meses, el enfermo permanecerá en el *hospicio* mientras el médico reconfirme que padece una enfermedad terminal.

La permanencia en el *hospicio* se aprueba por períodos que se le conceden al paciente por dos períodos de 90 días cada uno, seguidos de un

INFORMACION ADICIONAL

Para obtener más información sobre los **programas de hospicios** en los Estados Unidos, debe escribir o llamar a:

✔ **The National Hospice Organization**
1901 North Moore Street (Suite 901)
Arlington, VA 22209

Teléfono: 1-800-658-8898
(Las llamadas son gratis)

✔ **The Hospice Association of America**
228 7th Steet, S.E.
Washington, D.C. 20003

✔ Para preguntas sobre el **MEDICARE**, llamar al teléfono
1-800-633-4722
(Las llamadas son gratis).

número ilimitado de períodos de 60 días cada uno. Esto significa que:

■ Cuando el médico ratifica que el enfermo padece una enfermedad terminal al finalizar un período, comienza el siguiente período sin que se produzca ningún tipo de interrupción en el programa.

Como paciente de un *hospicio,* la persona tiene el derecho de cambiar de uno a otro al final de cada período.

La interrupción en los servicios del *hospicio* ocurre únicamente cuando un paciente que padece una enfermedad terminal, mejora considerablemente su estado de salud, o en el caso en que la enfermedad entre en un período de remisión. En situaciones de este tipo, el médico no considera que son necesarios los servicios del *hospicio* y no recomienda que el programa sea extendido por un nuevo período.

Por otra parte, el paciente siempre tiene derecho a abandonar el *hospicio* (por cualquier motivo) y volver al plan de salud original ofrecido por el **MEDICARE**. Asimismo, en el momento en que sea nuevamente elegible, puede retornar al hospicio.

PROGRAMAS DE
HOSPICIOS DISPONIBLES

Es importante mencionar –para concluir este capítulo– que cada Estado en el país tiene una lista de *hospicios* disponibles que han recibido la aprobación del **MEDICARE**. El enfermo que decida ingresar en un *hospicio* debe elegir uno que haya sido aprobado para poder recibir los beneficios de los servicios cubiertos por este programa.

Las oficinas del **Departamento de Salud (HEALTH DE-PARTMENT)** del lugar donde usted reside puede ofrecerle una lista de los hospicios aprobados por el **MEDICARE**. También se puede obtener en el hospital donde estuviese ingresado el paciente que reciba el diagnóstico de que su enfermedad es terminal, o inclusive el médico puede proporcionarla.

CAPITULO 34

MORIR
EN
U.S.A.

Nunca el ser humano está debidamente preparado para enfrentarse a momentos tan difíciles como los que se presentan cuando tiene que ocuparse de los trámites y arreglos necesarios para enterrar a un ser querido que ha fallecido, o ayudar a un amigo que está desorientado en cuanto a los pasos que debe seguir. La experiencia se hace todavía más difícil si usted reside en un país extraño, donde aún no conoce bien las costumbres, pues éstas no son las mismas en todas partes.

Asumir la responsabilidad de los trámites funerarios para enterrar a una persona fallecida es un proceso angustioso, no solamente por las emociones personales, sino por el poco tiempo de que dispone para hacer los arreglos necesarios, y la práctica poco escrupulosa de determinadas empresas funerarias que se aprovechan de la crisis que se ha presentado para cobrar por servicios innecesarios. Considere que el momento en que un ser querido fallece no es el más adecuado para actuar con la serenidad que se requiere en situaciones de este tipo. Por ello, la información que le ofrecemos en este capítulo, aunque breve, le permitirá enfrentarse a una crisis inevitable con la mayor objetividad posible.

El primer paso para enfrentarse a los trámites de un entierro es saber que:

■ En los Estados Unidos existe un **Reglamento Federal** –aprobado por la **Federal Trade Commission** (la oficina del gobierno federal encargada de reglamentar el comercio)– que establece las regulaciones para funerales que rigen en todo el país.

Esto significa que, sin importar el lugar (ciudad o Estado) donde usted resida, si conoce debidamente este Reglamento, sabrá cómo enfrentarse a la situación de acuerdo con sus posibilidades, sin tener que ir de un lugar a otro en busca de orientación.

El segundo paso, desde luego, es elegir la funeraria que se hará cargo de todos los arreglos para recoger el cadáver, prepararlo, y exhibirlo durante algunas horas. Es posible obtener información sobre los servicios que ofrece una funeraria (y lo recomendable es consultar varias para poder comparar los costos):

■ Llamando por teléfono. Con frecuencia comprobará que la información que el Director de la funeraria le ofrezca por teléfono es limitada; probablemente lo invite a que se presente personalmente para entonces ofrecerle toda la información que requiere.

■ Visitando personalmente alguna funeraria que ya conozca, la cual le puede haber sido recomendada por un amigo o familiar.

Una vez en la funeraria, pida toda la información que considere pertinente, y exija que le muestren –impresa– las listas de costos de embalsamamiento, cremación, ataúd, etc. o ir personalmente si existe alguna que ya conoce. En las listas de precios aparecen los costos de embalsamamiento, de la cremación y del ataúd.

¿QUE DEBE SABER SOBRE EL EMBALSAMAMIENTO?

Si usted desea embalsamar el cadáver, la funeraria tiene la obligación de darle todos los detalles pertinentes, de acuerdo al Reglamento Federal anteriormente mencionado. De acuerdo con el mismo:

■ No existe ley alguna que obligue a embalsamar el cadáver.

Si el Director de la funeraría (o el empleado a cargo) le afirmara tal cosa, sería una falsedad. Por otra parte, tiene la obligación de informarle lo siguiente, y por escrito:

■ Que embalsamar no es obligatorio de acuerdo con la ley, con excepción de ciertos casos especiales (especificados).

■ Que si no desea embalsamar el cadáver, usted tiene la opción de elegir otras disposiciones (la cremación o el entierro inmediato, por ejemplo).

■ La funeraria tiene la obligación de informarle –por escrito– sobre ciertos arreglos requeridos por el tipo de funeral. Por ejemplo, si se expone el cadáver durante determinadas horas, pudiera ser necesario embalsamarlo... y ello sería un costo aparte.

LOS PAGOS POR ADELANTADO

Según el Reglamento Federal, las funerarias tienen la obligación de informarle –siempre por escrito– si cobran una suma adicional a por "servicios funerarios especiales". Por ejemplo, el costo de la publicación de la esquela en los periódicos, los servicios religiosos que usted solicite, la impresión de una tarjeta-recordatorio, libro de registro de visitantes, flores, etc.

■ Algunas funerarias le cargan el costo real de estos servicios únicamente;

■ otras, en cambio, requieren un sobrecargo.

En cualquiera de los dos casos, el Reglamento obliga a los empresarios de la funeraria que le informen debidamente sobre este particular, así como si existen descuentos o reembolsos por el pago adelantado de los servicios funerarios.

LA CREMACION

Es posible solicitar cremación inmediata; es decir, sin previa exposición del cadáver en la funeraria o en servicios religiosos con el cuerpo presente. En tal caso, la funeraria le ofrecerá una alternativa menos costosa

–a base de una caja de madera muy sencilla– en la que le entregarán las cenizas de la persona fallecida. Esta alternativa permite que los servicios funerarios sean más económicos debido a que se evitan los costos del ataúd tradicional y el tiempo de exhibición del cadáver.

Es muy importante que esté consciente que –bajo las regulaciones federales– la funeraria no tiene derecho a exigirle un ataúd tradicional para la cremación. Tiene la obligación de informarle –por escrito– que usted tiene la opción de utilizar la caja de madera sencilla para la cremación inmediata de la persona fallecida.

PAGOS POR SERVICIOS NO SOLICITADOS

Usted no tiene obligación de comprar artículos ni pagar servicios que no sean necesarios para el servicio funerario contratado. Una excepción pudiera ser los honorarios del funcionario de la funeraria que dirija el entierro o de algún servicio especial que requiera la ley del Estado donde usted resida.

El Reglamento Federal define claramente cuáles son sus derechos en ese sentido:

- El derecho a elegir los artículos y servicios funerarios que desea (con algunas excepciones).
- La funeraria tiene la obligación de informale sobre este derecho, por escrito, con una lista general de los costos de cada artículo o servicio.
- La funeraria tiene obligación de informarle, por escrito, cuál es la ley estatal que requiere la compra de un artículo en particular y confirmarle si el mismo ya está incluido en la relación de los servicios que usted solicitó.
- La funeraria no puede negarse a utilizar un atáud que usted adquiera en otra parte.

EL ESTADO DE CUENTAS

La funeraria tiene la obligación de entregarle un estado de cuentas, detallado, de todos los artículos y servicios que usted solicitó, indicando el costo total del funeral. En ese estado de cuentas debe aparecer cualquier requisito legal, los costos del cementerio (aparte de los de adquirir un terreno), o requisitos para la cremación que usted haya seleccionado específicamente.

Este estado de cuentas le debe ser entregado una vez que haya decidido el tipo de funeral, los servicios y artículos que ha elegido. Cada renglón debe aparecer –por separado– con su precio, así como el costo total de los servicios funerarios, para que usted pueda suprimir o agregar algunos de ellos. Si todavía no se ha definido la cantidad a pagar, la funeraria deberá entregarle un **estimado de buena fé (GOODWILL ESTIMATE)**, detallado y por escrito:

■ No hace falta un formulario especial para este tipo de estimado y el mismo le debe ser entregado una vez que usted termine de hacer todos los arreglos para el entierro.

PROTECCION Y RECLAMACIONES

La ley de los Estados Unidos no autoriza a las funerarias a ofrecer servicios de embalsamamiento y otros procedimientos que garanticen la preservación del cuerpo indefinidamente, una vez enterrado. Específicamente esta reglamentación se refiere a los tipos de ataúdes especiales (o bóvedas) que impidan la filtración de agua u otras sustancias, sin que ello sea cierto.

Para cualquier reclamación que sea necesaria, dirija toda su correspondencia a las siguientes organizaciones:

■ **Consumer Response Center**
Federal Trade Commission
Washington, D.C. 20580

Teléfono: (202) 326-2222

■ **Funeral Service Consumer Assistance Program**
National Research and Information Center
2250 E. Devon Avenue (Suite 250)
Des Plaines, Illinois 60018

Teléfono: 1-800-662-7666

EL TERRENO
EN EL CEMENTERIO

En momentos de normalidad familiar, siempre es conveniente pensar en la posibilidad de comprar un terreno en algún cementerio local. De esta manera, no sólo se evita –en el momento de la crisis por fallecimiento– uno de los procesos más difíciles y complejos, sino que los precios aumentan constantemente, y la inversión que haga hoy probablemente se duplique en unos años.

Son muchas las personas que venden terrenos en los cementerios por medio de anuncios en los diarios y llamadas telefónicas directas, hechas por vendedores o agentes independientes. En todo caso, considere que:

■ El precio del **terreno o lote en el cementerio** de su elección (**PLOT**) debe ser siempre el fijado por la administración del cementerio en consideración. Es decir, el agente cobra una comisión por sus servicios, pero el cementerio cubre esta suma.

■ Haga que el vendedor le explique –claramente y por escrito– cuántas personas pueden ser enterradas en un mismo lote. En algunos cementerios, si el lote es excavado a determinada profundidad, es posible enterrar a dos personas.

■ Pregunte si el cementerio ofrece un plan para comprar el lote en plazos; si es de contado, ¿le ofrecen algún descuento?

■ Antes de firmar cualquier contrato, lea bien todas las especificaciones (inclusive las que aparecen en letra más pequeña). En algunos centros hispano-parlantes importantes en los Estados Unidos (Los Angeles, Miami, Nueva York, Chicago, etc.) los contratos se imprimen también en español, lo que facilita el proceso.

■ En los cementerios más antiguos por lo general los lotes son más caros. Compare precios considerando cementerios que hayan sido organizados más recientemente.

■ En el momento de registrar la propiedad del lote adquirido, incluya el nombre de algún familiar o amigo muy íntimo, conjuntamente con el suyo; especifique **Y/O**, de manera que ambos puedan tomar decisiones con respecto al terreno.

OTRAS CONSIDERACIONES

Anticiparse a una crisis como la que provoca el fallecimiento de un ser querido le ayudará a eliminar gran parte del estrés y a seguir los trámites en una forma organizada y dentro de su presupuesto. Considere que:

■ Algunas funerarias han diseñado planes que le permiten hacer los arreglos necesarios con anticipación.

■ Otras tienen planes especiales para pagar los servicios funerales a plazos, garantizándole el precio vigente en el momento en que se firma el contrato.

■ También es importante tomar una decisión previa a una situación de crisis por fallecimiento con respecto a los servicios religiosos que se desean. Esta es una información que se obtiene de los miembros de la familia, en momentos de estabilidad total, cuando es preciso contemplar la muerte como un hecho natural e inevitable.

Evidentemente, la muerte es un tema negativo que –en el mejor de los casos– puede provocar estados de depresión, sobre todo en situaciones de enfermedad. Sin embargo, hablarlo casi siempre produce cierta tranquilidad y –en muchos casos– responde a un deseo que los demás miembros de la familia no se atreven a comentar.

Aunque parezca que el Reglamento Federal trata fríamente el aspecto económico únicamente, las regulaciones que incluye le protegen contra posibles engaños y sorpresas desagradables. Una vez que usted conoce cuáles son sus derechos, evitará dificultades y podrá despedir a un ser querido de acuerdo a sus deseos y posibilidades.